NAODONG DAKAI

CHENGJIU XUEBA DE SHAONAO SIWEITI

脑洞大开

成就学霸的烧脑思维题

张祥斌 刘海燕 刘波◎编著

SPM
南方出版传媒
广东经济出版社
—广州—

图书在版编目（CIP）数据

脑洞大开：成就学霸的烧脑思维题／张祥斌，刘海燕，刘波编著. —广州：广东经济出版社，2019. 11
ISBN 978－7－5454－6788－8

Ⅰ. ①脑…　Ⅱ. ①张…　②刘…　③刘…　Ⅲ. ①思维训练
Ⅳ. ①B80

中国版本图书馆 CIP 数据核字（2019）第 189104 号

出 版 人：李　鹏
责任编辑：蒋先润
责任技编：陆俊帆
封面设计：回归线

脑洞大开：成就学霸的烧脑思维题
Naodong Dakai：Chengjiu Xueba De Shaonao Siweiti

出版发行	广东经济出版社（广州市环市东路水荫路 11 号 11～12 楼）
经销	全国新华书店
印刷	广东新华印刷有限公司 （广东省佛山市南海区盐步河东中心路 23 号）
开本	730 毫米×1020 毫米　1/16
印张	18. 25
字数	305 千字
版次	2019 年 11 月第 1 版
印次	2019 年 11 月第 1 次
书号	ISBN 978－7－5454－6788－8
定价	45. 00 元

广东经济出版社官方网址：**http://www. gebook. com** 微博：**http://e. weibo. com/gebook**
图书营销中心地址：广州市环市东路水荫路 11 号 11 楼
电话：（020）87393830　邮政编码：510075
如发现印装质量问题，影响阅读，请与承印厂联系调换
广东经济出版社常年法律顾问：胡志海律师

目　录

第1章　观察能力题

"横看成岭侧成峰，远近高低各不同"

第2章 想象能力题

"欲穷千里目，更上一层楼"

第3章 判断能力题

"不知天上宫阙，今夕是何年"

第5章　推理能力题

“凡物各自有根本，种禾终不生豆苗”

第6章 认知能力题

"近水知鱼性，近山识鸟音"

第7章 实践能力题

"宝剑锋从磨砺出，梅花香自苦寒来"

第8章 创新能力题

"江山代有才人出，各领风骚数百年"

第9章 综合能力题

“汝果欲学诗，工夫在诗外”

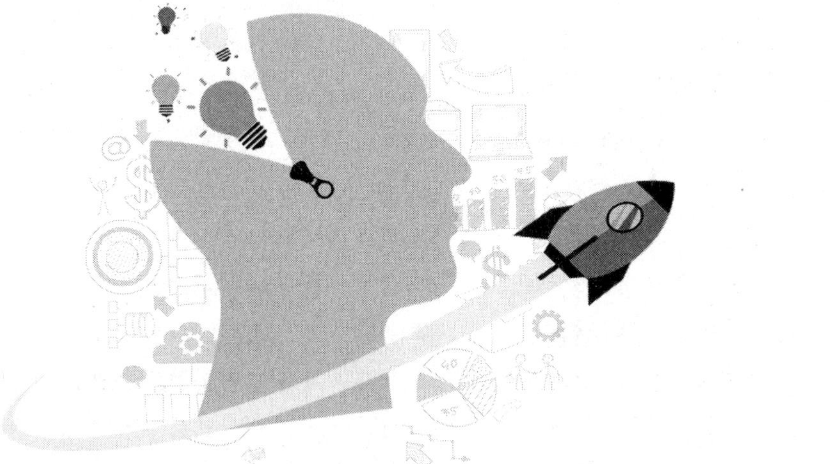

第1章　观察能力题

“横看成岭侧成峰，远近高低各不同”

观察是一种有计划、有目的、持久的知觉活动，是获取知识和经验的途径，是人一出生就具有的本能。人的智力活动是从获取信息开始的，观察就是智力活动的开端和源泉，是获得知识和进步的前提。心理学认为，观察是人们通过感觉器官接受外部的各种刺激，形成对周围现象与事物的印象，了解现象与事物内在本质关系的过程，观察是有目的、有计划、有步骤的知觉活动。大数据表明，一个人的知识，有90%是通过观察获得的，观察能力是智商的重要指标之一。

良好的观察力表现在观察的目的性、精确性、顺序性和深刻性几个方面，它对人的认数、识字乃至学习外语的能力都极其重要。虽然是与生俱来的，但很多人的观察力往往缺乏精确性和深刻性，因此需要通过思维游戏训练来增强观察力。

观察力属于思维学科中的形象思维。形象思维是用直观形象和表象解决问题的思维，其特点是具体形象性，属于感性认识阶段。形象思维是在对形象信息传递的客观形象体系进行感受、储存的基础上，结合主观的观察和认识进行识别，并用一定的形式、手段与工具创造和描述形象来作出判断，进而解决问题的一种基本的思维形式。这不仅要求一个人要具有独到的观察力，还要辅以想象力。北宋大诗人苏轼在名篇《题西林壁》中写道："横看成岭侧成峰，远近高低各不同。"表面意思是说，庐山从正面看，它是一道道连绵起伏的山岭；从侧面看，它是一座巍然耸立的险峰；从远处近处高处低处看，庐山呈现出不同的形象。实际的意思是指同一个事物在不同的角度和不同的时间看是不一样的。要做到这一点，观察力和想象力缺一不可，如此，才能作出独到的判断。

大凡智商高的人，其观察力、想象力和判断力都是不一般的高。科学家从平常的现象中可以悟出非同一般的规律，艺术家可以抓住一刹那的事物特征而构思出美好动人的艺术形象，这经常是由他们超人的观察力、想象力和判断力所带来的。观察力作为基础能力，对人一生的学习具有决定性的作用。

经典例题

例1：填一字

在"不、仁、王、（　）、吾"的括号空白部分，要填入东、西、南、北、中的哪一个？

答案：

西。因为"不、仁、王、西、吾"的字体中，潜藏了汉字"一、二、三、四、五"。思索问题时，万一此路不通，就换个完全不一样的角度来看看。这个问题中的文字排列，并没有任何意义，但在视觉上却是别有玄机。

例2：隐藏的单词

下面这幅图片看起来是由线条和方框随意组成的图形，但如果你仔细观察，发挥想象，你就会发现一个由四个字母组成的单词，这是什么单词呢？

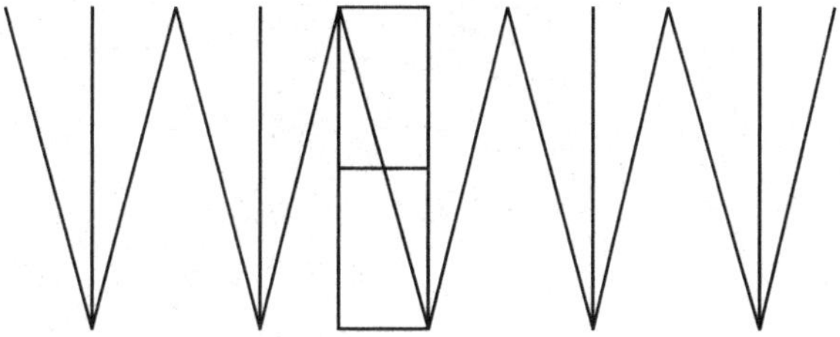

答案：

能够看到的单词是VIEW（景色）。

例3：步步高

有一首著名的中国民间乐曲，叫做《步步高》，曲调欢快激昂，给人鼓舞和力量，深受听众喜爱。曲名"步步高"意味着步步高升，如意吉祥，所以也常被借用作为某些商品的品牌名称。在下图中，墙壁上写着八个大字："步步高升，永无止境。"这一句祝福词，通过画面得到了意味深长的形象表现：沿着图中的阶梯往高处走，每前进一步，就升高一级，步步高升；往前走了一圈又一圈，高升、高升再高升，只升不降，永无止境。

奇怪呀，奇怪！在大楼里，楼上楼下走一圈，返回原地，路程应该有升有降，上升总高度与下降总高度相同，才能还原。可是，沿着图中的阶梯走一圈，一路上坡，只升不降，居然也能返回原地。是不是一时眼花，产生了错觉？你知道这是为什么吗？

答案：

可以验证一下。任意选一个出发地，例如，可从图中最左边角落那一级阶梯出发。首先，沿着“步步高升”的方向，走完一面墙的阶梯，这一段路全是上坡。接下来，走“永无止境”墙上的阶梯，也都是上坡。继续前进，第三段路也是上坡，然后第四段路还是上坡。一路上坡，环行一圈，返回原地。

例4：穿过花心的圆

请看下面的图，有一个圆刚好穿过一个黑色花瓣、一个灰色花瓣和一个白色花瓣的中心。请问，依据这样的条件，并且不超过本版范围的圆，可以画出多少个？

答案：

从图中所示可知，没有3个花瓣在一条直线上，所以，任意选取1个黑色花瓣、1个灰色花瓣和1个白色花瓣，其3个中心可以构成一个三角形，必然可以画出一个圆经过三角形的3个顶点，所以，总共可以有2×2×2=8个圆。但是，包含最下方的1个黑色花瓣、1个灰色花瓣，以及左方的白色花瓣的圆，半径会变得很大，画出的圆会超出本版面，所以，依题目要求可以画出7个圆。

例5：多出一块

下图中的图形1，是8 × 8的方格。现在按照图中黑线分成四个部分，然后按图形2所示，拼成一个长方形。但是问题也出现了，原来的8 × 8=64个方格，现在变成5 × 13=65个方格了。为什么会多出一个方格呢？

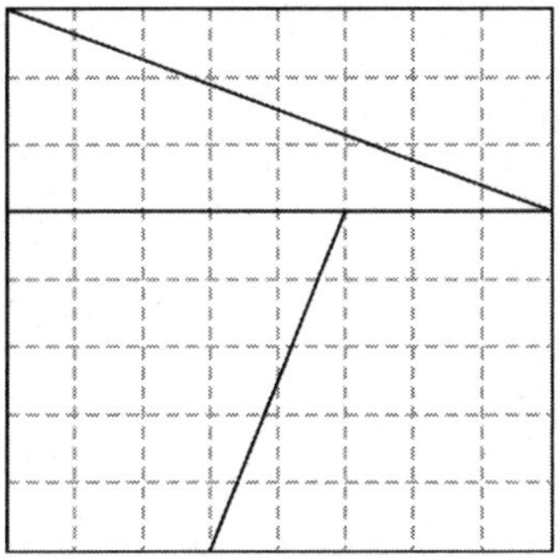

（图形1）

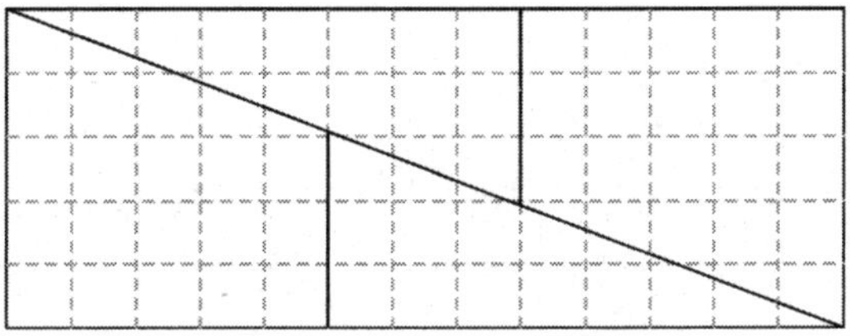

（图形2）

答案：

通过相似三角形求比，可以发现小三角形和大三角形的斜边的斜率是不一样的，也就是说长方形中间的那条斜线并不是直线，即有些部分会重叠，有些部分则会空缺，这就解释了为什么会多出一个方格。

专题训练

聪聪猜字

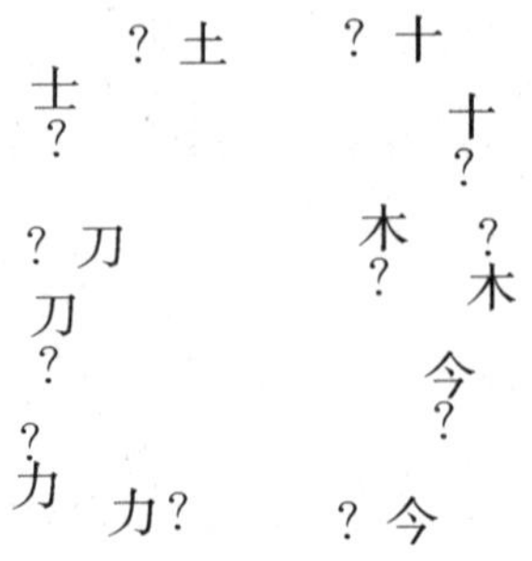

聪聪让大家猜一个字。这个字可以跟下面的字一起组成新的字：放在“土”的左边、“土”的下边，“十”的左边、“十”的下边，“刀”的左边、“刀”的下边，“木”的上边、“木”的下边，“力”的上边、“力”的右边，“今”的左边、“今”的下边。这样，就能得到12个新的字了。想一想，聪聪让大家猜的是什么字？猜到这个字，就可以知道12个新字是什么字了。

拼字

图中的“组件”正好可以拼成我国一个省会城市的别称。是哪个城市？具体怎样拼？

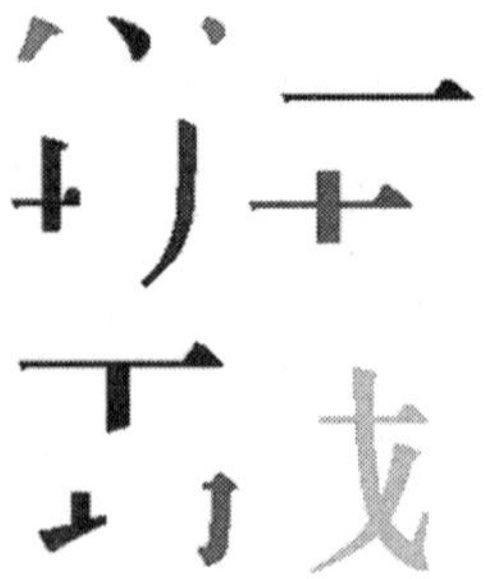

加字得字

在下面各组4个字的中心填入一个适当的字，使其分别组成另外4个新字。

（1）

（2）

成语连接

请看下面的成语迷宫，它以“山”字为起点，最后一排的第一个字“福”为终点。规则：

以每4个字组成一个成语，并且这4个字要连贯；

上个成语的词尾与下个成语的词头是同一个字；

上下可以移动，但不能重复走和斜走；

最后结尾是“福”字就算完成了。

山	量	力	而	惊	人	天	久	别	重
穷	水	尽	为	鸣	定	胜	地	凶	逢
水	尽	心	人	一	如	天	长	化	吉
所	力	尽	师	表	里	安	相	天	人
能	及	意	表	出	事	无	事	无	天
福	得	祸	因	有	己	安	不	关	相

数字拼图

图中的“组件”正好可以拼成4个完整的阿拉伯数字，是哪4个数字？

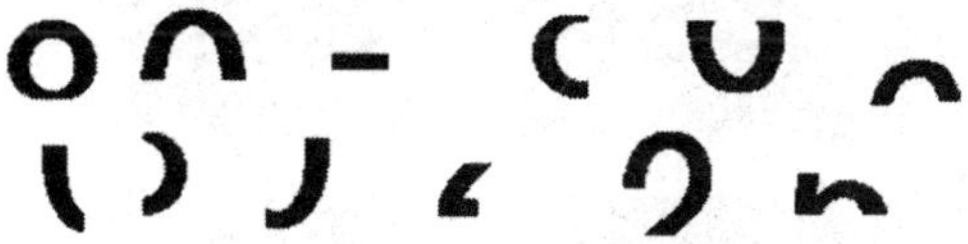

观察字母

现有字母组合：PRO和XSZ。试说出这两组字母有哪些不同之处。

映在镜子里的英文单词

如下图，映在镜子里的这个英文单词是什么？

T恤上的英文单词

小明照镜子的时候，发现T恤上的英文单词在镜子中呈现“Ǝ⅃ꟼꟼA”的样子，请你判断这个英文单词是什么？

人脸与花瓶

请从下面6张图片中挑选出4张，拼成著名视觉图像“人脸与花瓶”。

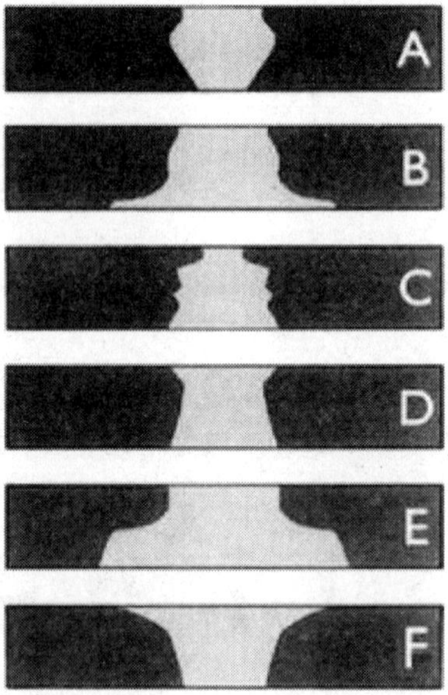

考眼力

下面的字母中隐藏着10个月份，请你在3分钟内找到它们。（提示：可以横、竖、斜、反着连线。）

F	S	J	U	L	Y	E	S	E	U	M	C
R	C	H	I	R	S	Z	B	Y	A	M	B
F	S	N	S	K	R	C	M	A	R	C	H
E	E	E	C	S	L	P	Y	Y	I	E	J
B	P	N	Z	K	I	L	J	B	N	A	R
R	T	B	E	D	R	R	Y	U	N	L	E
U	E	U	K	R	P	R	J	U	N	L	B
A	M	B	L	F	A	A	A	E	L	S	O
R	B	I	K	V	G	R	B	K	Q	L	T
Y	E	O	O	F	Y	T	I	W	Y	N	C
G	R	K	T	S	U	G	U	A	X	A	O

深海银鲛

银鲛在大约3.5亿年前从鲛的祖先中分离出来，通常生活在水深超过2400米深的海里，目前仍有“活化石”之称。图中有6条银鲛，它们长长的身体交错缠绕在一起，你能找到每条银鲛的头和尾吗？（注：银鲛头标记为A、B、C、D、E、F；尾标记为1、2、3、4、5、6。）

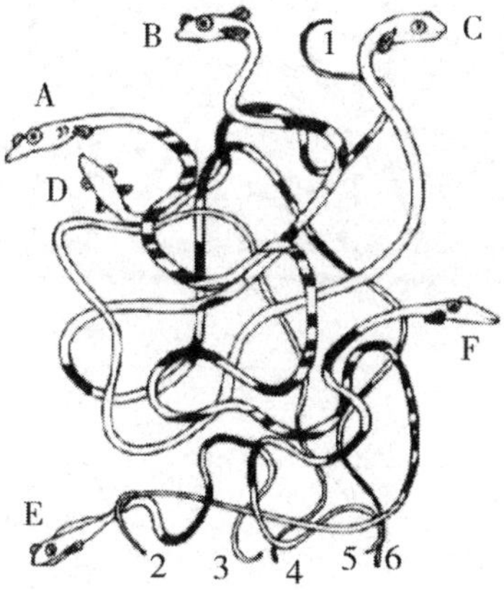

小兔回家

小兔想要回家，必须要经过这个迷宫。请从左上角的入口处进入迷宫，走到右下角的出口处，尽快为小兔找到回家的路。

穿越迷宫

请你找出一条从北到南穿越迷宫的路径。

探长出马

重案组的四位探长（分别标记为1、2、3、4）接受四件新案件，奉命奔赴各自的案发现场（同样分别标记为1、2、3、4）展开调查。已知这四位探长的行动路线没有交叉和重叠。请画出这四位探长所走的路线。

最长路线

请按箭头方向行走出一条最长的路线，这些箭头一共经过多少个格子？

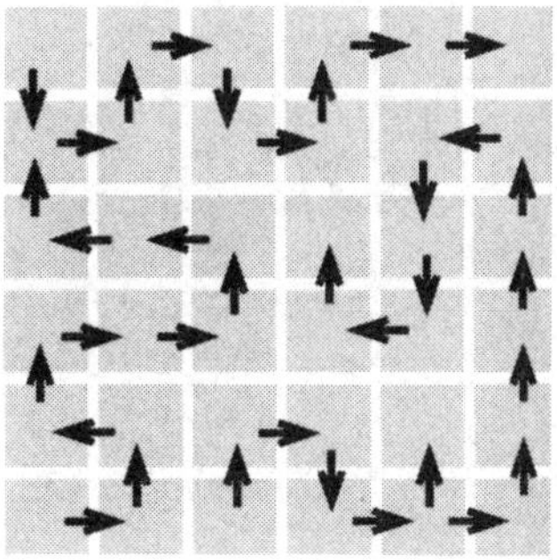

争先恐后

如下图所示的立体图形中，有一个面上画了一只活泼的展翅飞翔的小鸟，另有一个面上画了一条口吐水泡的顽皮小鱼。画鸟的面和画鱼的面，一个在图形的凸出部分，一个在图形的凹进部分。究竟哪个面凸起在外，哪个面凹陷在内呢？

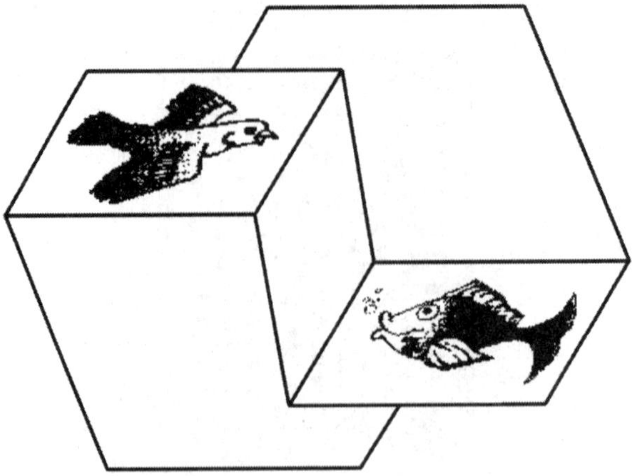

黑格分图

图中有25个方格，请将其中5个方格涂黑，使得整个图案被分成大小形状完全相同的五个部分。应该怎样涂色呢？

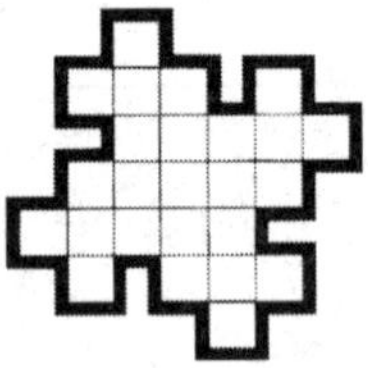

划分图形

请把下图的不规则图形划分为形状相同、大小相等的三份，每一份上要有三朵小花哦。试试看，你能行吗？

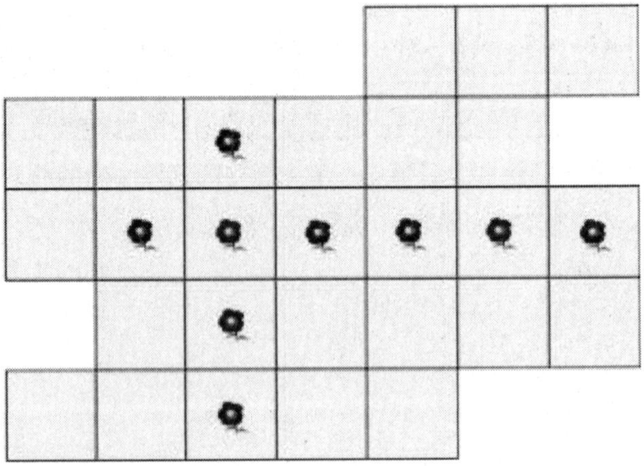

巧拼花色

请将下面的7个画有扑克花色的长方形小块拼成一个适合下图的4×4正方形，并且要求拼合后的图形中，所有横行和竖列都不能出现重复的花色图案。请问应该怎样拼呢？

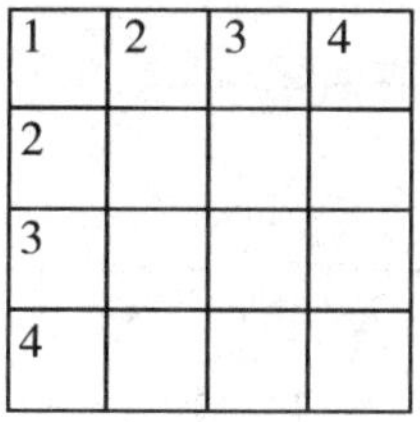

趣味划分

请把下面这个图形划分为形状相同的四份，每份上各有四种扑克牌花色中的两种。试试看，你能完成吗？

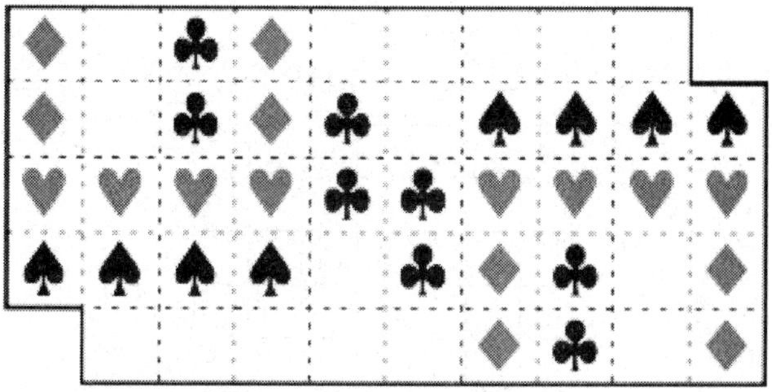

巧分方格图

请将下面这个图形划分为形状相同、大小相等的两份，并且每一份上不出现相同的图案。试试看，你能很快做到吗？

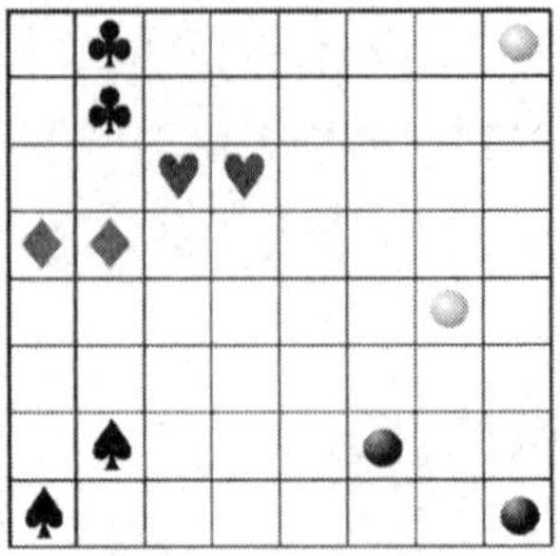

平分字母图形

请你把下图中的正方形平分成面积相等、形状相同的两份，每份上的字母不得重复。你能很快划分成功吗？

	A	B		C	
	A	B	I	C	
G	E	E	I	D	F
G	H	F		D	
	H	K		L	L
		K			

巧妙连线

请将下图中的相同数字用线连起来，线只能在方格的中间经过一次。

2		1	6	4		
		5		5	3	
			6			
			1			
	3				2	
						4

数字连线

下图中10×10的正方形格子纸上标有两组数字1至9，请用9条既不交叉又不重叠的线条将相同的数字连起来，并且经过所有空格。

	9							9	
			7	3	4	5			
	6		2			4			
			1			2			
			6	1	3	5			
8								8	
7									

纵横连线

图1和图2分别是10×10的格子图，现在来玩一个游戏：分别在两图上用不间断的纵横连线将相同的数字连接起来，要求所有的连线不能重复，而且正好经过所有的空格子。

1

6									
5				5				2	
									4
		4		1	3				
				2	1				
6									3

2

								2	
							4		
					5				3
				4			6	7	
						7			
			5				6		
					1				
1	2	3							

巧分格子

下图是10×10的正方形格子纸，其中有20个数字。请你沿虚线将格子纸分成20个四边形，每个四边形都包含一个数字，且该四边形包含的小方格数等于其包含的数字。应该怎样分呢？

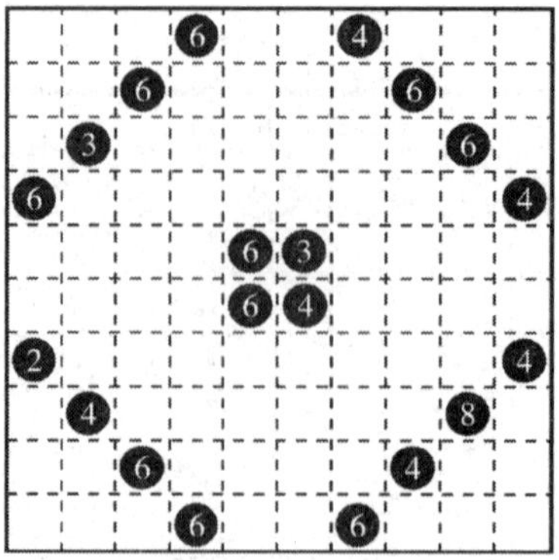

巧移三角

图中有3个三角形，每个三角形中都含有10个相同的数字，分别是1、2、3。所有数字排列成4行，每行数字之和都是15。请你开动脑筋，移动这3个三角形，使这些数字排列成5行，且每行数字之和都等于12。应该怎样移动呢?

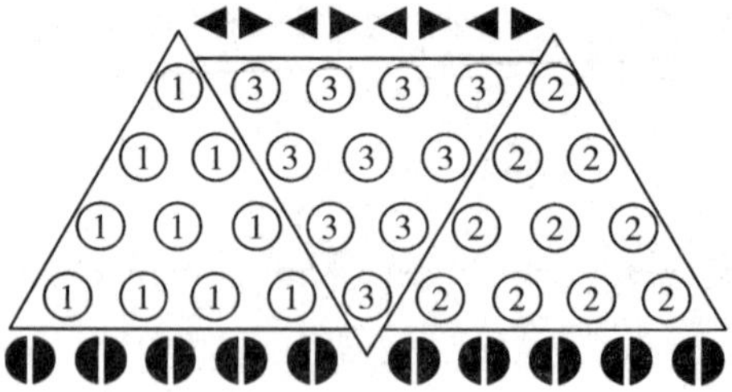

五连方

请将数字1至9填入空格，让每个数字在每一行、每一列、每个九宫格和每根线条相连的格子中的数字均不重复。

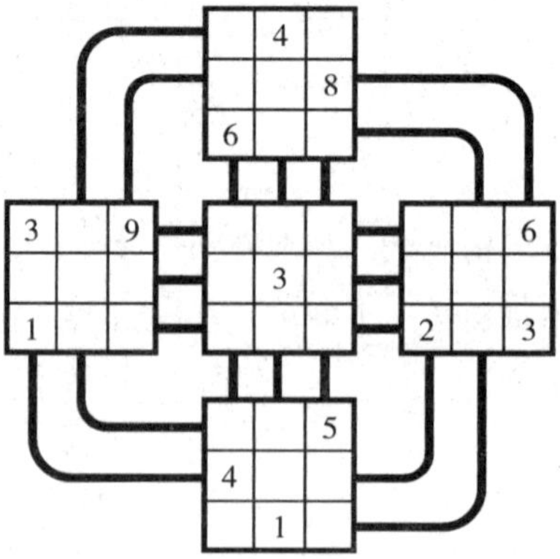

数字迷宫

图中的迷宫里有“黑点”“五星”和“小树”等三种不同的符号，它们分别代表数字1、2、3。请从图中找出一条从A到B的合适通道，要求途中经过的所有符号代表的数字之和等于45。

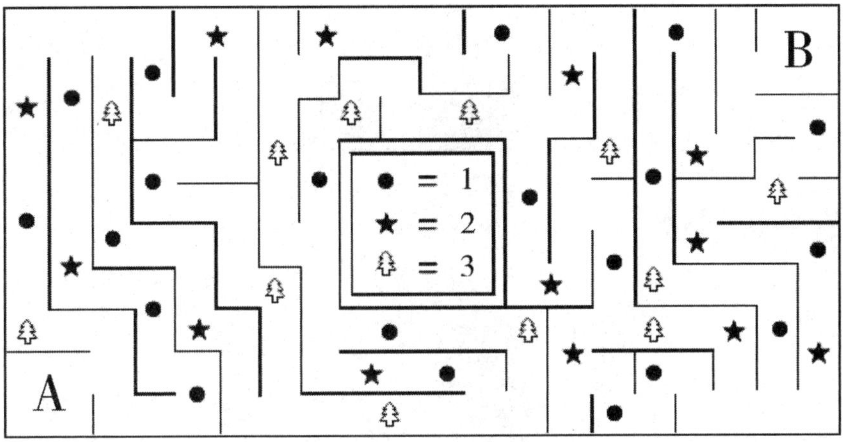

寻找通道

请在下边的图案中找到一条自上方入口到下方出口的路径，要求这条路径不重复也不交叉，并且途中经过的全部数字相加等于20。

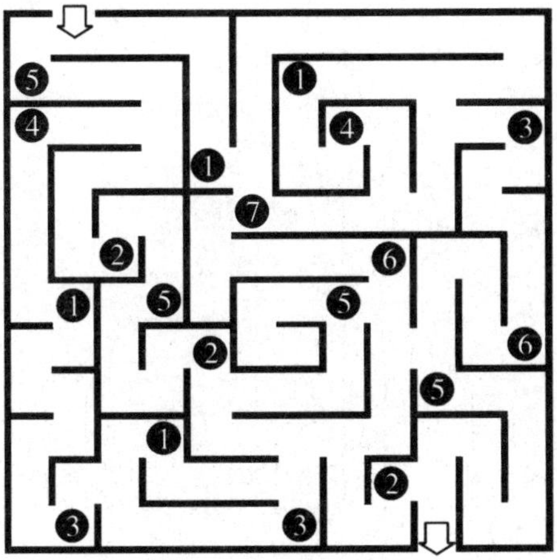

选择拼图

A–G中图形选项中哪一个选项正好能与给出的图形拼成一个完整的长方形？

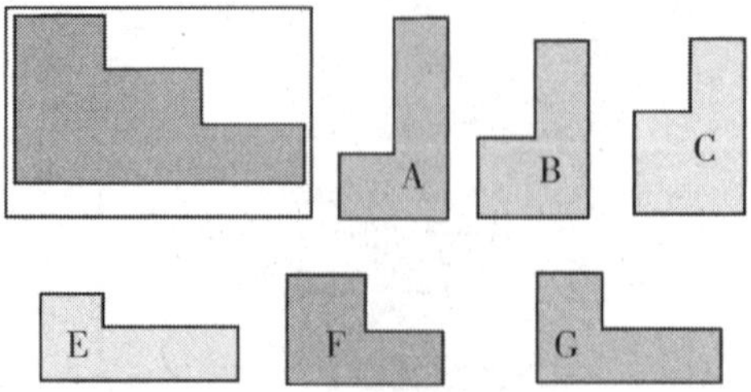

长方形拼图

图中的“组件”正好可以拼成一个完整的长方形，具体应该怎样拼？

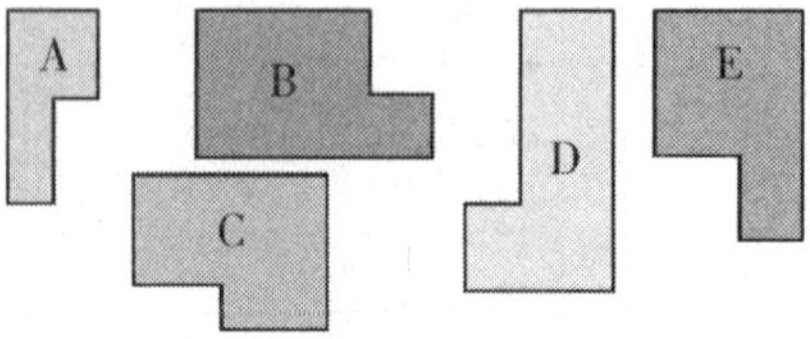

拼长方形

图中的所有“组件”正好可以拼成一个完整的长方形，具体应该怎样拼？

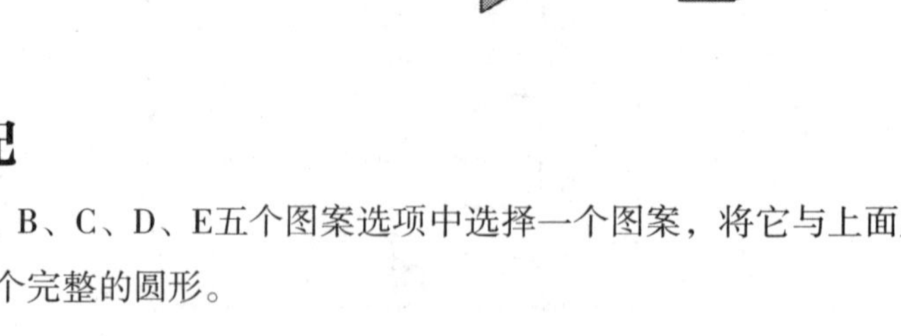

选择匹配

请从A、B、C、D、E五个图案选项中选择一个图案，将它与上面所给出的图案匹配成一个完整的圆形。

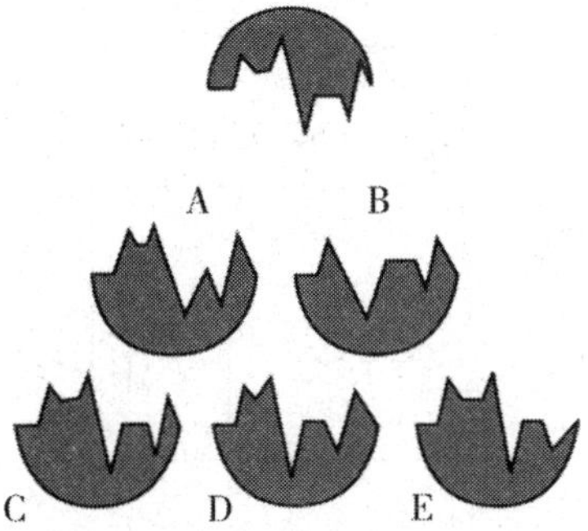

椭圆拼图

下图中的组件正好可以拼成一个完整的椭圆形，你能做到吗？

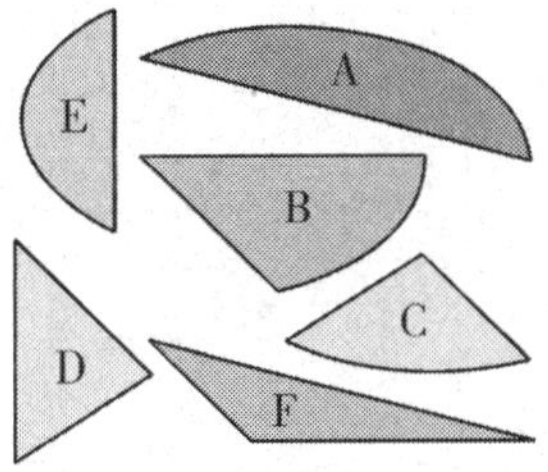

弯弯的月亮

下面这些图形刚好可以拼成一轮弯月，请你拼合一下。

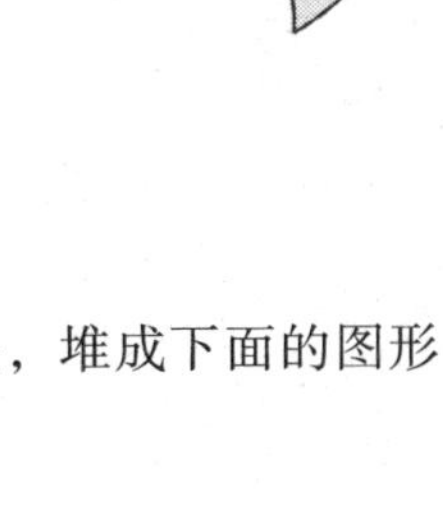

木块堆

用一些同样大小的方木块，堆成下面的图形，请你数数看，这里共有多少块方木块？

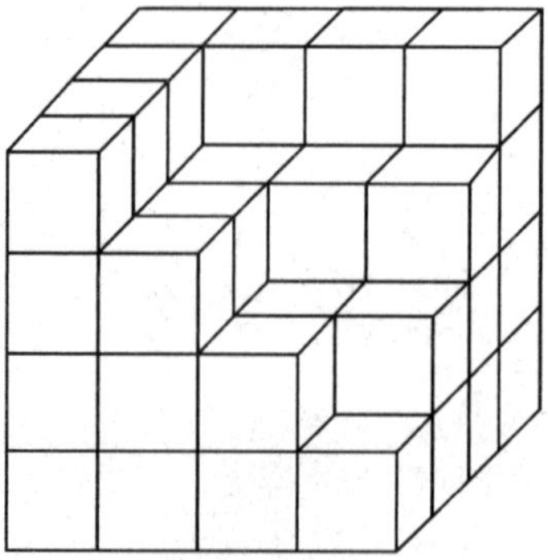

下面这张图是将上图倒过来以后的模样。如果将这一正一反两幅图形对照细看，一定也会发现一件很奇妙的事！你发现了吗？

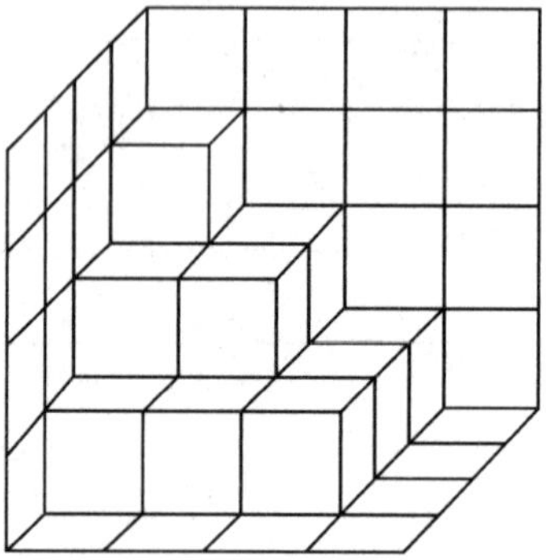

被盗的英国纯种马

小仓的家里饲养了24匹英国纯种马。他按图中所示将正方形的马圈横竖进行了三等分，每栏放了3匹马。为防止纯种马被盗，小仓每晚临睡前都要检查一下横竖是否各有9匹马。一天夜里，盗贼来偷马。当然，他们事先弄清楚了小仓每晚有确认马的习惯。因此，盗贼想出一个让小仓不易察觉的偷窃办法，成功地盗出4匹纯种马，而小仓竟然过了好几天都没有发觉。那么，盗贼是如何盗走纯种马的呢？

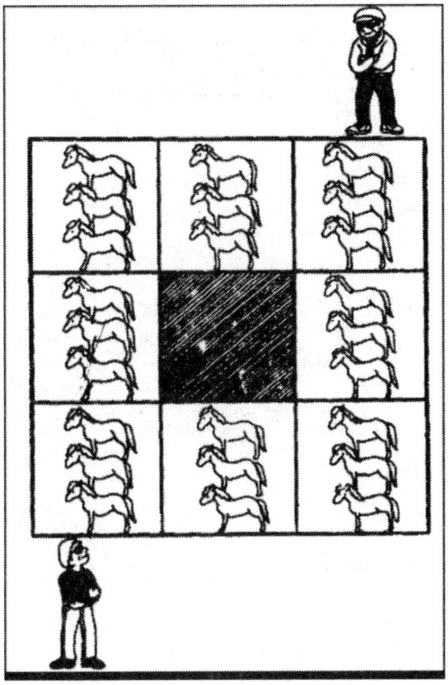

不可能的图形

下图是一位瑞典艺术家创作的一个不可能存在的三角形，你是否能把它的不合理之处说清楚呢？

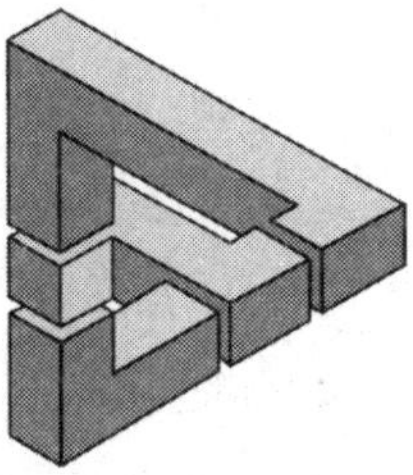

本章专题训练答案

聪聪猜字

口。

拼字

羊城

加字得字

（1）虫（虾、烛、蜡、蛊）（2）田（畜、里、略、男）

成语连接

山穷水尽 尽力而为 为人师表 表里如一 一鸣惊人 人定胜天 天长地久 久别重逢 逢凶化吉 吉人天相 相安无事 事出有因 因祸得福

数字拼图

8、6、0、2。

观察字母

第一组字母不对称，而第二组字母双重旋转对称。

映在镜子里的英文单词

HAPPY。

T恤上的英文单词

A。根据镜面对称的性质，分析可得题中所给的图片与A显示的图片成轴对称。

人脸与花瓶

其实图边的英文字母已经提示得很明显了。你想到了吗？只要你巧妙观察，就不难找到答案。

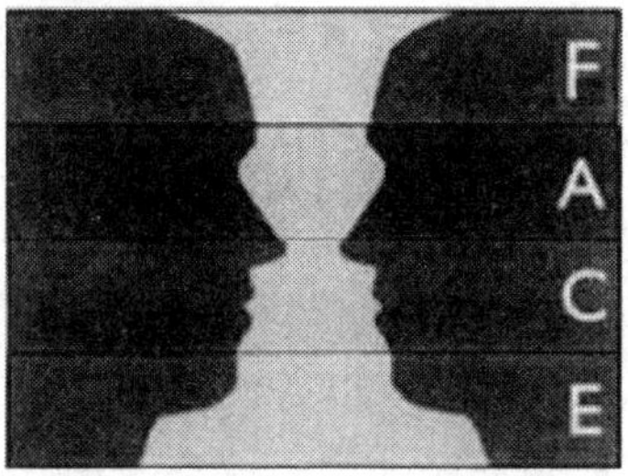

考眼力

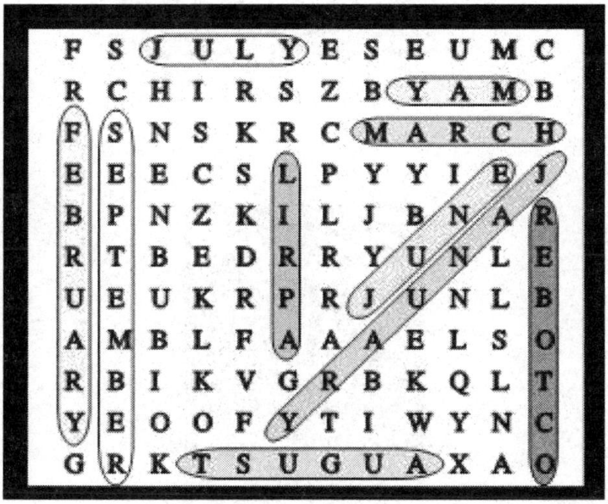

深海银鲛

A-2；B-6；C-4；D-1；E-3；F-5。

小兔回家

穿越迷宫

探长出马

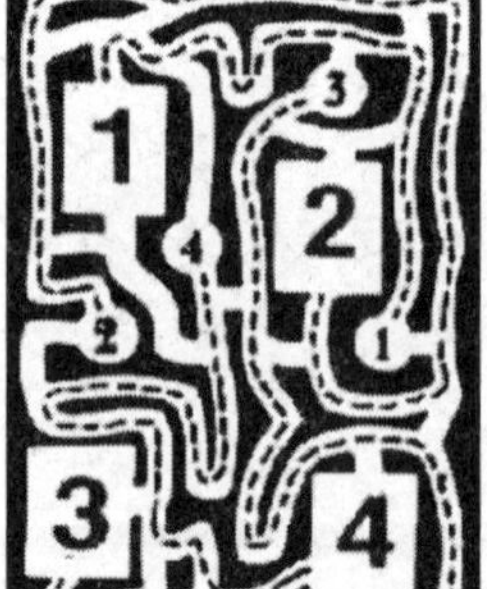

最长路线

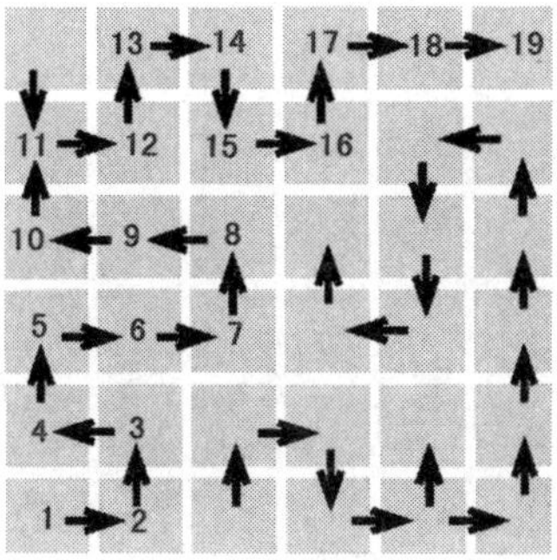

争先恐后

举目望鸟，觉得画鸟的面向上凸起，画鱼的面凹陷在下。

垂目观鱼，却发现画鱼的面向前凸起，画鸟的面凹陷在后。

再看，鸟儿又飞到上面来了。

再看，鱼儿又冲到前面来了。

看来看去，随着目光往返移动，小动物们争先恐后，往我们身边靠拢，表示热烈欢迎。其实，造成魔幻动感的关键，并非图中振翼的鸟和摆尾的鱼，而是那几条平平淡淡的直线。

这些画在平坦纸面上的直线，适当组合，形成立体感。由于设计精巧，它们形成的不是单一的一种立体感，而是两种互相对立却又和谐共处的立体感，随着观察角度的变化，产生不同的凹凸印象，获得动画效果。

立体几何在平淡的外表下，隐含着丰富的变化和趣味。立体几何充满创造性和挑战性。在立体几何园地里信步漫游，会有许多意外收获。

黑格分图

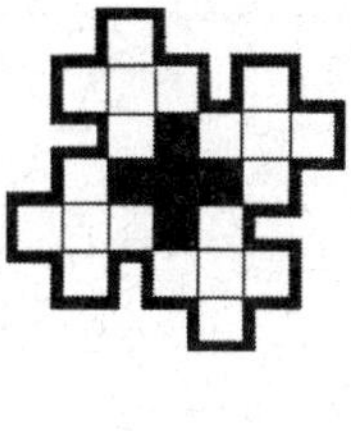

划分图形

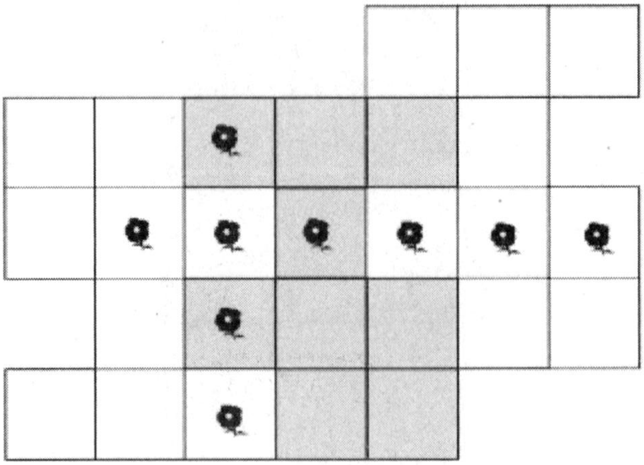

巧拼花色

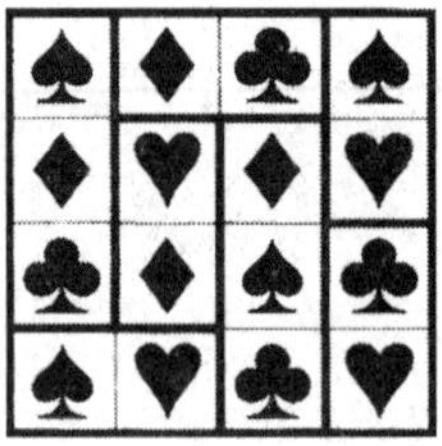

趣味划分

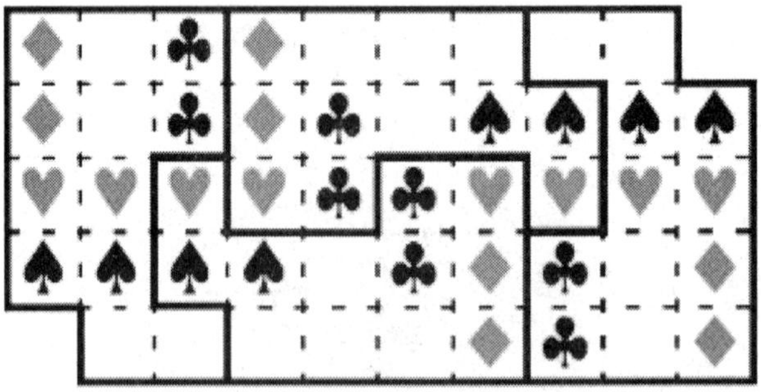

巧分方格图

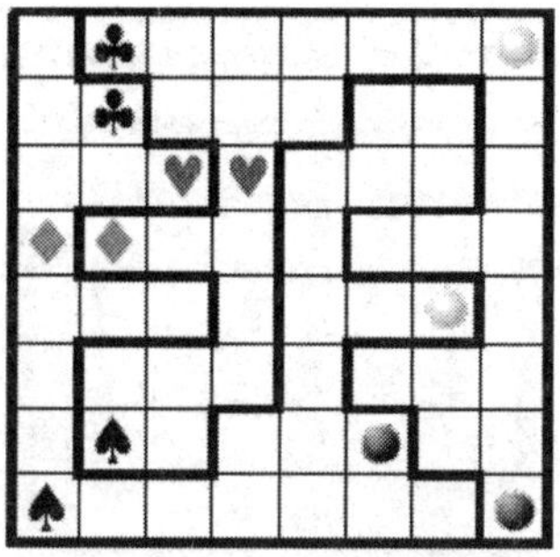

平分字母图形

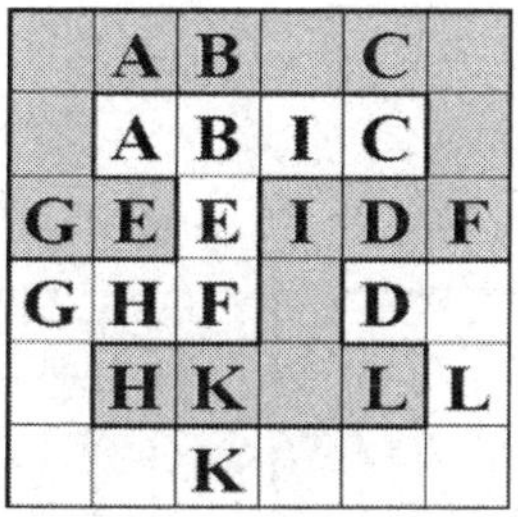

巧妙连线

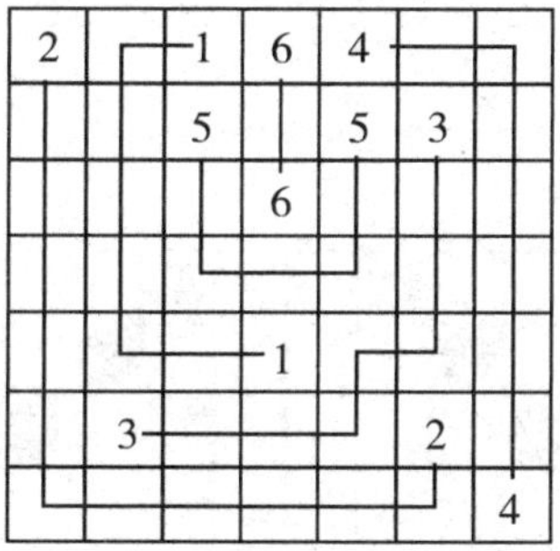

数字连线

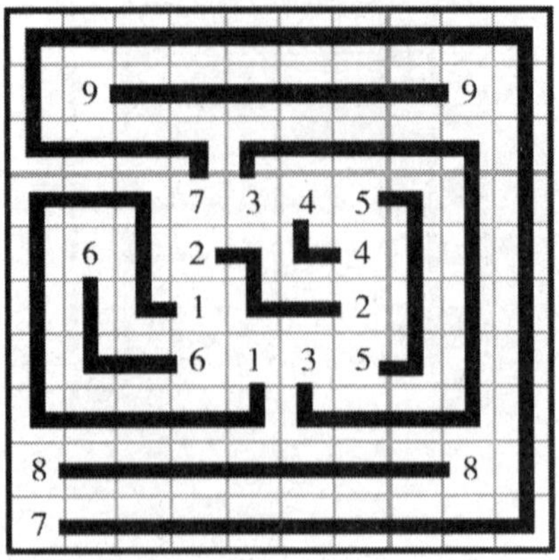

纵横连线

1

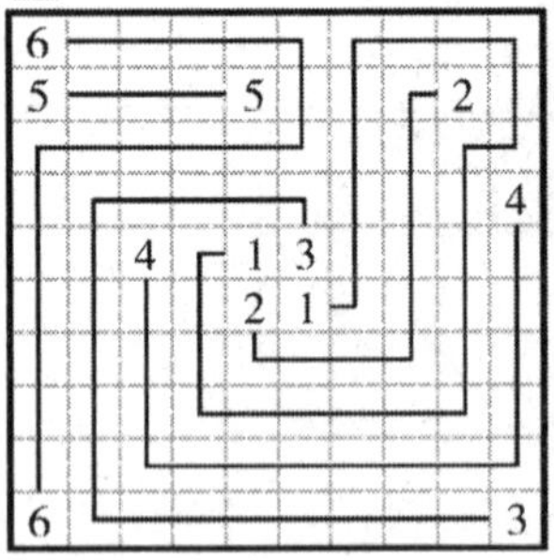

2

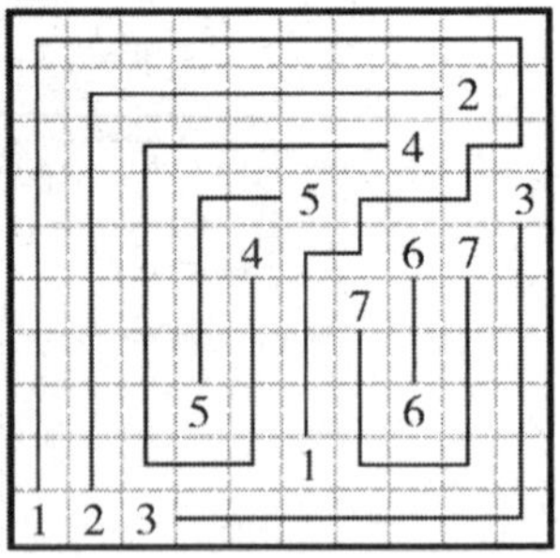

巧分格子

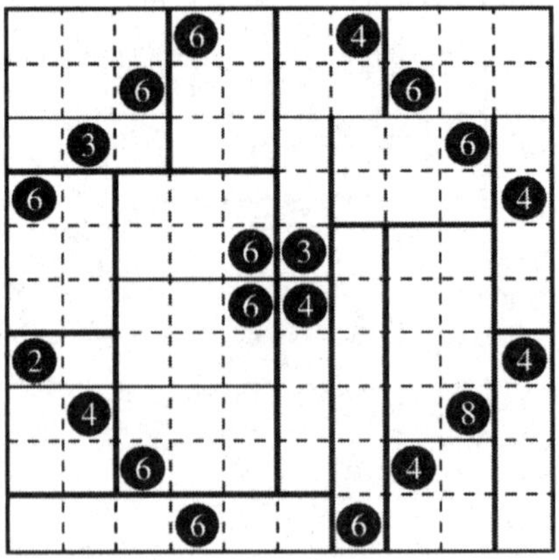

巧移三角

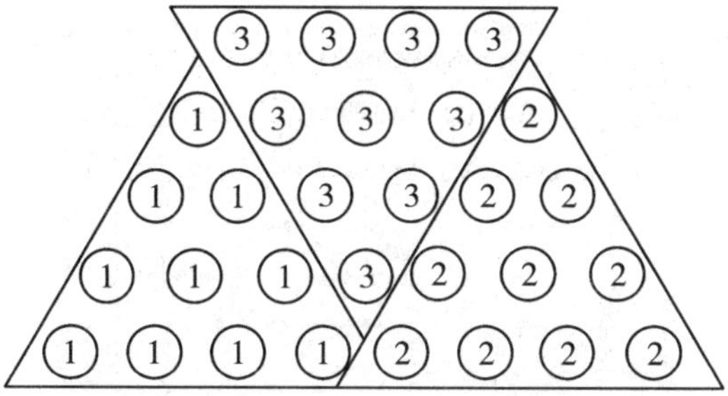

五连方

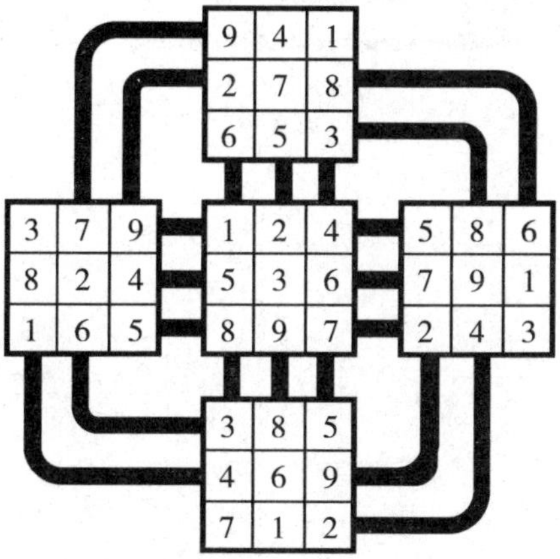

数字迷宫

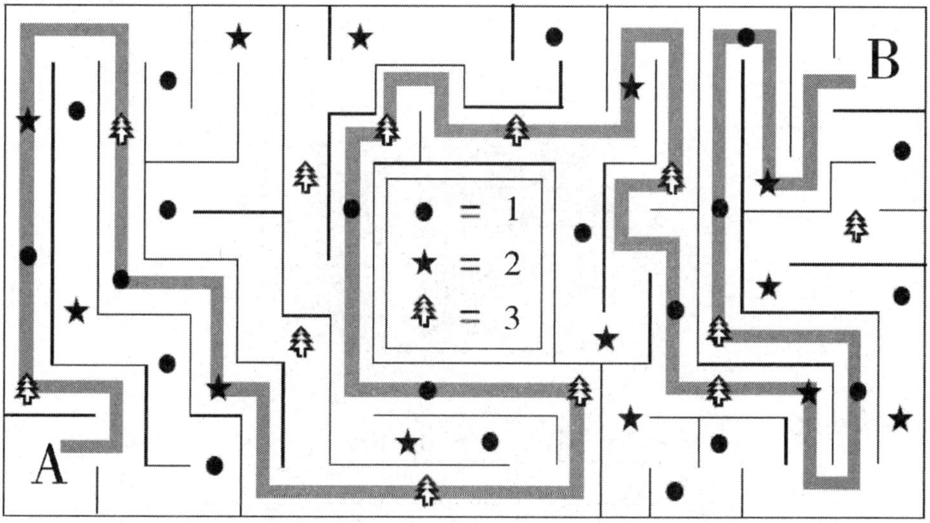

寻找通道

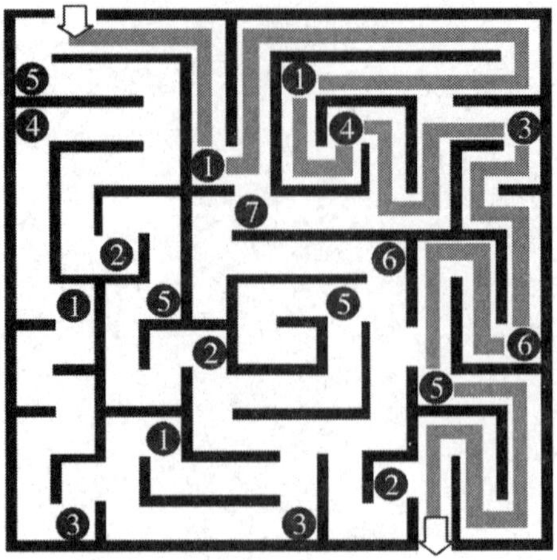

选择拼图

D。

长方形拼图

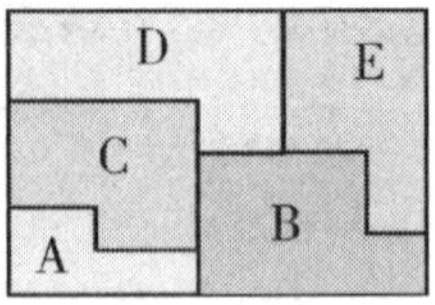

拼长方形

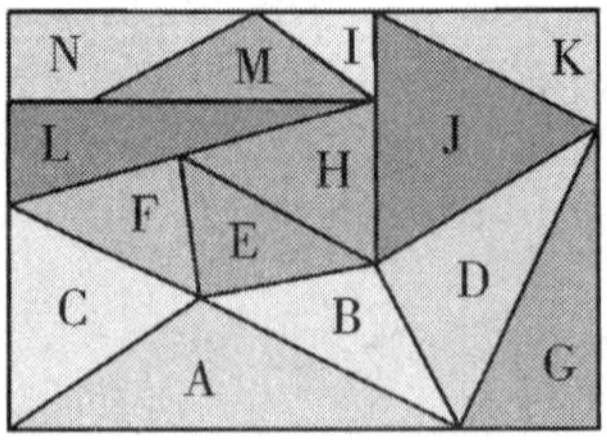

选择匹配

C。

椭圆拼图

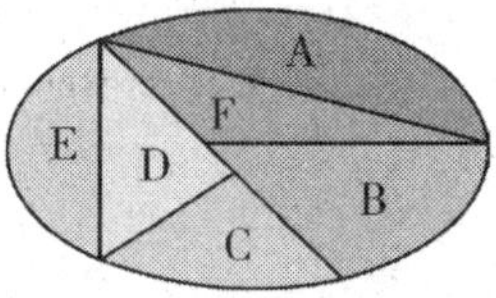

弯弯的月亮

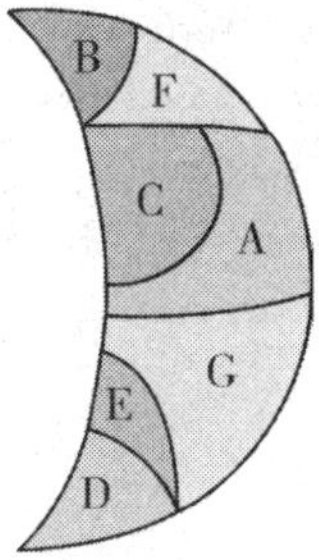

木块堆

在原图中，木块堆成四级阶梯形：最低处第一级阶梯只有1块木块；第二级阶梯由两层木块堆成，每层各3块；第三级三层，每层各5块；第四级四层，每层各7块。由此，很容易用加法求出木块总数为50块。

换一种思路看颠倒后的图，可能更有趣味。设想最初是用木块堆成每边4块的正方体，然后从正方体最上面一层挖去每边3块的正方体，接下来从第二层挖去每边2块的正方体，最后从第三层挖去1块，剩余木块就成为原图的形状。由此可用减法解答本题，同样得到答案是50块。

在减法思路中，挖去的那些木块，搬放到哪里去了呢？远在天边，近在眼前。请将原图倒着看，仔细看清楚：搬走的木块竟然都藏在这幅图的倒看的图形里！

被盗的英国纯种马

将横列和竖列中央栏中的纯种马各减少2匹，在4个角上的栏中各增加一匹即可。这样，就可以盗出4匹纯种马。而且，横列和竖列栏中的纯种马的数量没变，所以小仓即使每晚检查马的数量，也不会轻易有所察觉的。这是通过改变东西的排列顺序而在数量的增减上做文章的方法，在欧洲和日本早已有之。

不可能的图形

造成“不可能图形”的原因是人脑对图形的三维知觉。在图像中，三角形每个顶角都产生透视，且每边距离变化。当三个顶角合成整体时，就产生了空间上不可能的图形。

第2章 想象能力题

“欲穷千里目，更上一层楼”

想象力源于想象思维。想象思维是人体大脑通过形象化的概括作用，对脑内已有的记忆表象进行加工、改造或重组的思维活动。想象思维可以说是形象思维的具体化，是人脑借助表象进行加工操作的最主要形式，是人类进行创新及其活动的重要的思维形式。

想象思维有再造想象思维和创造想象思维之分。再造想象思维是指主体在经验记忆的基础上，在头脑中再现客观事物的表象；创造想象思维则不但再现现成事物，而且创造出全新的形象。文学创作中的艺术想象属于创造性想象，是形象思维的主要形式，存在于整个过程之中，即作家根据一定的指导思想，调动自己积累的生活经验，进行创造性的加工，进而形成新的完整的艺术形象。

伟大的物理学家爱因斯坦说过：“想象力比知识更重要。”“想象力是创造发明中的实在因素。”在爱因斯坦看来，无论是科学还是艺术，都需要强大的想象力作为心理背景。倘若没有超乎寻常的想象力，爱因斯坦又怎能以惊人的洞察力阐明相对性原理的奥秘？我们现在所拥有的一切，都源于先辈的想象力，没有丰富的想象力就无法构筑人类的未来。无独有偶，比尔·盖茨也曾说过：“微软是一家经营想象力的公司。”微软公司卖的虽然是计算机软件及周边产品，但要想在信息界一马当先，做一只领头羊，靠的是不断创新。而要创新，就必须要有丰富的想象力，所以比尔·盖茨说得没错，微软经营的的确是想象力，而不仅仅是一个产品那么简单。微软公司经常在招募新员工的最后面试时，出一些怪题来测试应征者的创意和想象力，譬如：“为什么下水道的盖子是圆的？”“目前世界上有多少个钢琴调音师？”“你能为耳聋的人设计一个闹钟吗？”“你要如何移动富士山？”……有人曾经问过比尔·盖茨，出这样的怪题，究竟是想寻找什么样的人才？比尔·盖茨的回答是：对这类问题，应征者给出的答案正确与否并不重要（因为没有正确答案），他们要看的是应征者在寻找答案时，是否具有想象力，又是否循着有效的思考方式去思考问题。譬如，不管你想用什么方法来“移动富士山”，你都要说明你为什么会想到用这种方法，它在逻辑上是否站得住脚，你又要如何解决技术上的问题等。微软要的不是正确答案，而是要看你的想象力和创意，还有你的想象力和创意是否经得起现实的考验。

唐代大诗人王之涣在《登鹳雀楼》中写道：“欲穷千里目，更上一层楼。”这句诗写出了诗人在登高望远中表现出来的不凡的胸襟抱负，反映了盛唐时期人们积极向上的进取精神。“千里”“一层”，都是虚数，是诗人想象中纵横两方面的空间；“欲穷”“更上”两个词语中包含了多少希望，多少憧憬。可见，诗人有多么广阔的想象思维。虽然不是每个人都要立志当作家，但是想象思维在我们的生活、学习、工作中都发挥着重要的作用。想象力丰富的人，学习成绩往往名列前茅。可以说，正是因为有了想象思维，人类才能翱翔蓝天、登上月球，乃至探索整个宇宙。

经典例题

例1：巧联得安宁

有个同学名叫安宁。他学习非常勤奋，有空就爱看书。可院里的其他几个同学就不同了，放学后书包一扔，不是打牌，就是聊天，还常常闯进安宁家胡折腾，搅得安宁是成天不得安宁。安宁烦透了，但又不好公开赶他们走。后来，他终于想出一个主意，在自己的屋门两旁，贴了一副对联：古月门中市；言青山上山。那几个捣蛋鬼看见了这副对联，一琢磨，他们成了不受欢迎的人，就不好意思再去打搅安宁了。你能猜出这副对联的含义吗？

答案：

这副对联谜用了离合法。“古”“月”合成“胡”，“门”中“市”合成“闹”，上联的谜底是“胡闹”。“言”“青”合成“请”，“山”上“山”是“出”，下联的谜底是“请出”。合到一块：胡闹请出！安宁同学用对联谜的形式，巧妙地批评了那几个同学，为自己争得了安静的学习环境，的确是个聪明的主意。

例2：数字国名谜

467

打一个国家名。

答案：

法兰西（把数字看成乐谱，利用谐音读。）

例3：加法字谜

（1）

8000+1

打一字。

（2）

10+10+10

打两个字。

答案：

（1）秆（“8000”扣“八千”，组成“禾”；“1”扣“一”，加号扣“十”，组成“干”。合起来为“秆”字。）

（2）卅、卉（谜面扣“三十”，“卅”本身即“三十”的意思，又是三个“十”组合的象形；“卉”上面为一个“十”，下面的“廾”为两个“十”相连的象形，合起来为三个“十”。）

例4：添字母，组单词

som–

the–

lif–

spe–

exa–

添加一个字母而组成新单词的，得1分。添加两个、三个字母而组成新单词的，得2分、3分。添加的字母，最多不超过三个。可以几个人同时参加，在限定时间内，谁的得分多，谁就是优胜者。

答案：

som–some（几个）（得1分）
the–them（他们）（得1分）
lif–life（生活）（得1分）
spe–spend（花费）（得2分）
exa–exact（精确的）（得2分）

som–somber（昏暗的）（得3分）
the–they（他们）（得1分）
lif–lift（举起）（得1分）
spe–sped（迅速前进）（得1分）
exa–exalt（提拔）（得2分）

som–somersault（翻筋斗）（得7分）
the–therefore（因此）（得6分）
lif–lifeguard（救生员）（得6分）
spe–specialist（专家）（得7分）
exa–example（例子）（得4分）

som–somewhere（在某处）（得6分）
the–thermometer（温度计）（得8分）
lif–lifetime（一生）（得5分）
spe–spectacular（壮观的）（得8分）
exa–examination（考试）（得8分）

som–somnambulism（梦行症）（得9分）
the–therapeutic（治疗的）（得8分）
lif–lifesaving（救生用的）（得7分）
spe–speedometer（速度计）（得8分）
exa–exactitude（精确性）（得7分）

例5：第三种线

直线被称为是自叠合的，因为直线的任何一段都能同长度相等的其他任何一段完全叠合。圆的圆周也是这样。圆周的任何部分都同长度相等的其他任何部分完全一样。卵形线不是自叠合的，因为它的各个部分有着不同的曲率。从卵形线侧部取下的部分，不能同其端部更为弯曲的部分相叠合。还有第三种线，也像直线和圆周那样，是自叠合的。你能想象出它是哪一类线吗？

答案：

也许你已经猜想到这第三种自叠合的线，是一种不能在平面上画出来的线。它叫做圆柱螺旋线——一种盘旋着穿过空间的线，就像开瓶塞的钻头或理发店门口灯柱旋转招牌上的线条那样。如果你仔细察看附图，你便可看出这种螺旋线的任何部分都能与任何其他部分叠合。

螺旋线还有其他一些种类，但唯独圆柱螺旋线是自叠合的。圆柱螺旋线是一种沿着具有圆形截面的柱体以一个固定的角度而盘旋的线。其他的螺旋线，是那些沿着具有非圆形截面的柱体或者沿着锥体而盘旋的线。有一种锥形的床弹簧，便是人们所熟悉的圆锥螺旋线的例子。

螺旋线具有许多有趣的性质，它们经常在物理学、天文学、化学、生物学和其他科学中出现。

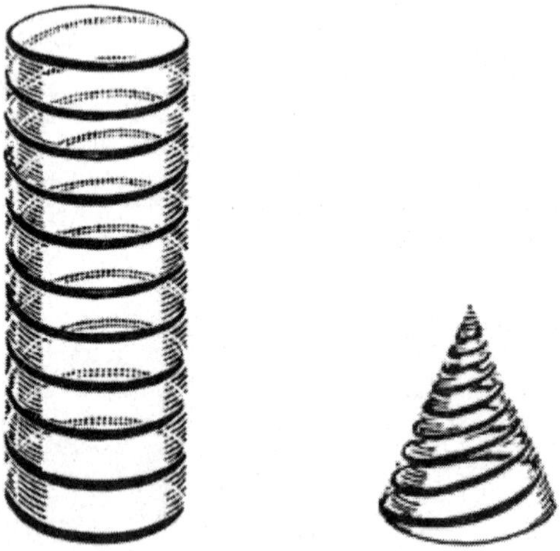

专题训练

趣味拼音填字

下面是一段有趣的拼音，请你根据拼音写下这段话。当然是一段有意义的话哟！注意：不要被同音字迷惑了！

jī jī dào dào nǎo lǎo tóu tóu shí jī jī jī

考生的心思

一名进京赶考的考生在考完试后，寄给双亲一封只写了一个字的信（如图）。这到底是什么意思呢？

木匠建庙

我国古代有个木匠跟建筑师鲁班学艺，到南山密林中去修筑香岩寺。一天，木匠陪鲁班在山上散步，走到一棵古柏和一块怪石跟前，鲁班说：“这古树、怪石，真是少见！”木匠说：“若在石上再建座庙，就更好了。”鲁班看了看木匠说：“好！你就试着在这儿修建一百一十一座庙吧！”鲁班这么一说，木匠愣住了，心想：这虽是一块巨大的怪石，但哪里能容得下这么多庙啊？一连两天，木匠都想不出如何建造，愁得他茶饭不思。一天早饭后，木匠倚坐在古柏下，看着那巨大的怪石发愁。忽然，他眼前一亮，高兴地说：“师傅说的一百一十一座庙可以建造啦！”木匠把自己的想法告诉鲁班后，鲁班夸他聪明，肯动脑筋。请问，木匠是怎样想的呢？

问路

有个年轻人要去杏花村，在一个路口迷了路。他看到路旁的田野里有一位老大爷在干活儿，就鲁莽地问道：“喂，老头儿，你知道杏花村怎么走吗？”老大爷听了他的话，没抬头，说了两个字：“5里。”年轻人继续向前走了5里，发现根本没有村庄。这时他突然想起了老大爷的话，这才恍然大悟，并连忙回去向老大爷道歉。老大爷高兴地给他指了路。你知道老大爷说的那俩字是什么意思吗?

徐孺子随父访友

父亲带着儿子徐孺子走访朋友，不料到朋友家的时候，朋友正在院子里砍树。父亲忙问：“老哥，这么好的树，为什么要砍掉？”朋友说：“院子方方正正像‘口’字，树就是木，口中加木就是困，不吉利！”一旁的徐孺子听了，不觉笑了起来。他对父亲的朋友说：“大伯，你要砍了这棵树，更加不吉利！”说着便给这位大伯讲了一些道理。这位大伯听了以后，立即笑着说：“对，贤侄说得对，这树不能砍。”你知道徐孺子说了什么道理吗?

老翁猜谜

从前，有个云游四方的才子。这个才子多才多艺，不仅能画一手好画，而且酷爱猜谜。一天，他来到京城，心想：人们都说京都里人才济济，我要亲眼见识见识。于是，他精心画了一幅画。画的是一只黑毛狮子狗。那狗画得栩栩如生，尤其那一身油黑发亮的皮毛，更是让人赞不绝口。才子来到闹市，把画悬挂在路旁，顿时引来许多行人看客。有人要出钱买这幅画。才子笑着说道：“我这画不卖，出多少钱也不卖。这幅画内藏有一字，要是有谁猜中，本人分文不要，白白将画送给他。”众人一听，天下竟有这等便宜事，不花一文钱，白得一幅好画，于是争相猜测起来。可是猜了半天，谁也没有猜中。这时，只见一位老者，分开众人，走上前去，将画摘下卷好，也不言语，夹起就走。众人看了愕然，才子也上前问道：“老翁您还没有猜呢？怎么就拿走我的画？”老人仍不吭声，还是往外走。众人也七嘴八舌地嚷开了：“嘿，先别拿画，你说出谜底是什么？”老人如同聋了一般，还是不吭声，只顾往前走。才子看到这里，不禁哈哈大笑道：“猜中了！猜中了！”请你说说这位老翁为什么猜中了。

加法字谜

（1）

20+1

打一字。

（2）

20+1+1

打一字。

（3）

20+3+8

打一字。

（4）

23+81

打一字。

加法等式字谜

（1）

31+13=323

打一字。

（2）

10日+20日=?

打一字。

（3）

100天+100天=?

打一字。

（4）

24小时+24小时+24小时=?

打一字。

（5）

1斤+1斤=?

问号处应为什么字？

（6）

10斤+8斤=?

打一字。

加法等式成语谜

（1）

9寸+1寸=1尺

打一成语。

（2）

7分+8分=1000元

打一成语。

减法字谜

700−1

打一字。

加减法字谜

10+10−8

打一字。

乘法成语谜

$$1 \times 0$$

打一成语。

乘法等式字谜

$$18 \times 6 = ?$$

打一字。

乘法等式成语谜

（1）

$$1 \times x = x$$

打一成语。

（2）

$$\boxed{1} \times \boxed{1} = \boxed{100}$$

打一成语。

（3）

$$1000^2 = 100 \times 100 \times 100$$

打一成语。

除法等式字谜

（1）

$$? \div 森 = 3$$

打一字。

（2）

? ÷ 12=多

打一字。

（3）

多多多多 ÷ 2=?

打一字。

（4）

杜 ÷ ? =9

问号处应为什么字?

除法等式成语谜

（1）

1/2

打一成语。

（2）

2/2=1

打一成语。

（3）

7/2=3.5

打一成语。

（4）

20 ÷ 3 = ?

打一成语。

符号谜语

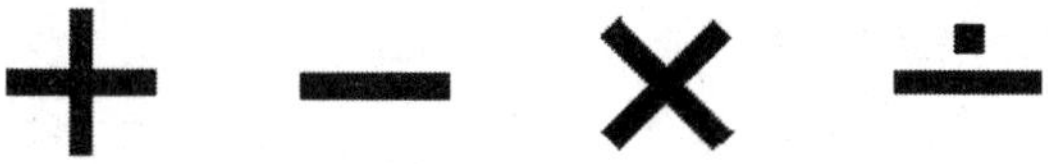

上图为加号、减号、乘号和少了一点的除号。请据图打一字。

通过旋转得到的一组字母

在我们学过的英语字母中，下列哪一组字母是通过旋转得到的？

A．bd　B．bp

C．pq　D．bq

替换字母变单词

替换下列单词中的一个字母，使它变成另一个单词，并翻译成中文。

例：car—cat（ 猫 ）

1. fat—________（　　　）
2. hen—________（　　　）
3. cook—________（　　　）
4. stop—________（　　　）
5. home—________（　　　）

发挥想象填名词

老师说了一个句子：“I gave my girl some__________.”

中文意思是：我给了我女儿一些__________。

你能在横线上补充多少个名词呢？要求：第一个字母要按字母表顺序排列。

发挥想象填动词

老师说了一个句子：“On his trip to the country，Tom__________.”

中文意思是：汤姆到农村去旅行，他__________。

你能在横线上补充多少个动词呢？要求：第一个字母要按字母表顺序排列。

发挥想象填副词

老师说了一个句子："The pilot flew the plane__________."

中文意思是：飞行员__________驾驶这架飞机。

你能在横线上补充多少个副词呢？要求：第一个字母要按字母表顺序排列。

剩余部分全一样

你能不能举出几个由五个字母拼成的单词，把这些单词分别去掉两个字母，剩余部分全一样？动动脑筋！

黑夜看报

一天夜里，有一个人在房间灯光下看报纸。这时，突然停电了，屋里漆黑一片，伸手不见五指，但那个人仍能继续读报，一点儿也不受影响。这到底是怎么回事？

正反都一样的年份

哪一年的年份数字写在纸上，再把纸倒过来看仍然是这一年的年份数？

狗吃骨头

不知道谁用绳子把一只小狗拴在了大树旁，而小狗正垂涎于不远处地上横放的一根香喷喷的骨头。但绳子只有2米长，那骨头却离树有2.1米，你知道它怎样才能吃到骨头吗？

巧进城堡

有一座城堡，城主下了一道命令，不许外面的人进来，也不许里面的人出去。看守城门的人非常负责，每隔10分钟就走出城门巡视一番，看看是否有人想偷着出去或进来。詹姆斯有急事要进城堡去找他的朋友商量，可是看守城堡的人又那样认真，怎样才能趁守门人不注意时，偷偷进入城堡呢？詹姆斯想到一条妙计，他顺利地进入了城堡。你知道詹姆斯是怎样做的吗？

钱怎么少了呢

这天是元宵节，家家团圆的日子，倒霉的大刘下午却要出差。他收拾完准备出门的行李，顺便给儿子留了些钱放在桌子上的信封里。

晚上，儿子小刘放学了。看见卧室的门上贴着张便利贴：“亲爱的儿子，对不起。爸爸又要出差，不能陪你过元宵节了。桌子上的信封里有一些钱，你自己去超市买些吃的。”看完便利贴，小刘找到了桌子上的信封，看到上面写着“98”，想这个应该是爸爸写的钱的数目，于是拿这些钱到超市买了90元钱的东西，当他准备付钱时却发现，信封里不仅没剩下8元钱，反而不够90元，这是怎么回事呢？钱为什么会少了？

筷子搭桥

外国人都害怕用中国的筷子。他们用惯了刀刀叉叉，手指没有中国人那么灵活。其实这样的技巧只要坚持训练，就可以熟能生巧。很多事情都是这样。

这天，心儿收到了出去旅行的朋友带回来的礼物。她一边道谢，一边打开别致的包装，看到里面是一套精致的碗筷。她一边抚摸着器具，一边想，朋友送的东西很实用，但是这么精贵的东西，都有点舍不得用了。她和姐姐对坐在客厅的沙发上，中间隔着一张木质茶几。

姐姐把碗筷挪过来，神秘地说：“我们来玩个游戏。”说罢，姐姐开始摆弄，她把三个碗隔了长于筷子的距离放好，随后指着其中三根筷子说道：“怎么用筷子把三个碗连起来？”心儿嫣然一笑，很快就用三根筷子把三个精美的碗连起来。她是怎么办到的呢？

移火柴

桌子上用火柴摆了一个2+72+1的式子，要求只移动其中一根火柴，然后将式子的答案变成34。桌子上算术式的布局是这样的：1是由竖一根火柴组成，2是由横竖横三根火柴组成，7是由横竖两根火柴组成。你知道该怎么移动吗？

火柴等式

下图是一个用火柴摆放出的算式，不过这个算式并不能成立。现在请你移动其中的一根火柴，使这个算式能够合理成立。应该怎样移动呢？

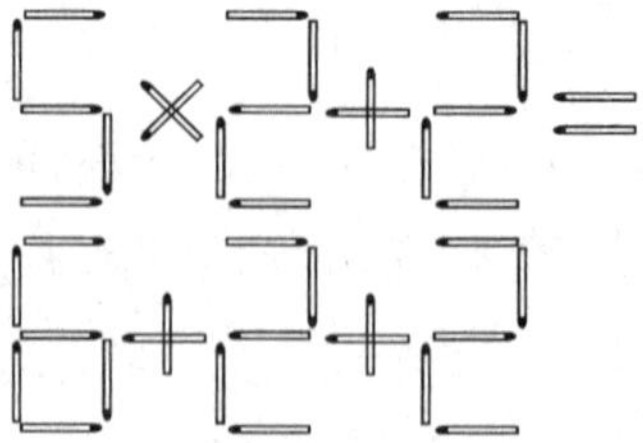

移动2根火柴，使等式成立

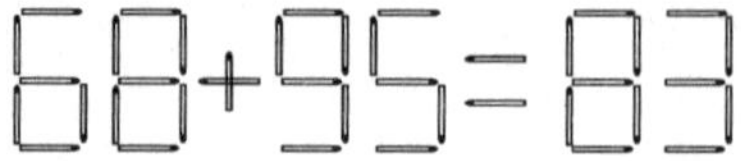

火柴棍游戏

下图是由9根火柴棍组成的3个三角形，请移动其中3根，使图中出现5个三角形。

巧移火柴

暑假里的一天，小琳要出门参加同学聚会，可她的妹妹小宁也吵着要一起去。

小琳灵机一动，拿出20根火柴放在桌上，组成了5个正方形（如图）。

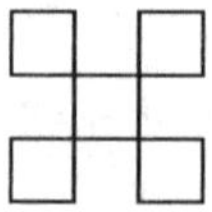

小琳告诉小宁，只要她能只移动3根火柴，把5个正方形变成9个正方形，就带她一起去参加聚会。

请问，小宁应该怎样移动火柴才能达成自己的愿望呢？

面积相同

在下图中移动4根火柴，使它变成3个三角形，并且这3个三角形的面积之和与原来的六边形面积相同。

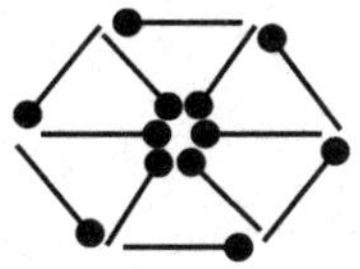

孪生图形

在下图中，去掉4根火柴，使它变成两个完全相同的图形组合。

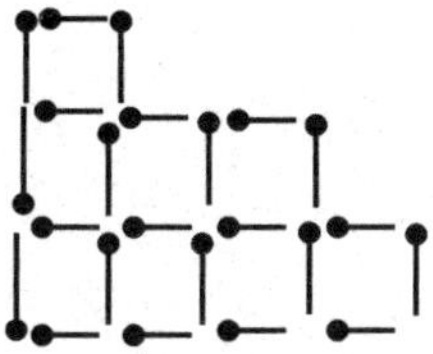

两倍面积

下图是2个由火柴拼成的四边形，大四边形的面积是小四边形的两倍。现在请你从这两个图形中取走3根火柴，并重新拼成2个图形，要求大图形的面积仍然是小图形的两倍。你应该怎样拼呢？

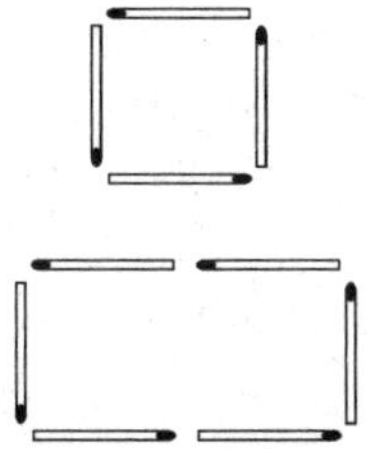

图形变单词

下图的菱形、三角形和两个正方形都是由火柴棒摆成。现在请你移动其中3根火柴，使它们变成一个英文单词，应该怎样移呢？

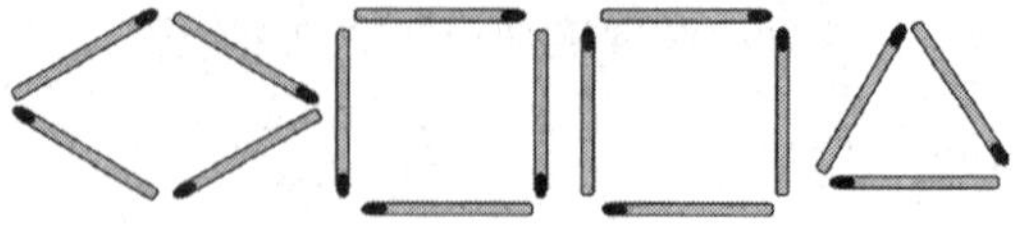

二等分图形

将以下图形分为大小和形状均相同的两等份。

（1）

（2）

（3）

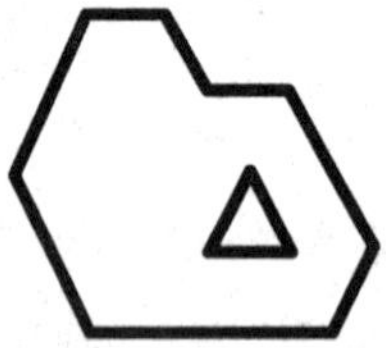

三等分图形

（1）将以下图形分为大小和形状均相同的三等份，且每份中都有一棵树。

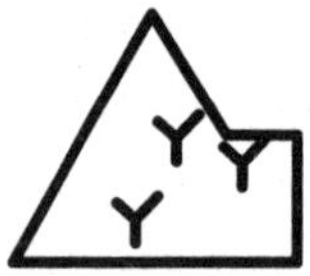

（2）将以下图形分为大小和形状均相同的三等份。

（3）将以下图形分为大小和形状均相同的三等份。

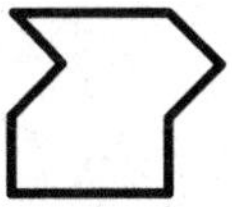

（4）将以下图形分为大小和形状均相同的三等份。

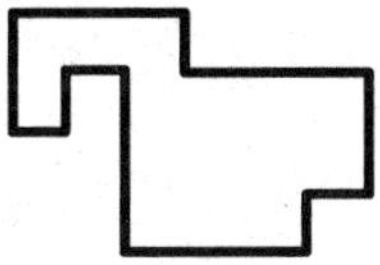

四等分图形

（1）将以下图形分为大小和形状均相同的四等份，且每份中都有一棵树。

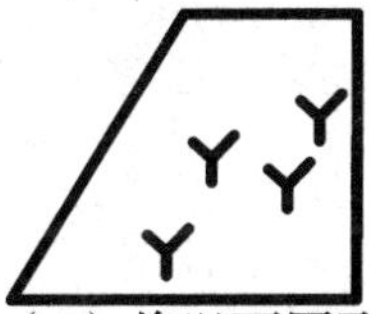

（2）将以下图形分为大小和形状均相同的四等份。

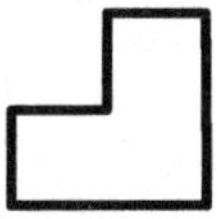

（3）将以下图形分为大小和形状均相同的四等份。

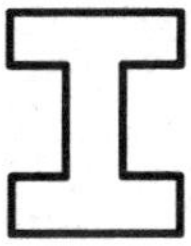

（4）将以下图形分为大小和形状均相同的四等份。

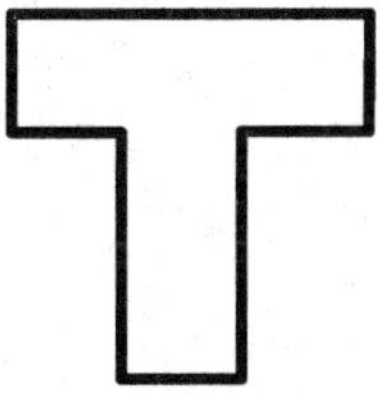

（5）将以下图形分为大小和形状均相同的四等份。

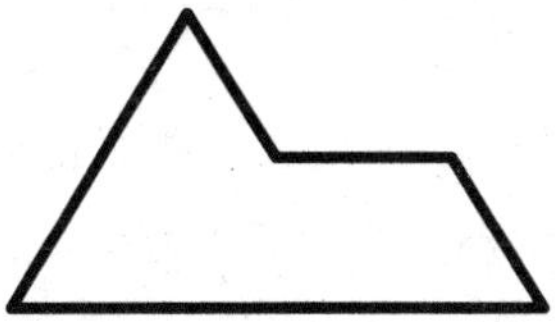

五等分图形

将以下图形分为大小和形状均相同的五等份。

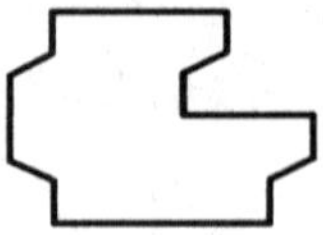

六等分图形

将以下图形分为大小和形状均相同的六等份。

七等分图形

将以下图形分为大小和形状均相同的七等份。

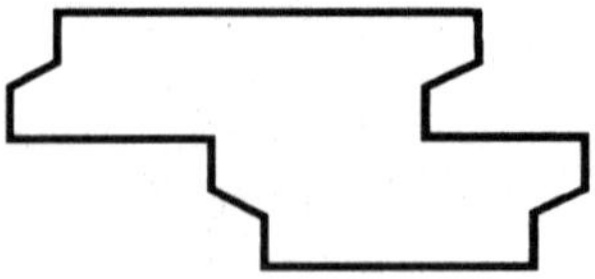

八等分图形

用三种以上的方法，将以下圆形分为大小和形状均相同的八等份。

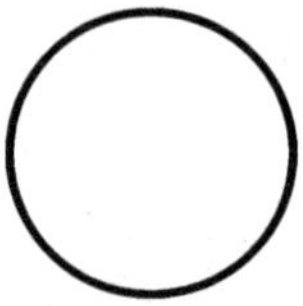

木匠师傅的绝招

有位木匠师傅指导他的徒弟们制作楔形榫。在他们完成几次一般性的练习之后，师傅拿出一个如下图由两块木头合成的立方体木块给他们看，两块木头的接

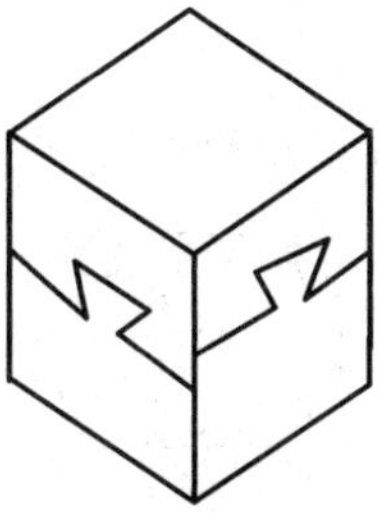

合处在立方体的4个垂直面上都形成楔形榫的形状，且四面看起来完全一样。师傅要徒弟们照样做一个，但他们都不知道该如何下手。这到底是怎么做的？

折叠问题巧解决

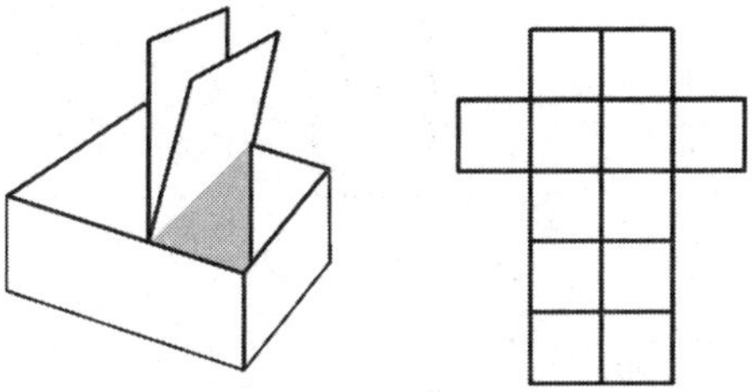

一个纸盒制造商要求设计师设计一种适当的纸板，使得该纸板折叠以后可隔成两个正方体，且这两个正方体上方各有一个盖子。有很多种设计可符合此要求，但是最后制造商决定采用如上图所示的"十"字形纸板。根据设计师的说法，只要将纸板裁两刀，就可以折叠出所需要的盒子，那到底该从何着手？

正方体木块

如下图，一个正方体木块，棱长1米，沿水平方向将它锯成3片，每片又锯成4条长条，每条又锯成5小块，共得到大大小小的长方体60块。那么，这60块长方体表面积的和是多少平方米？

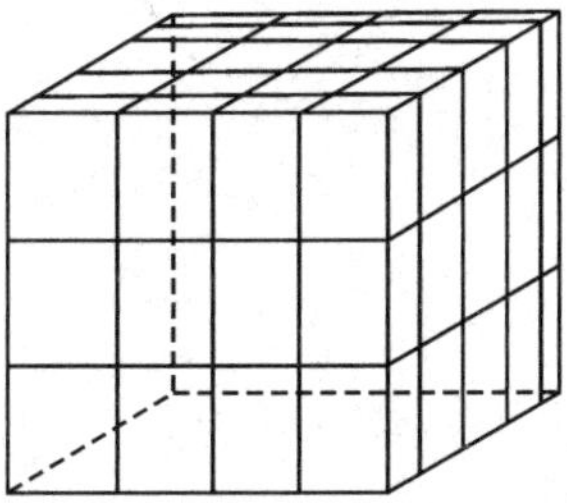

挖除正方体

如下图，原来的大正方体是由125个小正方体所构成的。其中有些小正方体已经被挖除，下图中涂黑色的部分就是贯穿整个大正方体的挖除部分。请问，剩下的部分共有多少个小正方体？

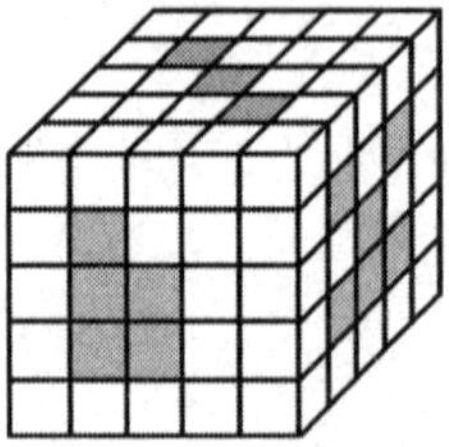

本章专题训练答案

趣味拼音填字

饥鸡盗稻恼老头投石击饥鸡。

考生的心思

差一点考上官。

木匠建庙

鲁班说的“一百一十一座庙”，原来用的是谐音，意思是“一柏、一石、一座庙”。

问路

“5里”谐音为“无礼”。

徐孺子随父访友

砍了树后，院子里就只剩下人，于是变成了“囚”，囚比困更不吉利。

老翁猜谜

黑狗有“黑犬”之意，所以黑和犬组在一起是个“默”字。老汉不吭声，正是猜中了此题。

加法字谜

（1）开（“20”扣“二十”，象形为“廾”；再加上“一”，可组成“开”字。）

（2）弄（“20”扣“二十”，象形为“ 廾 ”；“1+1”可扣合为“王”。合起来为一个“弄”字。）

（3）其（“20”扣“二十”，象形为“廾”；“3”扣“三”，“8”扣“八”。合起来，恰好为一个“其”字。）

（4）基（“23”扣“二十三”，象形并扣合为“甘”；“81”扣“八十一”，扣合为“㐀”。两者合起来为一个“基”字。）

加法等式字谜

（1）非（“31”扣“三一”，扣合为“丰”；“13”扣“一三”，扣合为“⺬”；恰好，“323”扣“三二三”，扣合为“非”，即为答案。）

（2）草（谜面扣“三十日”。“二十”可象形为“艹”，再加上“十日”组成的“早”，正好合成为“草”字。）

（3）荀（谜面扣“二百天”。如果按月份计时，习惯上，十天为“一旬”，“二百天”即“二十旬”。“艹”可视为“二十”的象形，与“旬”可组成“荀”字。）

（4）晶（24小时为一日，三个24小时相加为三日；三个日组成“晶”字。）

（5）斯（谜面扣“共二斤”，可组成“斯”字。）

（6）析（“10”扣“十”，“8”扣“八”，二者组合成“木”；谜面答案为“18斤”，即“木”和“斤”组合为“析”字。）

加法等式成语谜

（1）得寸进尺（2）一刻千金

减法字谜

皀（“700”扣“七百”，组合起来减掉一笔，即为“皀”字。）

加减法字谜

共（“10+10”扣“二十”，象形为“艹”；减号象形为“一”，“8”扣“八”。合起来组成一个“共”字。）

乘法成语谜

一无所有

乘法等式字谜

校

乘法等式成语谜

（1）一成不变

（2）以一当十

（3）千方百计

除法等式字谜

（1）杂（“杂”可看为“九木”，“森”为“三木”，即9÷3=3。答案为“杂”字。）

（2）萝（“艹”象形为“二十”，别解为“二十四个‘夕’÷12＝两个‘夕’”。）

（3）罗（“八个夕”的一半是“四个夕”，扣合为“罗”字。）

（4）圭（“杜”扣“十八土”，“圭”为“二土”，故“18÷2=9”即“杜÷圭=9”。）

除法等式成语谜

（1）一分为二

（2）合二为一

（3）不三不四

（4）陆陆续续（“陆”别解为“6”的大写，除式的结果为6.6666……）

符号谜语

坟（“ + ”“ — ”的组合象形为“土”，另外两个符号的组合象形为“文”。）

通过旋转得到的一组字母

字母按顺时针方向旋转180°，即两个字母成中心对称，从而可确定为D。

替换字母变单词

1. eat 吃　　2. men 男人们　　3. book 书　　4. shop 商店

5. some 一些（答案不唯一）

发挥想象填名词

答案举例如下：

A：ants（蚂蚁）

B：bikinis（女游泳衣）

C：caramels（焦糖）

D：drums（鼓）

……

发挥想象填动词

答案举例如下：

A：arrived（到达了）

B：bathed（洗澡了）

C：canoed（划船了）

D：dressed（穿衣打扮了）

E：explored（探险了）

F：fished（钓鱼了）

……

发挥想象填副词

答案举例如下：

A：acrobatically（像表现杂技那样地）

B：bumpily（颠簸地）

C：carelessly（不小心地）

D：dangerously（危险地）

E：enthusiastically（热情地）

F：frantically（发狂似的）

……

剩余部分全一样

Stone（石头），Bones（骨骼），Honey（蜂蜜），Money（钱），Atone（偿还）。这些单词分别去掉两个字母，剩下部分全是one。

黑夜看报

这个人是一个盲人，他看报是用手来“看”的。

正反都一样的年份

1961年。

狗吃骨头

小狗只需要转过身用后腿就可以够着骨头了。

巧进城堡

詹姆斯趁守门人出来巡视的间隙，快步走进城门，当守门人出来巡视时，又转身向回走。守门人误认为他想溜出城去，于是就把他赶进了城堡。

钱怎么少了呢

小刘把信封上的数字看反了，其实信封上写的是86元，因此，当他去买东西时不仅钱不够，还少了4元。

筷子搭桥

让三根筷子相互利用，跷起来就会搭成一座桥使三个碗相连。假如三根筷子分别是a、b、c，让a筷在c筷下面，压着b筷；b筷在a筷下面，压着c筷；c筷在b筷下面，压着a筷，这样，桥就搭成了。

移火柴

将“7”上面的一横移到第一个“2”后面，最后变成“21+12+1”。

火柴等式

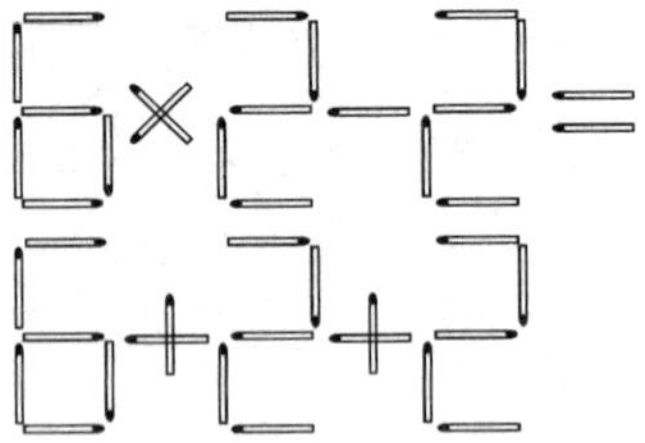

移动2根火柴，使等式成立

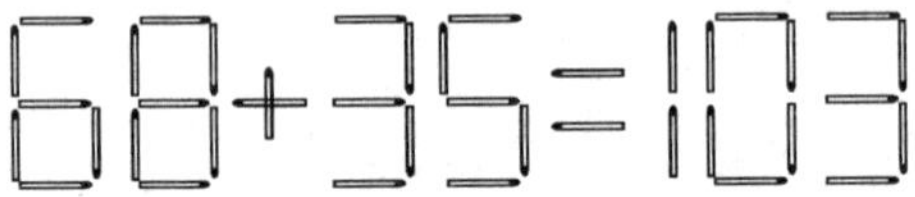

火柴棍游戏

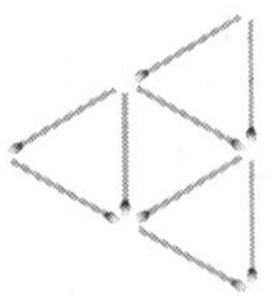

巧移火柴

只需将右上角正方形的3条边分别移动到上、中、下3个空缺处即可（如下图）。

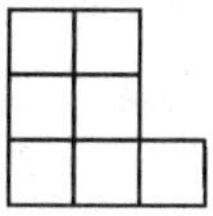

面积相同

原图中有6个小三角形，变化后剩下3个三角形，这3个三角形与原来的6个三角形的面积相同，必然有一个三角形的面积要增大。如下图所示，移动虚线表示的4根火柴。图中移动火柴后下面的大三角形面积等于小三角形面积的4倍。

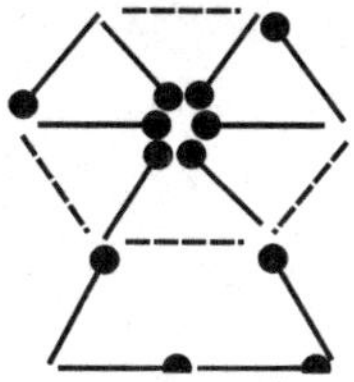

孪生图形

该图的面积等于7个边长为1根火柴的小正方形的面积之和。要达到规定要求，必须去掉1个小正方形。剩下的部分划分成2个面积等于3个小正方形面积的图形。去掉下图中虚线所示的火柴即可。

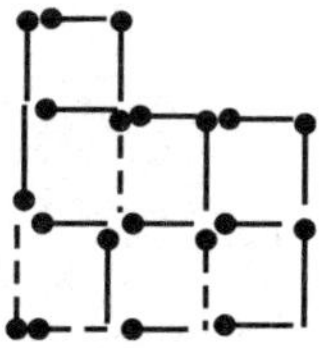

两倍面积

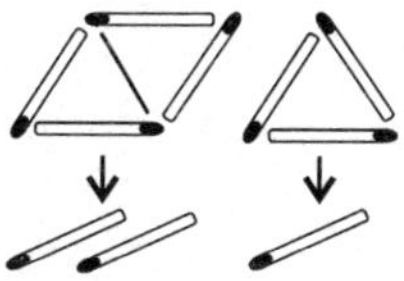

图形变单词

移动3根火柴后可组成如下图形，代表英文单词“MOON”。

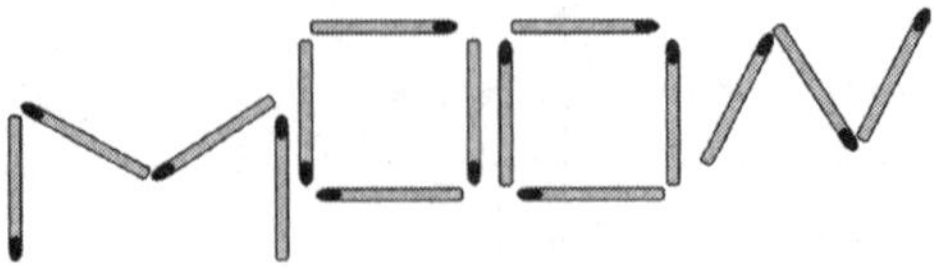

二等分图形

（1）

（2）

（3）

三等分图形

（1）

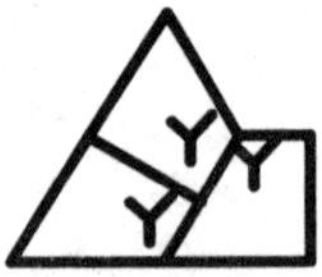

（2）

（3）

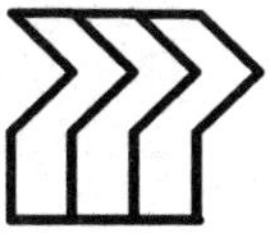

（4）

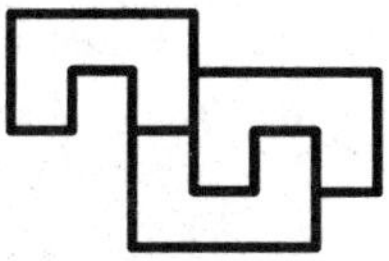

四等分图形

（1）

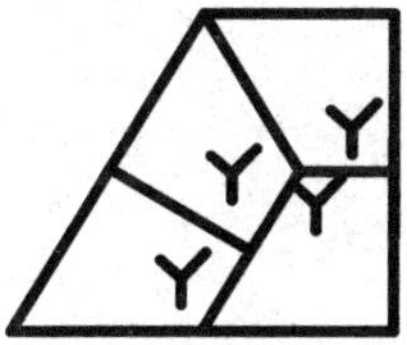

（2）

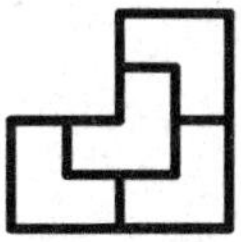

（3）

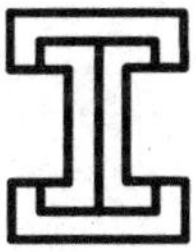

（4）

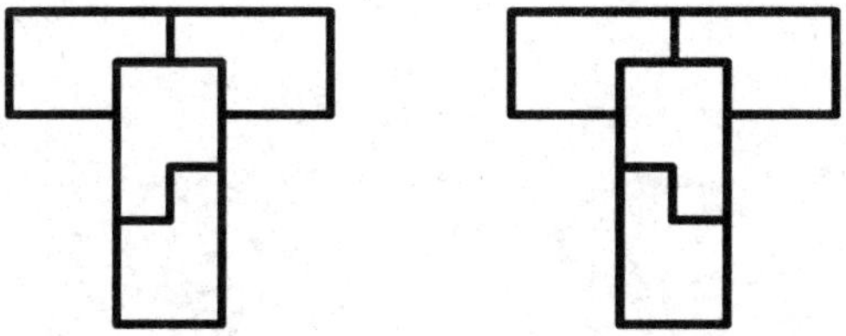

（5）

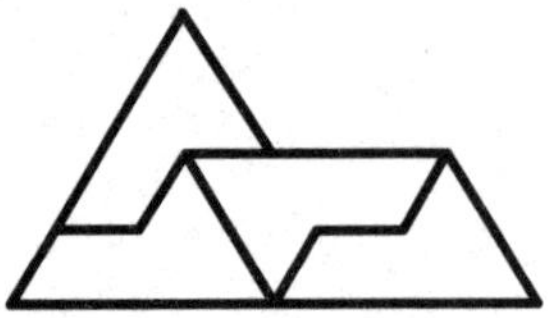

五等分图形

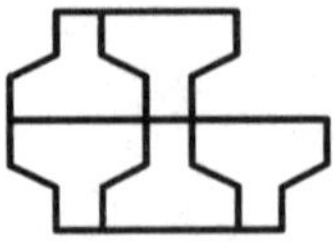

六等分图形

七等分图形

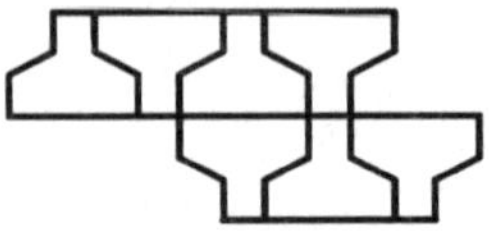

八等分图形

如图（有无数种答案）：

木匠师傅的绝招

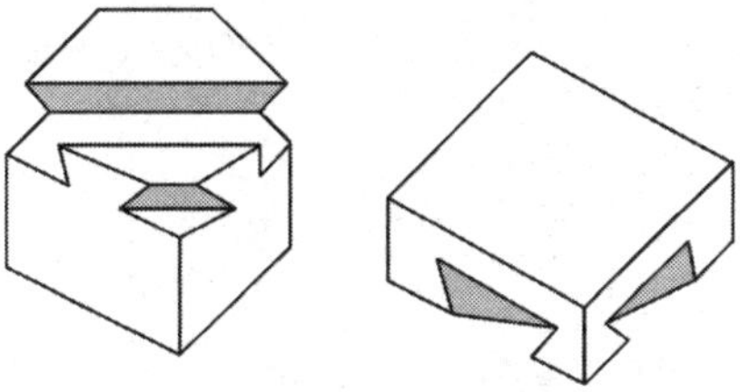

这个楔形榫是沿着对角线方向锯开的，而不是像徒弟们所想的平行于立方体表面的方向。

折叠问题巧解决

顺着图中的粗线将纸盒剪开，再沿着虚线处将A与B两块黏合，形成盒子的中央分隔部位，并使两片盖子可以以此为底轴任意开关。接下来便可很轻易地折出题目中所要求的盒子。

解题的关键在于两片盖子的底轴位于同一处。当这个关键问题解决之后，要找出符合要求的设计并不难。在大部分设计中，此答案是最理想的。

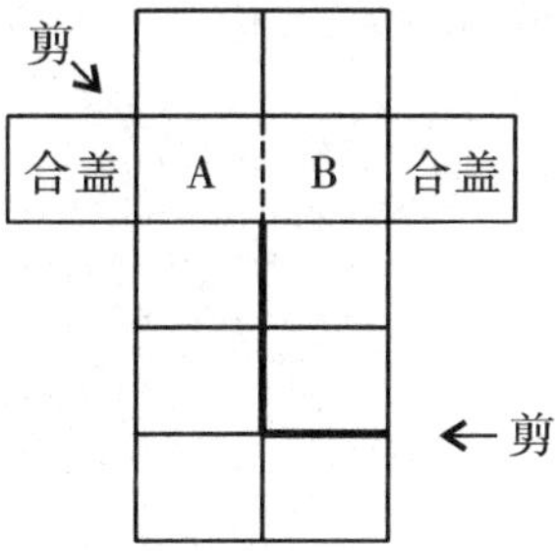

正方体木块

我们知道每切一刀，多出的表面积恰好是原正方体的2个面的面积。现在一共切了（3−1）+（4−1）+（5−1）=9（刀），而原正方体一个面的面积1×1=1（平方米），所以表面积增加了9×2×1=18（平方米）。原来正方体的表面积为6×1=6（平方米），所以现在的这些小长方体的表面积之和为6+18=24（平方米）。

挖除正方体

对于这一类从立体图形中间挖掉一部分后再求体积（或小正方体数目）的题目一般可以采用“切片法”来做。所谓“切片法”，就是把整个立体图形切成一片一片的（或一层一层的），然后分别计算每一片或每一层的体积或小正方体数目，最后再把它们相加。采用切片法，俯视第一层到第五层的图形依次如下图所示，其中黑色部分表示挖除掉的部分。

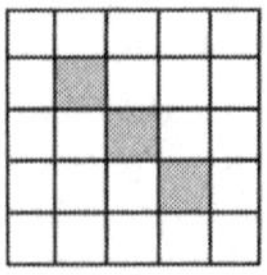
第1层

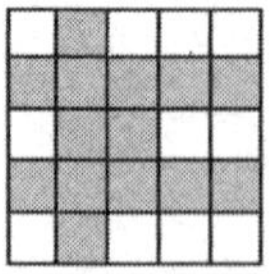
第2层

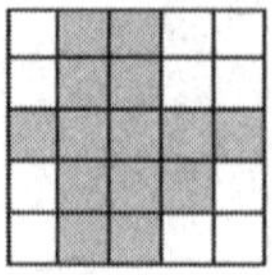
第3层

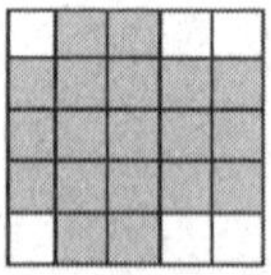
第4层

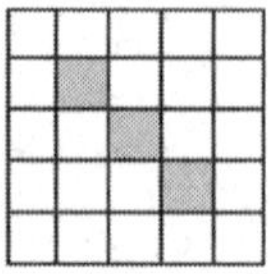
第5层

从图中可以看出，第1、2、3、4、5层剩下的小正方体分别有22个、11个、11个、6个、22个，所以总共还剩下22+11+11+6+22=72个小正方体。

第3章　判断能力题

“不知天上宫阙，今夕是何年”

无论是在考试中对是非题的解答，还是在生活中对所发生事情的分析，都包含着对某件事或某个人的是与否的判定，这就是判断能力。一个人的行动能否取得良好的效果有赖于他能否对事物做出正确的判断，判断力在人的实践活动中起着至关重要的作用。判断力能正确反映事物的复杂性和多样性，从而能正确、有效地指导人们改造客观世界的实践活动。

学习、掌握更多的知识，最重要的目的是让我们拥有明辨是非的判断力，拥有自己处理事情的正确价值观。判断力可以培养，从小到大我们做过的选择题、判断题都是在锻炼我们的判断力，我们根据自己所掌握的知识、经验，经过反复推理验证，得到一个合理的结果。按照这个步骤，判断一件事物就分成了判断依据、判断过程和判断结果。思维的基本过程包括分析、综合、比较、抽象、概括、具体化。“具体化”既是一个结果，也是一个判断思维能力的运用过程，最常见的，就是对思维中的疑点做出肯定或否定的回答，这就需要用到肯定思维视点和否定思维视点。

肯定思维视点是从肯定的角度看问题，否定思维视点是从否定的角度看问题。人不但是理性的动物，而且是有理由的动物，因此在思考过程中人们总会自觉或不自觉地为自己的行为寻找理由，以寻求心理上的平衡。最常见的例子莫过于各种形式的辩论，在辩论中针锋相对的正反两方都会竭力试图证明自己的正确性，以否定对方的观点，这时候真理在哪里就变成次要的了，人们把主要精力放在对自己观点的维护上，更关心辩论的胜负而不是真理所在。而在旁观者看来，对立双方的观点往往都有一定的道理，所争辩的不过是同一事物的两个极端罢了。无论是企业管理者，还是员工，在思考问题时，都可以运用统一的思维视点，然后做出肯定或否定的回答。

苏东坡曾有一句浪漫的词："不知天上宫阙，今夕是何年？"肯定或否定的选择虽然往往就是在一念之间做出的，但却包含着深刻的思维科学问题。肯定思维视点和否定思维视点都是中性的思维工具，这一点与其他思维工具没有什么不同，它们指明的是一个思维方向，而不是具体的思维结果。至于在这个方向上能看到什么结果，那就需要每个人根据具体对象和具体问题去思考，这一点是值得所有人深思的。

经典例题

例1：五字竖匾

传说有一年，乾隆皇帝要在一处殿阁的顶楼悬立一块"天子重英豪"的五字竖匾。按照清朝皇家惯例，凡皇宫内亭、殿、堂、宇立碑造匾，都应由皇帝亲笔题字。乾隆这次却一反原先的惯例规定，要请别人来题写，而且正、草、隶、篆，不拘一格。凡被选中者，要官封官，要银赏银。皇榜贴出后，震动了整个京城。各部官员竞相献字，可没有一个让乾隆满意的。

后来，有个落第的举子，写了竖匾托一个长老送给乾隆，乾隆就召集几名大臣来品评。大臣们一看，只见字体大小不一，于是个个都摇头。乾隆听了也不反驳，就命人挂上去试试。挂上去以后，众臣抬头一看，只见"天子重英豪"五个大字，摆布得当，浑然一体，苍劲有力，与在下面看时完全两样。

请问这是什么道理呢？

答案：

由于殿阁很高，又是竖匾，如果匾上的字一样大，从下往上看，就自然出现上端字小、下端字大的毛病。这个落第举子按照近大远小的透视原理，故意将第一个字写大，并依次按比例缩小，远看正好合适。

例2：到底准不准

有人买了一只手表，用它和家中的闹钟测试准确度，手表每小时要快2分钟。他想，不一定是自己买的表走得不准，因为也可能是闹钟走得不准。于是，他拿着闹钟去对电台播出的标准时间，结果发现家里的闹钟比标准时间慢了2分钟。这一下他高兴了，说："我的表每小时比闹钟快2分钟，而闹钟比标准时间每小时慢2分钟，可见我买的表准得很。"请你说说他买的这只表到底准不准。

答案：

乍看起来，他买的手表走得很准。其实，这只手表走得并不准。这是因为，当他用新买的手表同闹钟对比时，每小时快2分钟，但这2分钟并不是标准的2分钟（因为闹钟上的时间并不是标准时间）；而当他用闹钟和电台播出的时间对比时，每小时慢2分钟，这却是标准的2分钟。所以，前后虽然同是2分钟，但实际上还存在着快慢的不同。

如果我们从逻辑的角度来分析，这前后两个"2分钟"的概念的内涵是不同的。前一个"2分钟"，是以走时不准的闹钟为标准的，因而这2分钟不是标准的2分钟；而后一个"2分钟"却是以电台播出的标准时间为标准的，因而是标准的2分钟。既然如此，这两个"2分钟"当然就不一样了。所以，他由此认为手表走时很准的结论是不可靠的。恰恰相反，正由于两个"2分钟"不是一样的，所以可认定他的手表走时不准。

例3：花瓶与地砖

下图中，花瓶与地砖的面积，哪个大？

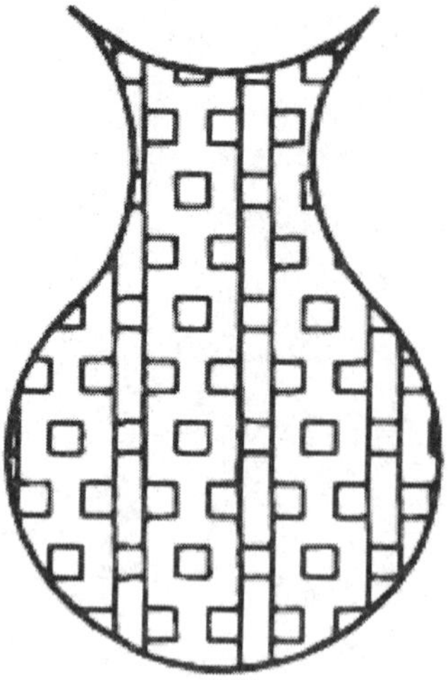

答案：

它们的面积是相等的。只要按照图1的办法，先将地砖切割成5块。

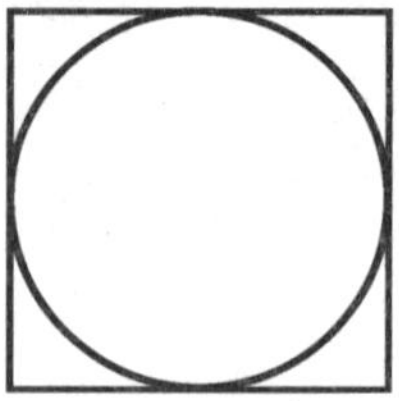

图1

再根据图2的提示拼合，就得到了花瓶的图案。

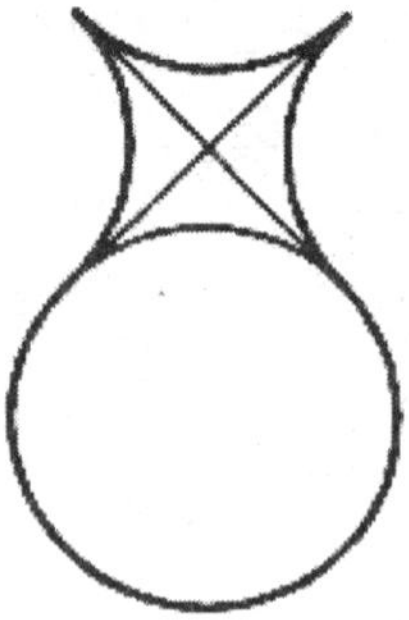

图2

掌握了这个窍门，就可以设计一种“遍地花瓶”地砖图案。只要根据图1，画出地砖正方形轮廓的内切圆，然后在方砖的中心和四角加上适当花纹（如图3），用这种方砖铺成的地面如图4，看起来地面上像铺满了花瓶图案，圆内是瓶身，四个圆围成的曲线四边形是瓶颈。

图3

图4

例4：哪个跳得高

拿一个实心皮球和一支圆珠笔，把笔插进球里，要插得足够深，但也不要把整个笔头插进去，以手拿笔时球不会掉下来为合适。一手拿笔，手臂伸直，插着笔的球朝下（注意：不要在灯底下做这个游戏，以免发生事故），准备好了，松手！看哪样东西跳得高，是球还是笔？

答案：

球着地后，笔像射箭那样从球里弹出来。如果在室内做这个游戏，笔会弹到天花板上。相反，球根本不跳，或者比平时跳得低。在通常情况下，从离地100厘米高的地方落下的球，可以弹跳到90厘米的高度，仅仅失去很小一部分动能。但是把笔插进球里，球着地时不仅影响到球，也会影响到笔。如果没有笔，球落地时的动能会使球弹跳起来；插上一支笔，球的一部分动能就转移到笔上了，笔就会弹得很高。由于笔的质量比球小，同样的动能，可以使笔弹起的高度是球的若干倍，所以球是无法跳到笔那么高的。

例5：电影院里的好座位

常看电影的人一定注意到一件事情，就是有些画面上的物体有非常显著的立体形象：人像仿佛从背景上脱离开来，而且凸出得使人几乎忘记了幕布的存在，仿佛台上有真实的景物和活的演员一般。

出现这种立体形象，许多人以为是由于影片性质的关系，这是不正确的；正确的原因是因为看电影的人坐的位置。电影片虽然是用焦距极短的镜箱拍出来的，但是它放映到银幕上却用极大的倍数——大约100倍——给放大了，因此可以用两只眼睛在很远的距离上（10厘米×100=1000厘米=10米）来看。我们看到的电影里最大限度的立体形象，是在当我们看银幕的视角跟拍摄影片的时候镜箱“看”演员的视角相同的时候。那个时候在我们眼前的就会是跟原来景物一样的形象。

那么，怎样求出跟这个视角相合的距离呢？

答案：

这就应该把座位选择在正对画面的中央，还要跟银幕保持这样一个距离：这个距离跟银幕上画面宽度的比，就等于镜头焦距跟影片宽度的比。

拍摄影片用的镜箱，一般要根据所拍的对象不同，而分别采用的焦距为35毫米、50毫米、75毫米或100毫米。影片的标准宽度是24毫米。那么，举例来说，对于75毫米的焦距，得到：

所求的距离／画面的宽度=焦距／影片宽度=75／24≈3

这样，要知道在这个情形下的好座位跟银幕的距离，只要把画面的宽度乘以3就可以。例如，映在银幕上的画面宽6步，那么最好的座位应该是在银幕正前方18步的地方。

专题训练

多音字趣话

从前有一个人，聪明能干，什么事都做得漂亮且与众不同。他开了一间铺子做生意，开张那天，好多人都来捧场。别人问他：“你这个铺子叫什么名字？”这个人很得意地拿出一块大匾给大家看，上面写着“行行行行”。大家看到这块匾都愣住了。

你知道这间店铺的名字怎样读吗？提醒你哦，这间店铺名字的意思是“这是一间无论经营什么都能做得很好的店铺”。

“行行行行”应该怎么读呢？

孟姜女庙门联

山海关孟姜女庙有幅门联，它构思奇巧，上联有七个“朝”字，下联有七个“长”字，各有两种读音，写的是庙前大海的景色。请看这副对联：

海水朝朝朝朝朝朝朝落；浮云长长长长长长长消。

这里用了同音假借的办法，请你先把本字找出来，读通后分别给“朝”“长”注音。

招聘经理的拼音题

某公司招聘经理用五个读音相同的“gong”字作为选拔标准，以此选拔优秀人才，促进公司发展。题目如下：

文明礼貌突出一个gong（　　　　）字；办事无私突出一个gong（　　　　）字；书写漂亮突出一个gong（　　　　）字；有进取心突出一个gong（　　　　）字；成果丰硕突出一个gong（　　　　）字。

你能答上来吗?

鱼布龟虫枣

某地有个宋老头，外出经商，一出门就是三年。他的老伴独自在家，很是着急，曾叫人带口信，也未见回。老太太见宋老头做买卖上瘾了，怕是不要自己了。想来想去，就给老头“画”了一封信。她在纸上画的是：三只王八，一棵树，又画了一只王八；再画上一条大鲤鱼，一个苹果，一块布，又画了一只王八；最后，画了一只大毛毛虫，一颗大红枣和一个老头模样的人儿。画好，封好，就托进城的邻居顺路捎给宋老头。

宋老头接到信一看，对伙计们说：“不好了，我明天得回家了！”伙计说：“为什么？”“你们看一看老太婆的信就知道了！”伙计们争着看信，都乐了，可也都傻眼了，谁也看不懂。请问，你看懂了吗?

无字天书

从前，有一个外出经商的生意人，托人给在家的妻子带回十两银子和一封信。受托之人却存心昧银，只交给商人之妻那封信，说：“你丈夫只托我给你带回这封信。”商人之妻打开信一看，是四幅画：一幅画有七只鸭子；一幅画有只鹅用嘴拼命地拉着躺在地上、闭着眼睛的大象；一幅画了一把倒挂的勺子和十只苍蝇；最后一幅画着一个男人，在嫩柳成荫的道路上走着。她笑了笑：“不对。这位大哥，他叫你给我带回了十两银子，请快给我吧！”说完，还指着画，一一解释着。带信人一听，大吃一惊，赶快掏出银子，交给了商人的妻子。

你看得懂这四幅画的含义吗？

看图猜单词

如下图，某英语单词由四个字母组成，且四个字母都关于直线L对称。请问这个英语单词是什么？

衣架上的单词

衣架上的字母怎样才可以组成一个不短于六个字母的单词？

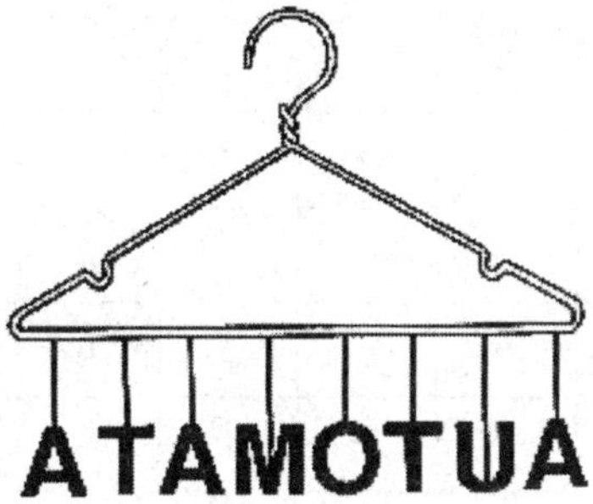

最长的单词

在下面的圆圈中，你可以找到的最长的单词是什么呢？

分割单词

请在图中划定适当的边界，使五个相互关联的单词被边界分割开。

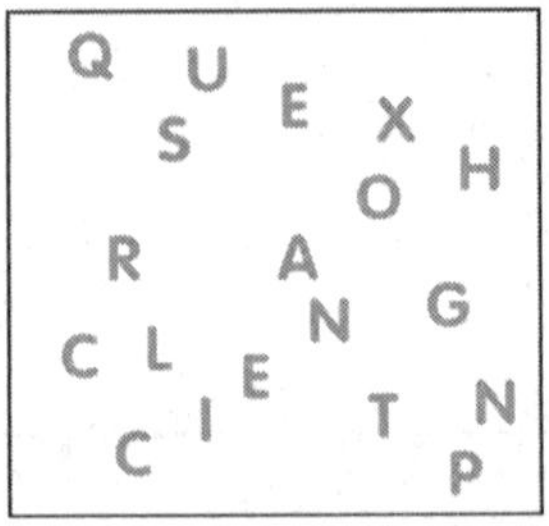

单词加油站

请找出你学过的单词。

f	o	r	e	s	t
f	l	o	w	e	r
i	i	c	o	d	e
s	o	k	l	o	e
h	n	x	f	g	z

里面藏着多少个单词

找一找，看看方格图里面藏着多少个单词。把它们找出来，并写出来。一定要找到10个才行噢！

e	v	b	i	r	d	o	g	k
l	c	l	e	g	k	t	o	a
e	t	a	r	e	c	a	a	n
p	i	w	t	n	k	i	t	g
l	g	k	o	h	e	l	p	a
i	e	f	u	r	i	s	b	r
o	r	m	o	u	s	e	m	o
n	p	i	g	o	a	t	r	o

英语单词滚瓜烂熟

请在字母表中描出下列词语的英文解释。（仅限行与列，不许斜描）

N	A	E	L	C	A	A	C	B	G	R	S	Q
B	D	R	E	S	P	E	C	T	W	Y	P	S
Z	Q	S	R	B	E	A	U	T	I	F	U	L
M	N	A	M	E	R	I	C	A	O	P	B	O
U	V	X	S	A	T	B	I	G	H	D	L	O
J	I	K	L	C	O	P	T	O	W	N	I	H
T	R	A	S	H	Q	R	Y	T	U	A	C	C
X	Y	W	Z	E	R	E	T	T	I	L	A	S
P	A	R	K	S	A	E	J	E	N	N	F	C
Z	A	C	O	M	M	U	N	I	T	Y	E	X

学校、城镇、废物、美国、海滩、停车场、清洁的、

尊敬、城市、公众、社会、陆地、垃圾、美丽的

同月生日的人

一个工作团队一共有13名职员，其中至少有多少个人的生日是在同一个月？为什么？

填数字

257

475

36?

请在这三行数字中找出规律，填出问号处的数字。

数列游戏

找规律填数字是一个很有趣的游戏，特别锻炼一个人观察和思考的能力。试试看，有规律地填写以下空格：

（1）1，4，7，10，（ ），（ ），19，22，25

（2）1，1，2，3，5，8，（ ），（ ），34，55

（3）1，2，4，7，11，16，（ ），（ ），37，46

（4）1，4，9，16，（ ），（ ），49，64

第四个数字是多少

有5个数字：54321，43215，32154，（ ），15432。请问括号中第四个数字是多少。

下一行数字是多少

有几个纵向排列的数字如下：

3

13

1113

3113

132113

1113122113

仔细观察这些数字，你能写出下一行数字吗？

第十个数是多少

现有如下数字排列：1，5，11，19，29，41…请问这组数字排列中，第10个数是多少？

这个三位数是多少

桌子上有三张数字卡片，这几张卡片组成一个三位数236。如果把这三张卡片变换一下位置或方向，就会组成另外一个三位数，而且这个三位数恰好能够被47整除。那么如何改变卡片的方位呢？这个三位数是多少呢？

最后剩下谁

某体育学院的教练非常刁钻，最爱折腾人，因此运动员们不但要“忍受”超极限的体力训练，还得对付教练时不时的脑力测验。这天教练就给运动队队长出了这道题：“咱们队，一共50个队员。如果我下令让单数运动员出列，再让剩下的运动员重新编号，然后继续让单数运动员出列。以此类推，最后将剩下一个运动员，这个运动员编号会是多少？如果我下令让双数运动员出列，最后剩下的，又会是几号？”队长寻思半天，也没能给出正确答案。你知道正确答案吗？

比赛

体育记者小明被派去报道一项体育赛事。到了现场之后，小明才发现自己忘了带通讯录，没办法联络主办单位，这也就意味着没有人向小明提供这场赛事的背景，比如说有多少个比赛项目等这些讯息。

经过观察，小明发现这场比赛共有N个项目，有运动员1号、2号、3号参加。在每一个比赛项目中，第一、第二、第三名得分分别得A、B、C，其中A、B、C为正整数，且A>B>C。最后1号选手共得22分，2号与3号均得9分，并且2号在百米赛中取得第一名。

现在，假设你是小明，你能求出N的值，并分析出谁在跳高中得了第二名吗？

三个相同数字并排

一个数位显示型的电子手表，一天当中会出现许多次三个相同数字并排的画面。你知道一天共会出现多少次（正午和午夜都是以12:00表示）？

谁的照片

王强既没有兄弟，又没有姐妹。有一天，他看着一张照片发呆。他的一个朋友问他：“你看的是谁的照片？”他如实回答：“照片上的男人的父亲，是我父亲的儿子。”请问他看的是谁的照片？

复杂的关系

有一个人在看一张照片，当有人问“照片上的人是谁”的时候，这个人回答说：“照片上的人的丈夫的母亲，是我丈夫的父亲的妻子的女儿，而我丈夫的母亲只生了他一个孩子。”请问这个人在看谁的照片？

绕行太阳

一个宇航员骄傲地对他的父亲说，他已经绕行地球二十圈了。他父亲说：“这有什么稀奇，我不定期绕行太阳五十圈了呢！”你说，他的父亲是在吹牛吗？

玲玲坐车

玲玲去坐公交车，路上无聊就数了数公交车上的人数，发现有14个人，到了一站后，下去了3个人，上来了5个人；过了一会儿，又下去了7个人，上来了8个人；很快又到了一站，这次有11个人下车，上来了2个人；车上的人现在很少了，又一站后，又上来了5个人，没有人下车；下一站没有人下车，也没有人上车；很快，公交车就开到了终点站。你知道从玲玲开始数人数后，公交车一共停了几站吗？

难倒硕士父母的小学数学题

2012年5月，网上一则帖子引起了热议：一对硕士研究生毕业的父母被读小学四年级的儿子的数学题难倒。其中一道题目：找出“1、3、5、7、8；2、4、6；5、9”这三组数字的规律。夫妻俩琢磨了40分钟也找不到答案。随后母亲赵娜把这道题发到网上求助，并附言：现代文盲硕士，辅导不了孩子。很多网友也被这道题难倒了，很多人在跟帖上写下了自己的答案，例如：

答案1：三组数的规律是：8–{7–[5–（3–1）]}=4，6–（4–2）=4，9–5=4。不过有网友反驳说：这样的解答是把数列倒过来了，虽然思路新颖，但不正确。

答案2：每一项都是等于前一项加上当前项减去前一项的差，例如，3=1+（3–1），5=3+（5–3），4=2+（4–2），9=5+（9–5）…有的网友当即反驳：任意数排列都是这样的，这种解法是不可能正确的！

答案3：三组数字是按照声调排列的，第一组都是第一声发音，第二组是第四声发音，最后一组是第三声发音。确实有一道著名的思维游戏训练题是按照这种思路出的，但是第一组中的“5”明显不符合这个规律。也有的网友评论这个答案说：这道题命题意图应该就是这样，只是题出错了，造成此题无解。

答案4：是大人自己想得太复杂，“硕士”学位成了思想包袱，这三组数的相同规律不就是从小到大的排列顺序吗？但有网友评论说：那不成脑筋急转弯了，和数学有关吗？而且命题形式很多，何必非得是这样呢？

……

跟帖将近20页，最后也没有一个被认定为正确的答案。众网友在迷惑不解的同时，对这样的小学数学题也提出了严厉的批评。在跟帖将近结束时，一个聪明的网友发帖说：我也出一道“怪题”，还给这道题的命题者——请找出这两组数字的规律：“1 2 3 6 7 8 9；4 5”。原来的难题没有解出，又多了一道新的难题！众网友已经没有耐心再解答，要求公布这道新“怪题”的答案。没想到答案公布之后，众网友大笑不止，同时也指出：我们必须反思我们的教育了！你知道这道“怪题”的答案吗？

苍蝇的重量

用一个大玻璃罐子称量苍蝇，装入20只苍蝇后封闭瓶口，然后把瓶子放在天平上。那么，罐子是在苍蝇落在底部时重量大，还是苍蝇在罐子中保持飞行状态时的重量大？

牛奶和咖啡

有一杯牛奶，如果你喝了半杯后，用咖啡加满；再喝去半杯后，又用咖啡加满；然后全部喝光，那么你一共喝了几杯牛奶、几杯咖啡呢？

兰花的数量

布朗夫人很喜欢花，她在花园里种了30朵花，它们是郁金香和兰花，无论你摘下任何两朵花，都至少有一朵是郁金香。那么，你能判断出布朗夫人种了多少朵兰花吗？

最后一根火柴

王先生拿出最后一盒火柴，里面只剩下最后一根，他要用这根火柴点燃炉子，还有蜡烛。那么，先点燃哪个物品才是最好的选择？

相遇

有一个人从甲地骑自行车到乙地去，而另一个人开车从乙地驶往甲地。在路上，他们相遇了。你知道这个时候谁离甲地更近吗？

巧认旋转的字

用卡片纸剪一个直径30~40毫米的圆片，上面写上你的姓，把玩具电动机轴插过圆纸片的中心，用一节电池使它高速转动。不管在阳光下还是在灯光下（包括日光灯），你都无法看清圆纸片上的字。但是，你把电视机放在空频道上，并用深色布遮住上面大部分屏幕，下部只留约10毫米宽的窄缝时，在窄缝屏幕光的照射下，只要用手指摩擦电动机轴，调节转速到一定值时，就能看清楚圆纸片上的字了。有趣的是，字看上去居然是静止不转的。你知道为什么吗？

钟表问题

凯特早上起床发现闹钟停了，把闹钟调到7点10分后，就去朋友家玩。当到朋友家里时，他看到墙上的闹钟是8点50分，在朋友家玩了一个半小时之后，又用同样的时间回到家，这时家里的闹钟显示为11点50分。请问此时家里的闹钟显示的时间准吗？不准的话应该调到几点？

拿对自己伞的概率

东东、巍巍和欢欢三人是好朋友，连雨伞都用一样的。上课如果碰到下雨天，她们就把雨伞放在教室的门口，她们都在伞上不明显的地方写了自己的名字，不过乍看之下很难分辨出来。请问：如果其中只有两个人能不看名字就能拿对自己的伞，那么第三个人拿对自己的伞的概率是多少？

装馒头的概率

有10个盒子，每个盒子装有50个馒头。把每盒馒头用估量的方式分成两半，装入不同袋子里面，总共装成20个袋子。这个时候，装入一个袋子里面的馒头数量平均刚好是25个的概率有多大？

抓歹徒

威廉是一名勇敢的警察。这天，他遇到情况，必须要和一个大歹徒或三个小歹徒搏斗。现在假设知道他战胜一个大歹徒的概率是七分之一，战胜一个小歹徒的概率是二分之一。请问，他怎么选择取胜的概率会大一些？

能及格吗

某人参加考试，考题是30道三选一的选择题，一题一分，只要答对15题以上就算及格。以概率来说，随便答也可以答对三分之一，也就是10道题。他有把握答对的题目有6道。请问，此人这次考试能及格吗？

巧取钻石

有一个国王指着一个瓶子向家臣说："这个瓶子里装着大小、重量、触感均相同的石头101个。其中黑石50个，白石51个。你可自取数个，但要先蒙住眼睛，假如取出的黑石、白石数目相同，便给予同等的钻石。"大臣闻言后，左思右想，难以决定。此时国王的随从便献计说："不要贪心，只要拿出2个，便有50%的或然率，有机会可以得到钻石。"但不知可否还有更好的办法？

银币赌局

一天，约翰和吉姆就三枚银币打赌。约翰说："我向空中扔3枚银币。如果它们落地后全是正面朝上，我就给你10元。如果它们落地后全是反面朝上，我也给你10元。但是，如果它们落地时是其他情况，你就得给我5元。" 吉姆听了约翰的说法后，便心想："至少有2枚银币必定情况相同，因为如果有2枚银币情况不同，那么第三枚一定会与这2枚银币之一情况相同。如果2枚银币情况相同，则第三枚不是与这2枚情况相同，就是与它们不同。第三枚与其他2枚情况相同或情况不同的可能性是一样的。因此，3枚银币情况完全相同或情况不完全相同的可能性是一样的。但是约翰以10元对我的5元来赌它们的不完全相同，这分明对我有利。"于是他认为这个赌可以打。请问，吉姆接受这样的打赌是明智的吗？

取玻璃球

甲口袋放有N个白玻璃球和M个黑玻璃球，乙口袋中放有足够的黑玻璃球。现在每次从甲口袋中任取两个玻璃球放在外面。当被取出的两个玻璃球同色时，需再从乙口袋中取一个黑玻璃球放回甲口袋；当取出的两个玻璃球异色时，将取出的白玻璃球再放回甲口袋。最后，甲口袋中只剩两个球，请问，剩下一黑一白玻璃球的概率有多大？

敲钟比赛

老和尚、大和尚和小和尚在进行敲钟比赛。小和尚用10秒能敲10下钟；大和尚用20秒能敲20下钟；老和尚用5秒能敲5下钟。以上每个人所用的时间是这样计算的：从第一下开始，到最后一下结束。请问，他们三个人是否打成平手？为什么？

循环赛

五个球队进行篮球比赛，每队互赛一场进行循环赛。比赛的结果如下：甲队：2胜2败；乙队：0胜4败；丙队：1胜3败；丁队：4胜0败。请问，戊队比赛的结果是怎样的？

分配遗产

一位富豪在去世前写了一份遗嘱，把自己遗留下的财产分配给妻子和即将出生的孩子。按照遗嘱，妻子生的如果是儿子，那么，做母亲的将分得儿子份额的一半；如果生的是女儿，做母亲的就分得女儿份额的两倍。可是，这个母亲却生了一男一女。应该如何分配遗产，才符合遗嘱的要求？

分牛

有一个财主去世了，根据他所留下的遗嘱，他的财产将会分配给他的三个孩子。但是在分配的过程中出现了麻烦，原因是财主有17头牛，根据遗嘱，老大分$\frac{1}{2}$，老二分$\frac{1}{3}$，老三分$\frac{1}{9}$。但是17不能被2、3、9整除，所以三个孩子想来想去也没想出好主意。这时邻居中有一个智者过来了，当他知道情况后，很快就按遗嘱分了牛，而且没有杀死一头牛。你知道他是怎么分的吗？

杯子里的棋子

迈克对珍妮说：“我能将100枚围棋子装在15个塑料袋里，每个袋子里的棋子数目都不相同。”你认为迈克能办到吗？

程序出错

王博士是一个专门研究机器人控制的计算机专家。前不久，他发明了一个可以通过简单指令控制机器人穿越公路（公路是双向车道，不是单行线）的程序，并将这个程序安装在步行机器人“X”的身上。随后的测试证明，这个程序可以很好地操控机器人“X”行动。一天，王博士命令“X”去公路对面的实验室，并给它输入了“25米内是否有车辆”作为是否通行的判断标准，以保证“X”在穿越公路时的安全。可是，“X”在穿越公路的过程中竟花了将近6个小时。直到“X”抵达实验室，王博士才意识到他给“X”输入程序时犯了一个严重的错误。请问，王博士究竟错在哪里呢？他应该怎样改进呢？

本章专题训练答案

多音字趣话

hánɡ hánɡ xínɡ hánɡ

孟姜女庙门联

这里，“朝”字一音为zhāo，早晨或每天之意；另一音为cháo，谐音潮，即大海的潮汐。“长”字一音cháng，谐音常；另一音为zhǎng，谐音涨。海水潮，朝朝潮，朝潮朝落——朝读zhāo；浮云常，常常涨，常涨常消。长短的长与长辈的长与上联相对。

招聘经理的拼音题

恭、公、工、攻、功。

鱼布龟虫枣

关键问题在“王八”要读作“龟”。那么，信就可读懂了：龟（归）龟（归）龟（归）树（速）龟（归），鱼（如果）布（不）龟 （归），虫（重新）枣（找）老头（别人）！

无字天书

商人之妻指着画，是这么解释的：“七鸭——是在喊我‘妻呀’；鹅在拉死象——是对我说‘想死我啦’；勺子倒挂和十只苍蝇——是说他给我‘捎到十两银’；最后一幅是告诉我‘来春杨柳一发芽就回家’。”

看图猜单词

衣架上的单词

只要走到衣架后面，你就可以看到单词AUTOMATA（自动控制）。

最长的单词

DISTRACTION（娱乐）。

分割单词

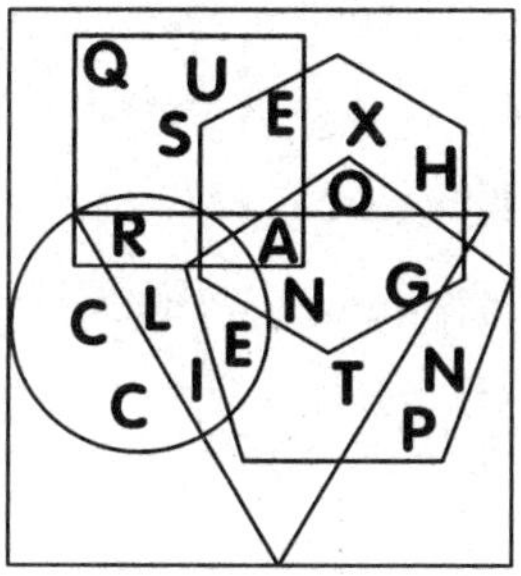

单词加油站

1. forest　2. flower　3. tree　4. rock　5. wolf　6. dog　7. fish　8. lion （答案不唯一）

里面藏着多少个单词

lion，kangaroo，fur，bird，cat，dog，goat，mouse，pig，leg（答案不唯一）

英语单词滚瓜烂熟

同月生日的人

其中至少有2个人的生日是在同一个月。一年一共有12个月，人的生日一定是在这12个月中的其中某个月中。现在利用抽屉原理，把这12个月看成12个抽屉，把13名职员的生日看成13个苹果，试想要把13个苹果放进12个抽屉里面，一定有一个抽屉至少放两个苹果。由此得出的结论是，至少有2名职员的生日是在同一个月。

填数字

6。第三行每个数字各是对应所在列的前两个数字的平均数。

数列游戏

（1）第2个数字比第1个数字多3，第3个数字比第2个数字多3，第4个数字也比第3个数字多3，这像是一个等差数列，差是3。按这个想法，应该填13，16，那接下来19，22，25也都符合这个规律。

（2）仔细观察，你会发现每个数字的差不一样，后面的基本都比前面的大，有什么规律呢？第3个数字2是第1个和第2个数字的和，第4个数字3，是第2个和第3个数字的和，每个数字都是它前面两个数字的和。按这个想法，应该填13，21，在后面的34正好等于13+21，55也正好等于21+34，按照这样的规律填即可。

（3）这一组数字，后面的数字都比前面的大，那差分别是多少呢？看看，2-1=1，4-2=2，7-4=3，11-7=4，16-11=5，你看出规律了吗？每一个数字跟前面数字的差都增加1。那这样应该填22，29，后面的数字正好也符合这个规律。

（4）首先，可以看出后面的数字比前面的数字大，大多少呢？3，5，7。这个规律成立吗？分别填进大9和大11的数字，得到25，36。36+13=49，49+15=64。这个数字的规律正好成立。

第四个数字是多少

将数列纵向排列，观察同数位的纵向数字。

54321

43215

32154

（　　）

15432

通过观察可以发现，纵向前三个数字、最后一个数字和题目中数列中相应的数字吻合，即可推断出答案为21543。

下一行数字是多少

这些数字是有规律的，下一行是对上一行数字的读法。第一行3，第二行读第一行，1个3，所以13。第三行读第二行，1个1，1个3，所以1113。第四行读第三行，3个1，1个3，所以3113。第五行读第四行，1个3，2个1，1个3，所以132113。第六行读第五行，1个1，1个3，1个2，2个1，1个3，所以是1113122113。第七行读第六行，3个1，1个3，1个1，2个2，2个1，1个3，所以下一行数字是311311222113。

第十个数是多少

这几个数字是有规律的，1=0+1×1，5=1+2×2，11=2+3×3，19=3+4×4，29=4+5×5，41=5+6×6，依次往下推，第7个数字就是6+7×7=55，第8个数字就是7+8×8=71，第9个数字就是8+9×9=80，第10个数字就是9+10×10=109。

这个三位数是多少

能够被47整除的三位数有94，141，188，235，282，329，要仔细地观察236这个数字，看怎么变动可以满足要求。可以将236中的23左右交换为32，再把6那张卡片上下倒置变为“9”即可变为“329”，能够被47整除。

最后剩下谁

前者32号，后者1号。教练下令“单数”运动员出列时，教练只要下5次命令，就能知道剩下的那个人。此人在下第5次令之前排序为2，在下第4次令之前排序为4，在下第3次令之前排序为8，在下第2次令之前排序为16，在下第1次令之前排序为32，即32号运动员。而后者，让双数运动员出列时，我们可以得出剩下的是1号运动员。

比赛

因为1号、2号、3号三名运动员共得分为22+9+9=40分，又因为三名得分均为正整数且不等，所以前三名总得分最少为6分。40=5×8=4×10=2×20=1×40，不难得出项目数只能是5。即N=5。1号总共得22分，共5项，所以每项第一名得分只能是5，22=5×4+2，故1号应得四个第一名，一个第二名，第二名得2分，又因为2号百米得第一名，所以1号只能得这个第二名。2号共得9分，其中百米第一名5分，其他4项全是1分，9=5+1+1+1+1。即2号除百米第一名外其余全是第三，跳高第二名必定是3号所得。

三个相同数字并排

34次。1:11、2:22、3:33、4:44、5:55、10:00、11:10、11:11、11:12、11:13、11:14、11:15、11:16、11:17、11:18、11:19、12:22共17次。一天出现两回，总共34次。

谁的照片

如果你的答案是“照片上的人是他自己”，那你就错了。你可能会这么想，他既没有兄弟，又没有姐妹，他父亲的儿子，当然是他自己。这里，你错误地接受了心理暗示，而没有仔细看条件。根据条件，他父亲的儿子，也就是他，并不是照片上的男人，而是照片上的男人的父亲，也就是说，他是照片上的男人的父亲。因此，照片上的男人，是他的儿子。

复杂的关系

这个人在看她丈夫的继母的外孙媳妇的照片。

绕行太阳

没有吹牛。宇航员的父亲今年五十岁，而地球每年绕太阳一圈。

玲玲坐车

公交车一共停了6站。不要被题目中的几组数字迷惑哟！

难倒硕士父母的小学数学题

第一组数字用一笔写完，第二组数字用两笔写完。

苍蝇的重量

重量是一样的，和罐子里面的苍蝇是否飞行无关。

牛奶和咖啡

喝了一杯牛奶，一杯咖啡。

兰花的数量

只种了一朵兰花。

最后一根火柴

先点燃火柴。

相遇

他们离甲地的距离是一样的，因为他们相遇时是在同一个位置。

巧认旋转的字

电视机的屏幕光，是一种每秒闪动50次的频率闪光，遮掉大部分屏幕，就使每一次闪光的持续时间变得极短，这就使字在眼中的映像不致因“视觉暂留”所模糊，只要圆纸片的转速和闪光频率一致，字看上去就是不动的了。

钟表问题

不准。应该调到11点55分。7点10分到8点50分中间的1小时40分钟并不是凯特去朋友家所用的时间，因为闹钟的表不是准的。

这个问题中，如果我们能够求出凯特从家到朋友家所需要的时间，就可以确定凯特应该把时间调到几点了，因为用8点50分加上一个半小时，再加上从朋友家到家的时间，就是凯特回到家的真实时间了。

要算出从朋友家回到家的真实时间，我们来看题目，凯特离开家时为7点10分，回到家时为11点50分，这之间的时间为280分钟，这280分钟包括凯特在朋友家玩的90分钟（即一个半小时）和两次走路的时间。这样，两次走路的时间就是190分钟，那么从朋友家到自己家所需的时间就是95分钟。这样回到家的时间就是8点50分，加上一个半小时，再加上95分钟，当时的时间就应该是11点55分。

拿对自己伞的概率

百分之百。如果两个人拿对了自己的伞，剩下的一个人当然拿的就是自己的伞。

装馒头的概率

百分之百。500个馒头分成20袋，不管怎么分，每袋平均都是25个。

抓歹徒

选择大歹徒。因为打胜三个小歹徒概率是八分之一。

能及格吗

不能。随便答而答对的概率有三分之一，这三分之一是对扣除了他有把握答对的6道题剩余的24道题而言。所以就概率上来说，他答对的题目共有14道题（6+8），如此一来，他这次考试没办法及格。

巧取钻石

在瓶中只留下一个石头，其他全数拿出。成功率与随从的建议同样为50%。从50个中取出一个或只留下一个，其或然率均相同。

银币赌局

吉姆接受这样的打赌并不明智，他的推理是错误的。其实，这3枚银币落地后有8种可能的情况，只有2种情况是3枚银币相同，即约翰输钱的概率只有四分之一，而吉姆输钱的概率则达到四分之三。

取玻璃球

每次从甲口袋中拿出两个玻璃球，那样的话白玻璃球只会有两种结果：

1. 少两个；2. 一个不少。

同样道理，黑玻璃球也只有两种结果：

1. 少一个；2. 多一个。

根据以上可得知：如果白玻璃球数量为单数，那么最后一个白玻璃球是永远拿不出去的（除了最后一次），剩下一黑一白玻璃球的概率为100%。如果白玻璃球为双数，那么白玻璃球就会剩两个或一个不剩，剩下一黑一白玻璃球的概率为0。

敲钟比赛

他们不是平手。我们应该按敲钟的间隔来算时间，小和尚用10秒敲了9个间隔，大和尚用20秒敲了19个间隔，老和尚用5秒敲了4个间隔。所以他们敲钟的每个间隔所用的时间为：10/9、20/19、5/4，即1.11秒、1.053秒、1.25秒。所以大和尚敲钟的速度最快。

循环赛

3胜1败。全部共有10场比赛，各队都必须跟其他四队比赛一场，4×5=20（场），但是每场有两队出赛，所以20/2=10胜。甲至丁合计共有7胜，那么剩下的3胜便是戊队获得，另有1败。

分配遗产

母亲、儿子、女儿分配遗产的比率应该是：2：4：1，这样，正好符合遗嘱的要求。

分牛

智者从自己家里带来一头牛，加在一起共18头，这样，分给老大的$\frac{1}{2}$，是9头；分给老二的$\frac{1}{3}$，是6头；分给老三的$\frac{1}{9}$，是2头。这时正好还剩下智者带来的那一头牛，所以他又把自己的牛牵回去了。至此，牛按遗嘱合理分配了。

杯子里的棋子

办不到。因为从第一个袋子里放1枚棋子算起，要想数目不同只能是把2，3，4……放入相应的袋子里，这样得出15个袋子里装的棋子数全不相同，最少所需的棋子数是1+2+3+4……+15=120，现在只有100枚棋子，当然是不够装的，所以必然会出现装相同数量棋子的袋子。

程序出错

王博士给“X”输入的程序导致只要25米内有任何车辆，包括停放的车辆，“X”就不会穿越公路。应该改为“25米内是否有正在行驶的车辆”。

第4章　计算能力题

“归来一只复一只，三四五六七八只”

提起计算能力，大多数人会马上想起数学。前些年流行这样一句话：“学好数理化，走遍全天下。”以今天信息时代的眼光看待这句话，这样说未免有以偏概全之嫌。然而，这句话却说明了“数理化”在社会发展中的重要地位，揭示了自然科学对人类进步的巨大作用。在“数理化”这个专有名词中，数学被放在了首位，这不是偶然的，因为数学是自然科学最重要的基础学科之一。从牙牙学语开始，我们就与数学打交道了，因为婴儿学话的初期，数字是相当重要的学习内容。数字伴随着我们的一生，数字运算就自然而然地与我们如影随形。在初等教育阶段，研究数字运算的科学被称为算术、代数，是数学学科的重要组成部分，是一个人未来进入科学殿堂的重要“敲门砖”。

中国传统文化的精华不仅仅包括古诗文，也包括数学。北宋大诗人苏轼不仅文章写得好，而且书画方面也有很高的造诣。相传，有一次他画了一幅《百鸟归巢图》，并且给这幅画题了一首诗：“归来一只复一只，三四五六七八只。凤凰何少鸟何多，啄尽人间千万食。"全诗不见"百"字的踪影，开始诗人好像是在漫不经心地数数，一只，两只，数到第八只，再也不耐烦了，便笔锋一转，借题发挥，发出了一番感慨，在当时的官场之中，廉洁奉公的"凤凰"为什么这样少，而贪污腐化的"害鸟"为什么这样多？他们巧取豪夺，把百姓的千担万担粮食据为己有，使得民不聊生。大家也许会问，画中到底是100只鸟还是8只鸟呢？不要急，请把诗中出现的数字写成一行：

1 1 3 4 5 6 7 8

然后，在这些数字之间加上适当的运算符号，就会有：

$1+1+3\times4+5\times6+7\times8=100$。

100出来了！原来诗人巧妙地把100分成了2个1，3个4，5个6，7个8之和，含而不露地落实了《百鸟归巢图》的"百"字。这首诗是古诗词与数学紧密结合的典范，既陶冶文学修养，又锻炼计算能力。

数字运算包罗万象，由于篇幅所限，我们只能选取与学习、生活联系最密切的一些题目。尽管这些题目只是数学海洋中的一滴水，但是希望读者朋友们能够从这"一滴水"中看到整个数学学科的世界，提高自己的计算能力。

经典例题

例1：豆子靠墙堆

一批豆子靠墙堆，高为七尺无盈亏；

下面弧长圆一半，尺数三十好正规。

此堆体积是多少？几斛方能成此堆？

这是依据《九章算术》中的"委菽依垣"题编写的。题目的原文是："今有委菽依垣，下周三丈，高七尺。问积及为菽几何？"题目中的"菽"，读音与"叔"字相同，"菽"是豆类的总称；"垣"的读音与"元"字相同，"垣"即矮墙；"委菽依垣"，就是将豆子靠墙堆放，使之成为半个圆锥体。若用通俗的话来说，题目的意思可以是：有豆子若干，把它靠墙堆放，使它成为半个圆锥体的形状。它的底面那个半圆长3丈（笔者注：对于这种半圆锥体形状的东西，原来题目所说的“下周×丈”，均指底面那个半圆的长度为“×丈”，不包括靠墙的那条直径的长度。这是古算书上的习惯性说法），高为7尺。它的体积是多大？它有豆子多少斛？请你解答一下。

答案：

依据圆锥体体积的计算方法，得

3丈=30尺

30×2=60（尺）……底面周长

60÷3÷2=10（尺）……π值取3的半径长度

10×10×3×7÷3=300÷3×7=700（立方尺）整个圆锥体积

700÷2=350（立方尺）……豆子体积

依据《九章算术》中“菽1斛积2430立方寸”，故据此可得

1000×350=350000（立方寸）

$350000\div2430=144\frac{8}{243}$（斛）

例2：花间蜜蜂

古代印度也像古代中国一样有着灿烂的文化，下面就是古代印度手稿里的一道有趣的数学题：

有一群蜜蜂，其中五分之一落在杜鹃花上，三分之一落在栀子花上，这两者的差的三倍飞向月季花，最后剩下一只小蜜蜂在芳香的茉莉花和玉兰花之间飞来飞去。请问，共有几只蜜蜂？

答案：

可以将这道题归结为简单方程。

设共有x只蜜蜂，由条件得：

$$\frac{1}{3}\times x+\frac{1}{5}\times x+3\times\left(\frac{1}{3}\times x-\frac{1}{5}\times x\right)+1=x$$

解这个方程，得到x=15，即共有15只蜜蜂。

例3：安妮的圣诞礼物

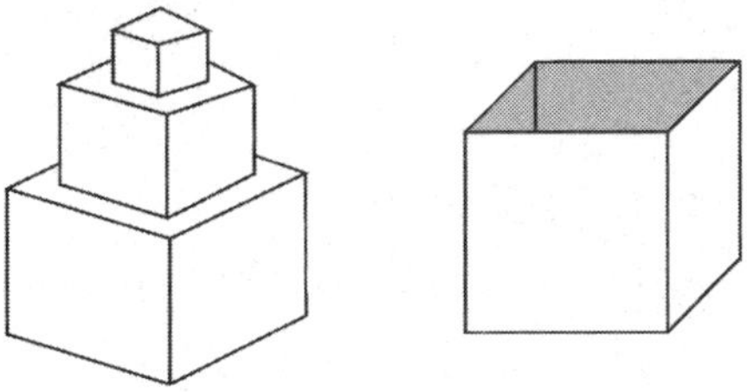

安妮的圣诞礼物是一盒积木。每块积木都是边长5cm的立方体，所有的积木装满一个也是立方体的盒子。就像其他小孩一样，安妮对堆积木很感兴趣。她把积木倒出来，先搭起一个大的立方体，然后在它的上面再搭了一个较小的立方体，接着又搭了一个更小的立方体。安妮站起来，发现这个搭好的塔还是没她高，这令她有点失望，不过，她因为能把所有的积木都用掉而感到很得意。

这个塔有多高？

答案：

安妮把堆成一个大立方体的积木，重新堆成3个立方体，唯一可能的情况是，3个立方体的每边分别为5块积木、4块积木和3块积木，装积木的盒子则是每边为6块积木。这是因为

$$3^3+4^3+5^3=6^3$$

没有其他合理的数字能符合这个条件。

因此，塔高应该是12块积木的高度，也就是60cm。

例4：寇克曼女生问题

有一位女子学校的老师，她每天必须带领15名学生跑步。学生们总是排成5

列纵队，每列有3个人并排。老师在总结了多年的经验后，设计出了一种排列方式，使得在一星期中，每个女孩都不会跟相同的人排在同一列中。请问该老师是如何安排的？

这道在数学史上颇为著名的“寇克曼女生问题”，早在1850年由英国数学家寇克曼提出。在解这个问题前先试着解答另一道类似的问题。有9个男孩排成3列纵队，每列有3个人。在4天中，同1列中的3个男孩的组合皆不相同。该如何做到？

答案：

第1天	第2天	第3天	第4天
195	296	397	498
278	381	412	523
346	457	568	671

上面所列者为“9个男孩问题”的解，并附有几何表示法作为参考（图1）。9放在圆的中央，然后1，2，…8对称放在圆周上。两个三角形及一条通过圆心的直线将9个数字分成各含3个数字的3组。这组数字对应于第2天的解。

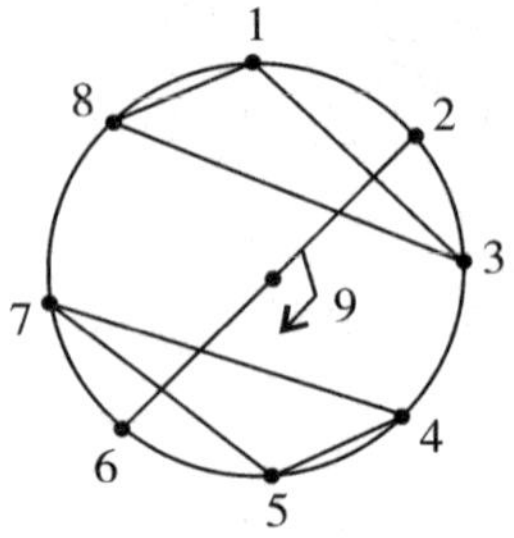

图1

然后将三角形和直径以圆心为中心顺时针旋转45°，产生各含3个数字的3组解。如此依序绕着圆心转动4次，即可产生4组完全不同的解。显然改变图中各数字的排序就可以很容易地找出其他组解。

“寇克曼女生问题”比这个问题更复杂。但其中的一组解可用一个圆及数个三角形表示出来，如图2。在此图中只需重复转动三角形7次就能得到每天的排序。

图中所示三角形的位置所对应的排序为：

（1，15，8），（2，5，13），（3，7，12），（4，6，14），（9，10，11）

在接下来的各天，则保留15不动，再将所有的数目加2得到其余的数字，但必须令14+2=2，13+2=1。

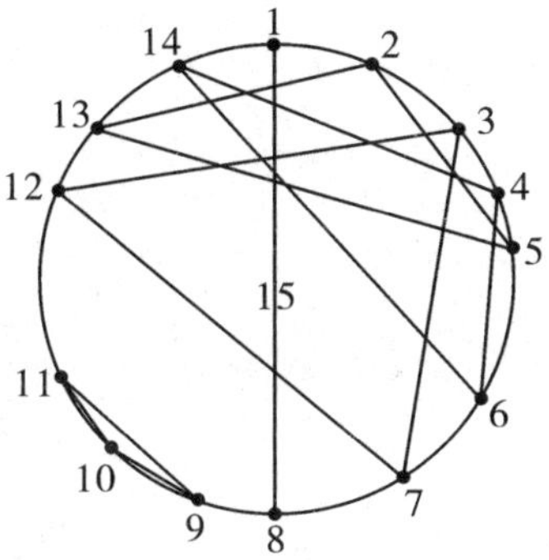

图2

例5：计算判断英语单词

有一个英语单词由5个字母组成，如果将26个英语字母a，b，c，…，y，z按顺序依次对应0到25这26个整数，那么，这个单词中的5个字母对应的整数按从左到右的顺序分别为x_1，x_2，x_3，x_4，x_5。已知x_1+3x_2，$4x_2$，x_3+2x_4，$5x_4$，$6x_4+x_5$除以26所得的余数分别为15，6，20，9，9。请你算一算，该英语单词是什么呢？

答案：

设x_1+3x_2，$4x_2$，x_3+2x_4，$5x_4$，$6x_4+x_5$除以26所得的商分别为k_1，k_2，k_3，k_4，k_5，且都为非负整数，由题意得：

$x_1+3x_2=26k_1+15$

$4x_2=26k_2+6$

$x_3+2x_4=26k_3+20$（k_1，k_2，k_3，k_4，k_5为非负整数）

$5x_4=26k_4+9$

$6x_4+x_5=26k_5+9$

由$0 \leqslant x_1$，x_2，x_3，x_4，$x_5 \leqslant 25$，可分析得出，$\begin{cases} x_1=4或17 \\ x_2=8或21 \\ x_3=6 \\ x_4=7 \\ x_5=19 \end{cases}$

由此可以得出该英文单词是right，evght。

专题训练

及时梨果

元代数学家朱世杰于1303年编著的《四元玉鉴》中有这样一道题目：

九百九十九文钱，及时梨果买一千，

一十一文梨九个，七枚果子四文钱。

问：梨果多少价几何？

此题的题意是：用999文钱买得梨和果共1000个，梨11文钱买9个，果4文钱买7个。问：买梨、果各几个，各付多少钱？

加法入曲

元代汤式的散曲《双调·庆东原·京口夜泊》巧妙运用了加法原理，你知道是在哪里用到的吗？全曲如下：

故园一千里，孤帆数日程。倚篷窗自叹漂泊命。城头鼓声，江心浪声，山顶钟声，一夜梦难成，三处愁相并。

减法入曲

元代卢挚的散曲《双调·蟾宫曲》巧妙运用了减法原理，你知道是在哪里用到的吗？全曲如下：

想人生七十犹稀，百岁光阴，先过了三十。七十年间，十岁顽童，十载尪羸（wāng léi，瘦弱的意思）。五十年除分昼黑，刚分得一半儿白日。风雨相催，兔走乌飞。仔细沉吟，都不如快活了便宜。

乘法入曲

元代曾有无名氏作散曲《水仙子·遣怀》巧妙运用了乘法原理，你知道是在哪里用到的吗？全曲如下：

百年三万六千场，风雨忧愁一半妨。眼儿里觑，心儿上想，教我鬓边丝怎的当，把流年仔细推详。一日一个浅酌低唱，一夜一个花烛洞房，能有得多少时光。

除法入曲

（1）元代阿鲁威的散曲《双调·蟾宫曲》巧妙运用了除法原理，你知道是在哪里用到的吗？全曲如下：

问人世谁是英雄？有酾酒临江，横槊曹公。紫盖黄旗，多应借得赤壁东风。更惊起南阳卧龙，便成名八阵图中。鼎足三分，一分西蜀，一分江东。

（2）元代张可久的散曲《沉醉东风·秋夜思》巧妙运用了除法原理，你知道是在哪里用到的吗？全曲如下：

二十五点秋更鼓声，千三百里水馆邮程。青山去路长，红树西风冷。百年人半纸虚名。得似璩源阁上僧，午睡足窗日影。

九百九十九文钱

下面是一道用诗歌形式写成的算术题。

九百九十九文钱，

甜果苦果买一千。

四文钱买苦果七，

十一文钱九个甜。

甜苦两果各几个？

请君布算莫迟延！

这是中国古代数学书《算法统宗》里的题目。《算法统宗》刻印于1592年，作者程大位（1533—1606）是明代的数学家。题目的意思是说，有999文钱，买一种甜果和一种苦果，两种共买1000只。其中苦果的价钱是4文钱买7只，甜果的价钱是11文钱买9只。请你算一算，买了多少只甜果、多少只苦果？

百羊问题

明代大数学家程大位著的《算法统宗》一书中有一道诗歌形式的数学应用题，叫“百羊问题”：

甲赶羊群逐草茂，乙拽一羊随其后。

戏问甲及一百否？甲云所说无差谬。

所得这般一群凑，再添半群小半群。

得你一只来方凑，玄机奥妙谁猜透？

此题的意思是：一个牧羊人赶着一群羊去寻找青草茂盛的地方。有一个人牵着一只羊从后面跟来，并问牧羊人：“你的这群羊有100只吗？”牧羊人说：“如果我再有这样一群羊，加上这群羊的一半又1/4群，连同你这一只羊，就刚好满100只。”谁能用巧妙的方法求出这群羊有多少只？

百馍百僧

《算法统宗》中有这样一道题：

一百馒头一百僧，大僧三个更无增；

小僧三人分一个，大小和尚各几丁？

船只运盐

盐是人每天必需的食品。烧菜不放盐，就觉得淡而无味，现代人如此，古代人也不例外。中国古代数学书里，自然少不了有关盐的应用题。下面是明代数学家程大位所著《算法统宗》里的一道应用题：

四千三百五十（袋）盐，

大小船只要装全。

五百袋装三大只，

三百袋装四小船。

大小船只同只数，

折算须请众英贤。

题目的大意是说，有4350袋盐，把一些大船、小船刚好装满。其中，每3只大船装500袋，每4只小船装300袋。大船和小船的只数相同。请各位有学问的朋友算一算，有多少只大船和小船？

哑子买肉

《算法统宗》中有一道算术题：

哑子来买肉，难言钱数目。

一斤少四十，九两多十六。

试问能算者，今与多少肉？

《西游记》里的倒数诗

在中国古典神话小说《西游记》里，说到唐僧和他的徒弟孙悟空、猪八戒、沙和尚去西天取经，在平顶山莲花洞收服了想吃唐僧肉的妖怪金角大王和银角大王。然后师徒们继续赶路，又遇上一座巍峨险峻的大山。一面赶路，一面观景，不觉天色已晚。

故事发展到这里，小说中写道：

……师徒们玩着山景，信步行时，早不觉红轮西坠。正是：

十里长亭无客走，九重天上观星辰。

八河船只皆收港，七千州县尽关门。

六宫五府回官宰，四海三江罢钓纶。

两座楼头钟鼓响，一轮明月满乾坤。

这首诗从十、九、八、七，说到六、五、四、三、两、一，星月点缀夜色，收工了，下班了，关门了，路上没人了，取经赶路的也该找个地方休息了。

为了取经，跋山涉水已经苦不堪言，降妖伏魔更是险象环生，害得猪八戒想回家，唐僧心里直打鼓。幸好有孙悟空不断给一行人鼓劲，看看沿途深山老林的幽静风光，放松放松。小说里这首写景诗，也正是在紧张情节中夹进一点轻松的花絮，让人稍稍缓一口气。诗中嵌进全部十个数字，而且从大往小，倒过来数，成为别具一格的“倒数诗”，更增加了无穷的趣味。

《西游记》是明代吴承恩所著，问世已有400多年。按照我们现在数学里的习惯，用阿拉伯数字把诗中的各个数写出来，顺次排成一串，成为：

10 9 8 7 6 5 4 3 2 1

现在做两个数学小游戏：

（1）用上面写出的十个数，不打乱顺序，添加适当的数学符号，组成十个算式，使计算结果分别等于10，9，8，7，6，5，4，3，2，1。

（2）如果不能用括号，也不能出现多位数，那么该如何解答？当然，过程中是不允许出现负数的，最好也不要结构都很相似。

要组成其中任意一个算式，是很容易的。要组成全套十个，就要动动脑筋。如果再使组成十个算式的手法有变化，就更有趣了。请你尝试一下吧！

别离情

四哥探望十四姐，七转石岭九道砭。
十五月亮一夜圆，十二月逢六天面。
十诉别情八回怨，十三云月三重天。
五作别诗十一首，两地相望十六年。

此诗所用数字构成一个四阶完美幻方，你知道其中的奥妙吗？

少年学艺

六面围墙九米高，四季苦练十五招。
三更始练十六套，五转飞空十分妙。
十三少年两手高，十一寻师八方找。
十二学艺七师教，十四内藏一身宝。

此诗所用数字构成一个四阶完美幻方，你知道其中的奥妙吗？

山湖园林景色秀

四方园林五桥连，十六叠峰九重天。

十五长廊十里街，三岸杨柳翠六砭。

一湖山色八洞险，十三楼阁十二殿。

十四花坛十一色，二重观光时七月。

此诗所用数字构成一个四阶完美幻方，你知道其中的奥妙吗？

出门望九堤

出门望九堤，堤上九树奇；

每树九个枝，每枝九巢倚；

每巢九只鸟，每鸟九雏依；

每雏九片毛，每片九色披。

请问各项数，每项各是几？

这是依据我国古代算书《孙子算经》上的名题"出门望九堤"编写的。原来的题目是："今有出门望九堤，堤有九木，木有九枝，枝有九巢，巢有九禽，禽有九雏，雏有九毛，毛有九色。问各几何？"题中的"堤"即堤坝，是沿河或沿海修筑的防水建筑物；题中的"木"即树木或树，堤有九木，即堤上有九棵树；"巢有九禽"即每个鸟巢内有九只鸟；"禽有九雏"，即每只鸟有九只小鸟；……题目的意思可以是：某人走出门外，望见前方有9条堤岸，每条堤上有9棵树，每棵树上有9根树枝，每根树枝上有9个鸟巢，每个鸟巢里有9只大鸟，每只大鸟都孵出了9只小鸟，每只小鸟都长出了9片羽毛，每片羽毛上都有9种颜色。问：这个人望见的树、枝、巢、大鸟、小鸟、小鸟羽毛及羽毛上的颜色，各是多少？怎样来解答这道题目呢？

持钱数不明

三人持钱数不明，但知三人友谊深；

乙丙半数都给甲，甲钱九十好欢欣；

甲丙之半乙拿走，乙整七十无零星；

丙拿甲乙钱半数，共是五十六文银。

原来钱数各多少，谁能将它说得清？

这是依据《孙子算经》上的“三人持钱”趣题编写而成的。题目的原文是：“今有甲乙丙三人持钱。甲语乙丙：‘各将公等所持钱半以益我，钱成九十。’乙复语甲丙：‘各将公等所持钱半以益我，钱成七十。’丙复语甲乙：‘各将公等所持钱半以益我，钱成五十六。’问三人持钱各几何？”题目的意思是：甲乙丙三人分别持有钱数若干。甲对乙丙二人说：“如果将你们两个所持钱数的一半给我，我就共有90文钱。”乙对甲丙二人说：“如果将你们两个所持钱数的一半给我，我就共有70文钱。”丙对甲乙二人说：“如果将你们两个所持钱数的一半给我，我就共有56文钱。”问：甲乙丙三人原来各有钱多少？怎样来解答这道题目呢？

三鸡啄粟米

三鸡啄粟米，速度不整齐；

公鸡啄四粒，母二雏一粒。

粟主责令赔，共赔千零一；

各应赔多少，公平又合理。

这是依据《孙子算经》上的一道名题——“三鸡啄粟题”编写而成的。原来的题目是：“今有三鸡，共啄一千一粒。雏啄一，母啄二，翁啄四。主责，本粟三鸡主各偿几何？”题中的“一千一粒”即“1001粒”。古人读数，常把数字中间的零舍去不读，如“105”读作“一百五”（“150”则读作“一百五十”），“2008”读作“二千八”（“2800”则读作“二千八百”）。题中的“雏”“母”“翁”，分别指小鸡、母鸡、公鸡。题目的意思是：分别属于三户人家的公鸡、母鸡和小鸡，共同偷食了某主人家的粟米共1001粒。它们啄食的情况是：小鸡每啄1粒，母鸡可啄食2粒，公鸡可啄食4粒。粟主责令三位鸡主赔偿，问：三位鸡主各应赔偿粟米多少粒？请你解答一下。

洗碗在河边

妇人洗碗在河边，旁人问客有几员？

答曰不知人数目，碗的只数听我言：

一只盛饭二人用，一汤摆在三人前；

四人共食一碗肉，六十五只便周全。

请你仔细算一算，家里客人共几员？

这是依据《孙子算经》上的“荡杯”名题以及我国民间流传的“荡杯”诗题编写而成的。在《孙子算经》上，此题的原文是：“今有妇人河上荡杯，津吏问：杯何以多？妇人曰有客。吏曰：客几何？妇人曰：二人共饭，三人共羹，四人共肉，凡用杯六十五，不知客几何？”题目中的“津吏”，是封建社会里管理河上桥梁的官吏。因河上桥梁在古时称为“津梁”，故管理“津梁”的官吏便称之为“津吏”。题中的“羹”，读音与“耕”音相同；“羹”是有浓汁的食品，可解释为汤；“共羹”，即共用一个汤碗。题目的意思用通俗的话来说，可以是：有一位妇人在河边洗碗，管理桥梁的官吏见了，问道：“你要洗的碗为什么这样多？”妇人回答说：“家里来了客人。”官吏又问：“来了多少客人？”妇人说：“我家来的客人，2人共用一只饭碗，3人共用一只汤碗，4人共用一只肉碗，总共用了65只碗。请你算算吧，我家的客人有多少个？”用什么办法能算出这位妇人家里来了多少客人呢？

有物不知数

有物不知数，让我数一数；

三个三个数，剩二好孤独；

五五数剩三，七七又二单；

此物多少数，谁能说清楚？

这是依据《孙子算经》上有名的“孙子问题”（又称“物不知数题”）编写而成的。原来的题目是：“今有物不知其数，三三数之剩二，五五数之剩三，七七数之剩二。问物几何？”用通俗的话来说，题目的意思就是：有一些物品，不知道有多少个，只知道将它们3个3个地数，会剩下2个；5个5个地数，会剩下3个；7个7个地数，会剩下2个。这些物品的数量至少是多少个？怎样来解答这道题目呢？

二人均有银

二人均有银，数量未说明；

甲得乙一半，甲满五十银；

乙得甲太半，乙也整五零；

二人各多少，谁能说得清？

这是依据《九章算术》上的名题“二人持钱不知其数”编写而成的。原来的题目是：“今有甲乙二人持钱不知其数。甲得乙半而钱五十，乙得甲太半亦钱五十。问：甲乙持钱各几何？”诗题中的“五零”即五十；“太半”即$\frac{2}{3}$。题目的意思可以是：甲乙二人各有钱若干，甲得乙钱数的$\frac{1}{2}$，则甲有钱50文；若乙得甲钱数的$\frac{2}{3}$，则乙也有钱50文。问：甲乙原来各有钱多少？怎样来解答这道题呢？

大小各几斛

小器一，大器五，合起来，容三斛；

大器一，小器五，合起来，容两斛。

现问两器各一个，各能容纳多少斛？

这是依据《九章算术》上的“大器和小器”算题编写而成的。原来的题目是：“今有大器五、小器一，容三斛；大器一、小器五，容二斛。问：大器、小器各容几何？”题目中的“斛”，与“胡”音相同。“斛”是我国远古时代的一种容量单位，它与另一种旧制容量单位“斗”的进率为1斛=10斗（有的朝代也有1斛=5斗的进率）。题目意思用通俗的话来说是：有若干个同样的大器和若干个同样的小器。若用其中1个小器和5个大器，合起来能容纳物品3斛；若用其中1个大器和5个小器，合起来可容纳物品2斛。问：大、小容器的容量各是多少斛？怎样来解答这道题目呢？

牛羊各几金

五牛加二羊，共值十两金；

牛二羊五只，价格仅半斤；

借问能算者，各值多少金？

这是依据《九章算术》中的"牛五羊二直十金"算题编写而成的。原来的题目是："今有牛五、羊二，直金十两；牛二、羊五，直金八两。问牛、羊各直几何？"原题中的"直"字，古时与"值"字相通，"直金十两""直金八两"，即"价值为金子十两"和"价值为金子八两"。题目中的"斤""半斤"和"两"，是古代重量单位，1斤=16两，半斤即8两。题目意思可以解释为：5头牛和2只羊，共值10两金子；若是2头牛和5只羊，则共值8两金子。问：一头牛和一只羊各值几两金子？怎样来解答这道题目呢？

九金十一银

九金十一银，重量两持平；

相互换一个，黄金那头轻；

相差十三两，不知是何因；

现问金银各一枚，各是几两又几斤？

这是依据《九章算术》上的"九金十一银"算题编写而成的。原来的题目是："今有黄金九枚，白银一十一枚，称之适等。交易其一，金轻十三两。问：金、银各一枚各重几何？"如果用通俗的话来说，题目的意思可以是：有9枚重量相等的黄金和11枚重量相等的白银，它们的重量恰好相等。如果把1枚黄金放到白银里，而把1枚白银放到黄金里，则原来放金子那边的重量就要轻13两。问：1枚黄金、1枚白银的重量各是多少？怎样来解答这道题目呢？

三人税百钱

甲乙丙，缴税钱，携款数，分别填：

五百六、三百五、一百八，无余钱。

现以此数纳税款，三人共缴一百钱；

若问他们各多少，谁能快快开口言？

这是依据《九章算术》"衰分"章第三题编写而成的。原来的题目是："今有甲持钱五百六十，乙持钱三百五十，丙持钱一百八十，凡三人俱出关，关税百钱。欲以钱数衰出之，问各几何？"题目中的"衰出之"，意思是按比例来摊派税款。“衰”的读音与“崔”音相同，不要读“shuāi”。题目的意思可以是：甲持钱560文，乙持钱350文，丙持钱180文。三人一同出关，共纳税100文。现按他们的钱数来分摊，各应纳税多少钱？请你解答一下。

每月息三十

贷款七百又五十，千钱每月息三十；

借期限定为九日，多少利息要开支？

这是依据《九章算术》“贷人千钱”题编写而成的。这道题即该书“衰分”章里的第二十题，题目的原文是：“今有贷人千钱，月息三十。今有贷人七百五十钱，九日归之，问息几何？”题目用通俗的话来说，可以是：某人借款750文，约定9日归还，以月利率“千文钱付息钱30文”来计算利息。问：归还时应付多少利息？请你解答一下。

三畜马羊牛

三畜马羊牛，粟苗吃一丘；

责其赔五斗，按量来追究。

羊主说实话：“我羊食半马。”

马主把言留：“我马食半牛。”

牛主无异议，照此赔粟米；

各赔多少粟，纠纷方可休？

这是依据《九章算术》“衰分”章第二题编写而成的。原来的题目是：“今有牛、马、羊食人苗，苗主责之粟五斗。羊主曰：‘我羊食半马。’马主曰：‘我马食半牛。’今欲衰偿之，问各出几何？”用通俗的话来说，题目的意思可以是：有牛、马、羊三头牲畜，一道吃了别人的粟苗。苗主要求赔偿粟米5斗。在调查各自的责任时，羊主说：“我的羊吃的只有马的一半。”马主说：“我的马吃的只有牛的一半。”牛主对此没有反对意见。现在按它们的食苗比例来分别赔偿，三个畜主各应赔偿多少粟米？请你解答一下。

持金十二斤

某人持金十二斤，出关需把税来征；

税率十中取一份，拿出两斤抵税金。

黄金交得太多了，找钱五千才公平；

请问各位能算者，多少钱买一斤金？

这是依据《九章算术》“均输”章第十五题编写而成的。原来的题目是：“今有人持金十二斤出关，关税之，十分而取其一。今关取金二斤，偿钱五千，问金一斤值钱几何？”题目的意思可以这样来表达：某人携带12斤金子过海关（或关卡），按照规定应缴纳税金，税率为$\frac{1}{10}$。他拿出2斤金子作为税金，海关便找给他5000文钱。问：当时每斤金子的价格是多少？请你解答一下。

平地委粟米

平地委粟米，成一圆锥体；

下周十二丈，两丈顶入底。

体积有多大？盛粟几斛几？

这是依据《九章算术》中的“委粟平地”问题编写而成的。原来的题目是：“今有委粟平地，下周一十二丈，高二丈。问积及粟几何？”“委粟平地”中的“委”，即“抛弃”之意，“委粟平地”或“平地委粟米”，意思是将粟米自然地堆放在平地上，使它成为一个圆锥形状。题目的意思通俗地说可以叙述为：有粟米若干，把它自然地堆放在平地上，使它成为一个圆锥形的粮堆。现测得它的底面周长为12丈，高为2丈。它的体积是多大？这堆粟米有多少斛（古代问有多少粟米等，都是问有多少斛或多少石粟米）？请你解答一下。

有女善织布

有女善织布，天天有进步；

每日翻一番，五天五尺布。

借问此五天，各织多少布？

这是依据《九章算术》“衰分”章中的第四题——“有女善织题”编写而成的。原来的题目是：“今有女子善织，日自倍，五日织五尺。问：日织几何？”

题目中的“善织”，是说该女子善于学习，织布数量不断有所长进的意思。“日自倍”是说每日织的数量都比前一天翻了一倍（或翻了一番）的意思，也就是说，她每天织的数量，都是前一天所织数量的2倍。如果用通俗的话来说，题目可以表达为：有一位女子善于织布，第一天织的虽然不多，但从第二天起，她每日织的尺数都是前一天的2倍，所以她5天里共织了5尺布。求女子这5天里每天织布的尺数。怎样来解答这道题目呢？

有女不善织

有女不善织，越织越钝迟；
每天减同数，多少未告知。
织布三十日，初五末一尺；
请问能算者，共织多少尺？

这是依据我国古代《张丘建算经》上的名题“有女不善织”编写而成的。题目的原文是：“今有女子不善织，日减功，迟。初日织五尺，末日织一尺，今三十日织讫。问织几何？”用通俗的话来说，题目的意思就是：有一位女子不会织布，她每天织的都比上一天减少一些，而且减少的数量都相等。第一天她织了5尺，最后一天织了1尺，一共织了30天。她共织了多少布？《张丘建算经》对这道题目给出了一个非常巧妙的解答方法：“并初末日尺数，半之，余以乘织讫日数，即得。”“答曰：二匹一丈。”怎样来解答这道题目呢？

鹿角御敌

方方正正一座城，廿里城墙好威风；
城外长阔各三尺，插支“鹿角”御敌人。
沿城四周挨墙插，每边五层把城封；
森严壁垒人工造，多少“鹿角”方可成？

这是依据《张丘建算经》上的“城外鹿角”名题编写而成的。题中“廿”音与“念”字相同，即二十。原题的意思是：有一个正方形城池，四围周长20里。要在沿城外边每个长宽各3尺的地面上，插防御敌军前进的“鹿角”1支，共插5层。问：需要插鹿角多少支？题目中的“里”是旧制长度单位。“里”在《张丘建算经》成书的年代（公元1世纪、2世纪），进率为1里=180丈=1800尺。所以，20里=36000尺。题中的“鹿角”，是古代军队的一种防御工具，它是把有许多树杈的大树枝削尖，插在交通要道上，成为阻挡敌人前进的工具，形状如鹿角，故称其为“鹿角”。怎样来解答这道题目呢?

军队供酱

熙熙攘攘大兵营，
五人需供酱两升。
今有雄兵整八万，
共需供酱多少升?

这是根据唐代一部著名的数学书《夏侯阳算经》中一道题改编的。原题是：今有兵八万人，凡五兵供给酱2升，问给酱几何（“几何”的意思是“多少”）？请你解答一下。

草堆堆田塍

尖顶草堆堆田塍，侧似尖尖三角形；
上面稻草放一束，下面八束垫底层。
如此一个圭垛草，一共几束方可成?

这是依据我国南宋著名数学家杨辉的“圭垛草”名题编写而成的，题目记载在他著的《详解九章算法》上。该题的原文是：“今有圭垛草一堆，顶上一束，底阔八束。问共几束？”“田塍”的“塍”字，读音和“成”字相同，意思即田间的土埂子。“圭垛草”是指其横截面堆码得像等腰三角形一样的草堆，如下图所示。请你解答一下这道题。

长阔并几步

矩形地积多少步？八百六十四积步；

阔不及长十二步，长阔共是多少步？

这是依据南宋著名数学家杨辉的名题“直田长阔共几何”编写而成的。题目记载在他所著的《田亩比类乘除捷法》中。原来的题目是：“直田积八百六十四步，只云阔不及长十二步。问长阔共几何？”题目中的“直田”，就是成矩形（长方形）的田。“步”是古代长度或地积单位，作为长度单位时，1步=5尺，合今日的$1\frac{2}{3}$米。作为地积单位时，它就是“积步”（平方步）。题目意思用现在通俗的话来说，可以是：有一丘长方形田，面积为864平方步。它的长比宽多12步，问：这丘田的长、宽共是多少步？请你解答一下。

长平各几何

直田长与平之和，九十二步全包罗；

地积八亩五分五，长平步数各几何？

这是依据元代大数学家朱世杰著述的《算学启蒙》一书中的“长平各几何”一题编写而成的。原来的题目是：“今有直田八亩五分五厘，只云长平和得九十二步，问长、平各几何？”题目中的“直田”，即长方形田；“平”即长方形的宽；“只云长平和”中的“只云”，即“只知道”的意思，“长平和”，就是长与宽的和。题目的意思比较明白，不必另作说明。

解答前，我们应先搞清“亩”与“平方步”之间的换算关系。我国古代自“商鞅变法”以后，便废除了以前的100平方步为1亩的规定，而改用“1亩=240平方步”的制度。据此，可知题中的“八亩五分五厘”，就是：

8亩5分5厘

=8.55亩

=240平方步 × 8.55

=2052平方步

请你解答一下这道题。

骑马进京

甲乙骑马奔京城，

每日行程不变更。

甲马日行二百四十（里），

乙马日行一百五十程，

十二日前乙先走，

何时两人才相逢？

（注：1公里=2里。）

《算学启蒙》中有一题是：今有良马日行二百四十里，驽马日行一百五十里，驽马先行十二日，问良马几日追及之？本题与此题相同，请你解答一下。

添一满万洋

三牛两匹马，四只大绵羊；

分类计总价，均未满万洋；

为凑一整万，添货入中央。

马里添头牛，牛里搭只羊；

羊群来匹马，三“万”无短长。

三畜每头价，各值多少洋？

这是依据《算学启蒙》上的趣题“添一满万”编写而成的。原来的题目是：“今有二马三牛四羊，价格各不满一万。若马添牛一，牛添羊一，羊添马一，则各满一万。问三色各一价钱几何？”题目的意思是：今有马2匹、牛3头、羊4只，三种牲畜各自的总价钱，都没有满10000文。但是，如果马里添1头牛，牛里添1只羊，羊里添1匹马，则三者的价格都恰好是10000文。求一匹马、一头牛、一只羊的价格各是多少文？怎样来解答这道题目呢？

房客分房

我问开店李三公，

众客都来到店中。

一房七客多七客，

一房九客一房空。

请你仔细算一算，

多少客房多少人？

这道题选自《算法统宗》。《算法统宗》是我国明代杰出的数学家程大位编著的经典数学科学著作。请你解答一下此题。

《孟子》三日了

有个学生记性好，一部《孟子》三日了；

每日增添一倍多，问君每日读多少？

这是明代数学家程大位编写的一首诗题，记录在他的名著《算法统宗》中。依据诗题的文字以及程大位对题目的解答，我们可知这一诗题的意思是：有一个读书人的记忆力很强，《孟子》这部古籍他只用三天就读熟了。从第二天起，他每日记熟的字数都是前一天的2倍，问：这三天他每天熟记的字数是多少？怎样来解答这道题目呢？（注：《孟子》全书共3468字，“一倍多”指一倍。）

桩上系羊

旷野之地有个桩，桩上系着一腔羊；

团团踢破三亩二，试问羊绳几丈长？

（注：题中的“腔”字，是一个量词，“一腔”作“一口”或“一只”解。）

这是明代数学家程大位编写的一道著名的诗题，题目记载在他的名著《算法统宗》上。题目的意思是：在空旷的原野上有一个木桩，木桩上系着（用绳扣着）一只羊，羊的活动面积为3亩2分大。问：系羊的绳子是多长？请你解答一下。

每朝行里

三百七十八里关，

初行健步不为难。

次日脚痛减一半，

六朝才得至其关。

要知每朝行里数，

请公仔细算相还。

这道题也选自《算法统宗》。意思是：要走到距离378里远的边关去，开始时健步如飞，走得很快，到了第二天脚痛难行，以后每一天走的路程都比前一天减少一半。就这样又走了6天到达目的地。求各天走的路程是多少呢？请你解答一下。

都加七十三

甲加七十三，乙丙和翻番；

乙加七十三，甲丙和乘三；

丙加七十三，四个甲乙含。

大家算一算，三数各若干？

这是依据《算法统宗》中的一道题目编写而成的。题目的原文是：“问有甲、乙、丙三数，甲加七十三，得为乙丙数者倍；乙加七十三，得为甲丙数者三；丙加七十三，得为甲乙数者四。其本数各几何？”题目的意思可解释为：有甲、乙、丙三个数，若甲数加上73，则得数是乙丙两数之和的2倍；若乙数加上73，则得数是甲丙两数之和的3倍；若丙数加上73，则得数是甲乙两数之和的4倍。问：甲、乙、丙三个数原来各是多少？怎样来解答这道题目呢？

六牛与四马

六牛与四马，值银四十八；

三马加五牛，只卖三十八。

牛马各值几，谁能快回答？

这是依据清代古算书《御制数理精蕴》上的一道算题编写而成的。《御制数理精蕴》是清代康熙十二年（1673年）问世的，也是一本以问题集形式编写的数学书籍。原来的题目是：“设有马四匹，牛六头，共价四十八两；马三匹，牛五头，共价三十八两。问：牛马各价几何？”题目的意思可解释为：假如有马4匹，有牛6头，它们总共的价值便是48两银子；若有马3匹，有牛5头，则它们总共的价值便是38两银子。问：一匹马和一头牛，它们的价值各是多少两银子？怎样来解答这道题目呢？

正方一粮仓

正正方方一粮仓，一十五尺为棱长；

可盛大米多少石？快快计算快快量。

这是依据清代嘉庆年间古算书《翠薇山房算学丛书》的“方仓积米”题编写而成的。原来的题目是：“问有方仓长、阔、高各十五尺，积米几何？”题目意思比较清楚，不用另作解释。请你解答一下。

两张正方席

两张正方席，用来围粮囤；

一张可积米，二石五斗整。

若用二张围，多少石斗升？

这是依据《翠薇山房算学丛书》中的“以席二领作囤”题编写而成的。题目原文是：“问有席二领，长阔相同，先以一领作囤较之盛米二石五斗，若以二领作囤，盛米几何？”题目意思可以这样来表达：有2领同样的正方形席子，以其中的一领做一个粮囤，可以盛米2石5斗。如果用这2领席子合起来做一个粮囤，可以盛米多少？请你解答一下。

河上一条船

河上一条船，底漏如涌泉；

十二人淘水，三时可复原。

用人仅五个，十时去风险；

现限两时尽，几人上火线？

马希文教授是我国当代著名的数学家，他由于主持过“华罗庚数学金杯赛”的命题工作而为广大的少年朋友所熟悉。他曾根据“牛顿问题”向少年朋友提出过一道著名的算题：一只船有一个漏洞，水以均匀速度进入船内。船员发现漏洞时，船内已进了一些水。如果用12个人淘水，3个小时可以淘完；如果只有5个人淘水，需要10个小时才能淘完。现在要求2个小时把水淘尽，那需要多少人去淘水？怎样来解答这道题目呢？

蚂蚁上树梢

树儿两丈高，随风轻轻摇；
一只小蚂蚁，爬树乐陶陶。
白天上两尺，晚上下一尺；
绕来又绕去，何日到树梢？

王梓坤教授是我国当代著名的数学家之一。据说他年幼读小学三年级的时候，对下面的一道数学题目很感兴趣，并独自将它解答出来了，从而加深了他对数学的热爱。这道题目是：一棵树高2丈。一只蚂蚁白天向上爬2尺，晚上下落1尺。问：蚂蚁几天可以爬到树梢？上面的诗题，就是依据这道题目编写而成的。怎样来解答这道题目呢？

号码记不清

学生甲乙与丙丁，衣衫号码记不清；
老师赵钱和孙李，凭着回忆来说明：
赵说“乙三甲是二”，钱说“丙四乙为二”；
孙曰“丁二丙为三”，李云“丁一乙是三”。
老师记性不太行，都有一半“乱弹琴”；
现问丙衣是几号，请从话里去找寻！

这是依据一道著名的小学生数学竞赛中的推理名题编写而成的。原来的题目是：甲、乙、丙、丁四位同学的运动衫上，印上了不同的号码。赵说：甲是2号，乙是3号。钱说：丙是4号，乙是2号。孙说：丁是2号，丙是3号。李说：丁是1号，乙是3号。又知道赵、钱、孙、李四人，每人都只说对了一半。那么，请问丙的运动衫上的号码是多少号？怎样来解答这道题目呢？

印度的猴子

在印度，有很多跟动物有关的智力题，下面这道题是用诗的形式讲出来的，共八句：

一群猴子分两队，高高兴兴在游戏。
八分之一再平方，蹦蹦跳跳树林里。

其余十二高声喊，充满活跃的空气。
告我总数共多少，两队猴子在一起？

莲花问题

在波平如镜的湖面，
高出半尺的地方长着一朵红莲。
它孤零零地直立在那里，
突然被风吹到一边水面。
有一位渔人亲眼看见，
它现在离开原地点两尺之远。
请你来解决一个问题，
湖水在这里有多少深浅？

著名的“莲花问题”是印度古代数学家拜斯卡拉用诗歌形式写成的，与中国《九章算术》中“池中之葭”十分相似，“今有池方一丈，葭（芦苇）生其中央，出水一尺。引葭赴岸，适与岸齐。问水深、葭长各几何？”诗题如画，令人难忘。你能解出吗？

毕达哥拉斯的弟子

古希腊名著《诗华集》记载了一道诗体数学题：
“我尊敬的毕达哥拉斯哟，
你——缪斯女神的家族！
请告诉我，
你的弟子有多少？”

“我的一半弟子，在探索着数的微妙；
还有四分之一，在追求着自然界的哲理；
七分之一的弟子，终日沉默寡言深入沉思；
除此以外，还有三个是女孩子，这就是我的全部弟子。”

你能不能算出毕达哥拉斯一共有多少弟子？

托尔斯泰喜爱的算题

在观看文艺节目时，常有“反串”节目助兴：影星反串唱歌，歌星反串演小品，等等。在做数学题的时候，偶尔也会碰上“反串”节目，同样非常有趣。大文学家托尔斯泰的业余爱好之一是做数学题，下面就是他做过的一道题目。

一个木桶上方有两个水管。若单独打开其中一个，则24分钟可以注满水桶；若单独打开另一个，则15分钟可以注满。木桶底上还有一个小孔，水可以从孔中往外流，一满桶水用2小时流完。如果同时打开两个水管，水从小孔中也同时流出，那么经过多少时间水桶才能注满？

诗人贝涅吉克托夫的题目

许多俄国文学爱好者都不怀疑大诗人贝涅吉克托夫是第一部俄文数学动脑筋题目文集的作者。这本集子没有印行，它只是以手稿的形式留存，是在1924年被发现的。我有机会看到这份手稿，下面介绍的是这位诗人以小说的形式写成的一道题目，正是从该文集中录出。原题为“怪题巧解”。

卖鸡蛋的某妇人，让她三个女儿去市场出售她的90个鸡蛋。她给了最聪明的大女儿10个鸡蛋，给了二女儿30个鸡蛋，给了小女儿50个鸡蛋，她对她们说：

“你们先商量好售价，然后就不要让步。你们都得坚持同样的价钱，但我希望我的大女儿运用她的智慧，即便是按照你们共同商定的价钱，仍能把她自己那10个鸡蛋卖出二姑娘卖掉她那30个鸡蛋时的钱，并教会二姑娘把她那30个鸡蛋卖出三姑娘那50个鸡蛋卖出的钱。要使三个人的进项和售价彼此相同。还有，我希望你们卖鸡蛋时按大数计不要低于每10个蛋10分钱，全部90个鸡蛋不低于90分，亦即不低于30阿尔登（货币名）。”

请问：三位姑娘是怎样完成她们的任务的？

玫瑰花债务案

一束玫瑰花竟会引起一笔巨大的债务案，这似乎令人不可思议，然而这确实是发生在法国与卢森堡两国之间的一场纠纷，事情还得从200多年前说起。1791

年，法国的拿破仑偕夫人参观了卢森堡的一所小学。拿破仑赠送给校长一束玫瑰花。这束玫瑰花当时的价格为3个金路易。拿破仑在致辞时说：“只要法国存在的一天，每年的今天，我将派人送上一束玫瑰花，作为法卢友谊的象征。”拿破仑一时冲动，许下了这个诺言，然而，后来爆发了战争，拿破仑把自己的许诺忘得一干二净，一直到这个风云人物消失在历史舞台上。

到了1894年，卢森堡政府通知法国政府说：由于法国政府没有履行诺言，提出了赔偿要求：要么从1797年起，用3个金路易作为一束花的本金，以5厘复利息结算，全部清偿这笔“玫瑰花债务”；要么法国各大报刊公开承认，拿破仑乃是言而无信的小人。

法国政府官员想不到卢森堡在此区区小事上认真起来，不免觉得好笑。法国官员一开始不以为然，以为这区区小数，对于法兰西这样的大国来说是微不足道的，就满口答应了。法政府本拟不惜金钱去赎回法国一代天骄的荣誉。可是当财务人员计算出结果后，法国官员都惊得目瞪口呆。原来这笔历时97年的债务换算成当时的货币单位后，本息已达1375596法郎！是个很大的数目。

这一历史公案使法国陷入极为难堪的局面，因为只要法兰西共和国存在，这个债务案就永无了结的一天。最后，法国政府只好用外交手段取得卢国公民的谅解，并公开承诺：今后法国将始终不渝地对卢森堡的中小学教育事业予以支持和赞助，来兑现拿破仑重于千金的许诺！1977年，法国总统德斯坦回访卢森堡，将一张4936784.68法郎的支票交给了卢森堡，以此了却了持续达180年的“玫瑰花债务案”。

这笔巨额债务是复利导致的。复利也就是人们常说的“利滚利”，“玫瑰花债务”就是由于“利滚利”形成的。我们可以通过一道简单的数学题算一下这笔债务的由来：

假设张三向李四借300元，双方商定，一年后归还，还要附加利息5%，以此类推，3年后张三要付给李四本息一共多少元？如果真的经历了97年，借方需要归还债主的本息应该怎么计算，大约是多少钱呢？180年后呢？

阿里亚娜的线团

法国命名它的运载火箭为“阿里亚娜”，这个名字来自希腊神话。阿里亚娜是古希腊米诺斯国王的公主，她聪明善良，在提修斯王子准备闯进迷宫杀死牛头怪物的时候，她送给王子一个线团，这个线团帮助王子打入迷宫又顺利返回。因此，“阿里亚娜的线团”成为一个吉祥的名称。

如今，“阿里亚娜”火箭正是带着这个吉祥的线团遨游太空的。假如用“阿里亚娜”火箭把通信卫星发射到离地球36000公里的圆形轨道上去，也就是发射到地球同步静止轨道上，那么绕此轨道一圈再回到地面，这个线团起码要有多长?

“爱因斯坦”的英文拼写

科学家爱因斯坦的英文名字拼写为“Einstein”，按下图箭头所示方向，有多少种不同的方法可拼出英文单词“Einstein”？

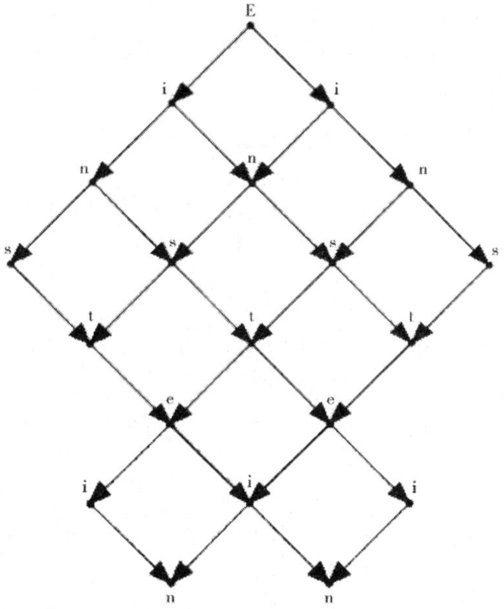

本章专题训练答案

及时梨果

梨每个价：11÷9＝11/9（文）

果每个价：4÷7＝4/7（文）

果的个数：

（11/9×1000－999）÷（12/9－4/7）＝343（个）

梨的个数：1000－343＝657（个）

梨的总价：

11/9×657＝803（文）

果的总价：

4/7×343＝196（文）

加法入曲

曲中除运用一千里、孤帆、一夜、三处等数目字外，加法分析运用巧妙，城头+江心+山顶=三处，渲染出作者处处忧愁的孤旅及悲寂的游子情怀。

减法入曲

人生百年，就常人而言，先减去无法过的后三十年，只能按七十岁来计算。七十岁，减去十岁顽童，再减去十年尪羸，等于五十年。接着又用除法，五十年的一半是白天，一半是黑夜。

乘法入曲

一年三百六十日，百年三万六千场。乘法运用不着痕迹，非常巧妙。

除法入曲

（1）曲中巧妙运用了除法分析法，将天下分为三分：一分西蜀，一分江东，一分北魏。

（2）曲中巧妙运用了除法。古时夜里以击鼓计时，每夜五更。二十五点除以五等于五，是五个夜晚。

九百九十九文钱

不妨先假定1000只全买甜果，甜果好吃。

因为每9只甜果要花11文钱，所以买1000只甜果要用的钱数是：

$\frac{11}{9}\times1000=\frac{11000}{9}$（文）。

甜果贵，苦果便宜，全买甜果多花的钱是：

$\frac{11000}{9}-999=\frac{2009}{9}$（文）。

要把多花的这些钱省回来，就要拿出一些甜果去换回同样个数的苦果。每拿一只甜果换回一只苦果，节省的钱数是：

$\frac{11}{9}-\frac{4}{7}=\frac{41}{63}$（文）。

所以应该换回的苦果只数是：

$\frac{2009}{9}\div\frac{41}{63}=\frac{2009}{9}\times\frac{63}{41}=343$。

还剩下的甜果只数是：

1000−343=657。

因而答案是：甜果657只，苦果343只。

容易验证，这时买甜果的钱是803文，买苦果的钱是196文，总数恰好是999文。

百羊问题

此题的解是：（100-1）÷（1+1+1/2+1/4）=36（只）。

百馍百僧

这道题可用假设法求解。现假设大和尚100个，小和尚人数是（3×100-100）÷（3-1÷3）=75（人），大和尚人数是100-75=25（人）。

船只运盐

因为大船和小船的只数相同，可将1只大船和1只小船配成1组，只需求出有多少组船。

从每4只小船装300袋盐，得到1只小船装的盐是：

300÷4=75（袋）。

因而3只小船装的盐是：

75×3=225（袋）。

又知道3只大船装500袋盐，所以3只小船和3只大船共计装盐：

225+500=725（袋）。

就是说，每3组船装725袋盐。总共有4350袋盐，所需船的组数是：

4350÷725×3=18（组）。

所以共有18只小船和18只大船。

哑子买肉

每两肉价是：（40+16）÷（16-9）=8（文）

哑子带的钱：8×16-40=88（文）

哑子能买到的肉：88÷8=11（两）（注：旧制1斤=16两）

《西游记》里的倒数诗

（1）可以组成很多满足条件的算式，下面是其中的一组。

10+9-8-7+6+5-4-3+2×1=10

（10+98−76）×5÷4÷（3+2）+1=9

（10+9+8−7）×6÷5÷4+3−2+1=8

（109−87）÷（6+5）+4+3−2×1=7

（10+9+8−7−6）×5−43−21=6

（10+9+8+7+6）÷5−4÷（3−2）+1=5

10×9−87+65−43−21=4

（109−8+7）÷6−54÷3+2+1=3

（109+87−6）÷5−4−32×1=2

（10×9−87）÷（6×54—321）=1

（2）10−9+8−7+6−5+4−3−2−1=1

10×9−8×7−6−5×4−3×2×1=2

10−9+8×7−6×5−4×3×2×1=3

10+9×8+7×6−5×4×3×2×1=4

10×9−8×7−6×5−4+3+2×1=5

10+9+8+7−6×5−4+3+2+1=6

10×9÷8×7÷6÷5×4÷3×2×1=7

10×9÷8−7+6−5÷4−3+2×1=8

10−9+8−7+6×5−4×3×2+1=9

10+9×8−7×6−5×4×3÷2×1=10

别离情

其四行四列及八条泛对角线所含四数之和都等于34。而且每一正方形，每一等腰梯形（如14，7，10，3），每一平行四边形（如4，15，13，2）上的四个角，所含四数之和均为34。在如图所示的十字交叉点上，画一个“X”向四边延伸使其各有两个数字，那么每组两数之差均相等，如15−8=9−2=11−4=13−6=7，这种性质称为河图特性。

4	14	7	9
15	1	12	6
10	8	13	3
5	11	2	16

第一类四阶完美幻方

这首《别离情》诗，惟妙惟肖地描述了四哥与十四姐别离后的思念之情。他们每年只有六天见面时间，每逢一次总要穿山越岭，有一个艰难的旅程。离愁别恨，望着浓浓的云月，触发思念情绪，作诗感叹，就这样两地相望已十六年了。此诗不仅能够将和谐美妙的数字巧妙地砌入诗中，而且又能真切地表达别离思情，为人们留下了文理共赏的绝妙好词。

少年学艺

此诗所用数字构成第二类四阶完美幻方，其性质与第一类相同。

6	9	4	15
3	16	5	10
13	2	11	8
12	7	14	1

第二类四阶完美幻方

这里描写了一个少年学艺的过程，他11岁就八方云游寻找师父，12岁就有7位老师教他功夫，13岁就有两手高招。他每天三更开始苦练各种套路招式，一年四季，住在9米高的围墙中，天天如此，到14岁已身藏绝技很了不起了。此诗巧妙地将幻方中1~16各数字，用作少年成长的过程。一个志高的少年被表现得活灵活现，算是一首千古绝唱的诗了。

山湖园林景色秀

此诗所用数字构成第三类四阶完美幻方，其性质也与第一、二类相同。

4	5	16	9
15	10	3	6
1	8	13	12
14	11	2	7

第三类四阶完美幻方

这首诗描写了一个山湖园林的景色。重峦叠峰中，五桥连着四方的园林，街头长廊，杨柳翠砭，湖中山色映出八个险洞，十分壮观迷人，楼阁宫殿，花坛草坪，分布在湖岸边上，一片美妙秀丽的景色历历在目。时值七月，正是景色最秀丽的时候，这是作者第二次到这里观光了。

出门望九堤

可逐步求得答案如下：

9棵×9=81棵…………树木数

9枝×81=729枝…………树枝数

9巢×729=6561巢………鸟巢数

9只×6561=59049只…………大鸟数

9只×59049=531441只…………小鸟数

9片×531441=4782969片…………雏毛数

9种×4782969=43046721种…………毛色数

持钱数不明

题意若用算式来表达，可以是：

$甲+\frac{1}{2}乙+\frac{1}{2}丙=90文$

$乙+\frac{1}{2}甲+\frac{1}{2}丙=70文$

$丙+\frac{1}{2}甲+\frac{1}{2}乙=56文$

这三个等式，可以整理为：

2甲+乙+丙=180文……①

甲+2乙+丙=140文……②

甲+乙+2丙=112文……③

再经演绎，又可得新的等式：

①-②，得：甲-乙=40文……④

①×2-③，得： 3甲+乙=248文……⑤

然后，将④、⑤两个等式相加，便得：

$$\begin{array}{r} 甲-乙=40文 \\ +)\ 3甲+乙=248文 \\ \hline 4甲=288文 \end{array}$$

所以，甲的钱数是288÷4=72（文）

乙的钱数是72−40=32（文）

丙的钱数是 180−32−72×2=148−144=4（文）

甲原有钱72文，乙原有钱32文，丙原有钱4文。

三鸡啄粟米

把题目的条件和问题摘要排列起来，可以是：

三只鸡吃掉的粟米，写成连比是

1001粒 ┬ 小鸡 1 ………… ？粒
　　　　├ 母鸡 2 ………… ？粒
　　　　└ 公鸡 4 ………… ？粒

小鸡：母鸡：公鸡=1：2：4

若将小鸡吃掉的粟米作为1份，则母鸡吃掉的为2份，公鸡吃掉的为4份。它们总共吃掉的就是（1+2+4）份。所以，

小鸡吃掉的是1001÷（1+2+4）=143（粒）

母鸡吃掉的是143×2=286（粒）

公鸡吃掉的是143×4=572（粒）

显然，三只鸡分别吃掉的这些粟米粒数，也就是三位鸡主应该赔偿给粟主的粟米粒数。

小鸡主人赔143粒，母鸡主人赔286粒，公鸡主人赔572粒。

洗碗在河边

我们不妨从每人占用的碗数上来思考、分析。

由题中条件可知，每一个客人占用的饭碗、汤碗和肉碗分别是：

饭碗——$1÷2=\frac{1}{2}$（只）

汤碗——$1÷3=\frac{1}{3}$（只）

肉碗——$1\div4=\frac{1}{4}$（只）

所以，每一个客人总共要占用的碗数就是：

$\frac{1}{2}+\frac{1}{3}+\frac{1}{4}=\frac{13}{12}=1\frac{1}{12}$（个）

显然，只要知道这65只总碗数中，包含了多少个“$1\frac{1}{12}$只碗”，便知道客人的人数是多少了。因此，可求得该妇人家里来的客人人数为：

$65\div1\frac{1}{12}=65\times\frac{12}{13}=60$（人）

综合起来，就是：

$65\div(1\div2+1\div3+1\div4)$

$=65\div\left(\frac{1}{2}+\frac{1}{3}+\frac{1}{4}\right)$

$=65\div\frac{13}{12}$

$=60$（人）

这位妇人家里来的客人是60人。

较为有趣的是，《孙子算经》上给出的解法，却与此完全不同：

“置六十五杯以十二乘之，得七百八十，以十三除之，即得。答曰：六十人。”

古算书解题，无法采用现今之算式，一般都采用这种文字叙述的形式，来讲解算题的解法。如果将这种解法列成今日之算式，则可以是：

$65\times12=780$

$780\div13=60$（人）

这种解法的算理何在呢？《孙子算经》上没有讲述。我们不妨这样来思考：

因为2人共用一只饭碗，3人共用一只汤碗，4人共用一只肉碗，将其排列起来，就是：

2人——1只饭碗

3人——1只汤碗

4人——1只肉碗

由此可以推出：

12人需要 —— 6只饭碗
　　　　　　4只汤碗
　　　　　　3只肉碗

（注：12是2、3、4三个数的最小公倍数）

这就是说，12个客人需要占用的碗数是

6+4+3=13

现在，如果假定每个客人都占用13只碗，那么总的碗数便会扩大12倍，使之变为：

65×12=780（只）

于是，只要知道这“780只碗”中，包含了多少个“13只碗”，便知道她家里来了多少客人了。所以，她家里的客人人数就是：

780÷13=60（人）

将这一思路的主要算式写在一起，就是《孙子算经》上的解法了。

65×12=780（只）；780÷13=60（人）

有物不知数

《孙子算经》解这道题目的“术文”和答案是：“三三数之剩二，置一百四十；五五数之剩三，置六十三；七七数之剩二，置三十。并之，得二百三十三，以二百十减之，即得。”“答曰：二十三。”这些话是什么意思呢？用通俗的话来说，就是：

先求被3除余2，并能同时被5、7整除的数，这样的数最小是140；

再求被5除余3，并能同时被3、7整除的数，这样的数最小是63；

然后求被7除余2，并能同时被3、5整除的数，这样的数最小是30。

于是，由140+63+30=233，得到的233就是一个所要求得的数。但这个数并不是最小的。

再用求得的“233”减去或者加上3、5、7的最小公倍数“105”的倍数，就得到许许多多这样的数：

{23，128，233，338，443，…}

从而可知，23，128，233，338，443，…都是这一道题目的解，而其中最小的解是23。

因此，这些物品的数目至少是23个。

需要指出的是，在《孙子算经》上，有一段关于这类题目的解题“术文”：

“凡三三数之剩一则置七十，五五数之剩一则置二十一，七七数之剩一则置十五，一百六以上以一百五减之，即得。”

（注：古称“106”和“105”为“一百六”和“一百五”，而称“160”和“150”为“一百六十”和“一百五十”。所以，这里的“一百六”和“一百五”分别指“106”和“105”，而不是“160”和“150”。）

明代著名的数学家程大位，在他所著的《算法统宗》中，对于这种解一般“孙子问题”的方法，还编出了四句歌诀，名曰《孙子歌》：

三人同行七十稀，

五树梅花廿一枝；

七子团圆正半月，

除百零五便得知。

歌中的“廿”，读音与“念”音相同。“廿”即二十的意思。

这一歌诀的“诗意”，我们可以不去理会，只需注意它的数字就行了。歌诀中的每一句话，都指出了一步解题方法：

“三（3）人同行七十（70）稀”——是说除以3所得的余数，要用“70”去乘它；

“五（5）树梅花廿一（21）枝”——是说除以5所得的余数，要用“21”去乘它；

“七（7）子团圆正半月（15）”——“半月”是一个月30天的一半，即15日，这是说，除以7所得的余数，要用“15”去乘它；

“除百零五（105）便得知”——这是说要把上面所乘得的三个数相加，加得的和如果大于105，便应减去105，或者减去105的倍数。这也就是《孙子算经》上的“一百六（106）以上，以一百五（105）减之”。这样得出的差，便是所要求的这个最小的未知数了。

运用这一歌诀来解答这道“有物不知数”问题，便是

$2\times70+3\times21+2\times15=140+63+30=233$

$233-105-105=23$

不过，用这种方法解这类问题，有它的局限性，它只能解答用3、5、7作除数的题目，遇到用其他数作除数的算题，它就行不通了。这一点必须引起我们的注意。

二人均有银

题意如果用文字算式来表达，则可以是：

$甲+\frac{1}{2}乙=50$…………①

$\frac{2}{3}甲+乙=50$…………②

若将①式中的各数都扩大2倍，将②式中的各数都扩大3倍，它们就会变成：

2甲+乙=100…………③

2甲+3乙=150…………④

再用“消去法”（算术“消去法”相当于代数“加减消元法”）消去一个未知数——甲的钱数。这只需要用④式去减③式，即可求得：

2甲+3乙=150…………④

2甲+乙=100…………③

相减得2乙=50

于是可知，

乙的钱数就是50÷2=25（文）

甲的钱数就是50−25÷2=37.5（文）

即甲有钱37.5文，乙有钱25文。

大小各几斛

如果用“大”表示“大器”，“小”表示“小器”，则题目的意思可以写成下面的两个文字等式：

5大+1小=3斛…………①

1大+5小=（3−1）斛…………②

如果用①式乘以5的得数，减去②式，那么，题中的一个未知数“小器容量”就消去了。

①×5得25大+5小=15斛

再减② 1大+5小=2斛

得24大=13斛

所以，一个大器的容量就是：

$13\div 24=\frac{13}{24}$（斛）

一个小器的容量就是

$3-\frac{13}{24}\times 5=3-2\frac{17}{24}=\frac{7}{24}$（斛）

答：大器容$\frac{13}{24}$斛，小器容$\frac{7}{24}$斛。

善于推理、分析的读者，若采用下面的推理办法解答，可能会感到更加简便。

由题意可知，“4大”比“4小”要多容1斛。于是可知，“1大”比“1小”便多容$1\div 4=\frac{1}{4}$（斛）。

再从3斛中减去5个“$\frac{1}{4}$斛”，所得差就相当于（5+1）个小容器的容量。所以，一个小容器的容量就是：

$\left(3-\frac{1}{4}\times 5\right)\div(5+1)=\frac{7}{4}\times\frac{1}{6}=\frac{7}{24}$（斛）

一个大容器的容量就是：

$\frac{7}{24}+\frac{1}{4}=\frac{7}{24}+\frac{6}{24}=\frac{13}{24}$（斛）

牛羊各几金

由5头牛和2只羊共值10两金子，2头牛和5只羊共值8两金子，可以推出：3头牛比3只羊多值金子10−8=2（两），所以，1头牛比1只羊多值的金子数就是：

$2\div 3=\frac{2}{3}$（两）

这样一来，我们只要从“5头牛和2只羊共值10两金子”中，减去5头牛多值的金子数：

$\frac{2}{3}\times5=\frac{10}{3}=3\frac{1}{3}$（两）

便可知道：5只羊+2只羊共值（$10-3\frac{1}{3}$）两金子。

所以，一只羊的价钱就是：

$\left(10-3\frac{1}{3}\right)\div(5+2)=6\frac{2}{3}\div7=\frac{20}{3}\times\frac{1}{7}=\frac{20}{21}$（两）

一头牛的价钱就是：

$\left(10-\frac{20}{21}\times2\right)\div5=\frac{170}{21}\div5=\frac{170}{21}\times\frac{1}{5}=\frac{34}{21}=1\frac{13}{21}$（两）

九金十一银

依据题意，我们可以列出两个文字等式：

11银−9金=0两（重量相等）……①

（1金+10银）−（8金+1银）=13两……②

将第②个文字等式加以整理，可得：

1金+10银−8金−1银=13两

即 9银−7金=13两………③

为了消去一个未知数，比方消去“金子重量”这个未知数，我们可将①式里的各个数都乘以7，将③式里的各个数都乘以9：

①×7，得（11银×7）−（9金×7）=（0两×7）

即 77银−63金=0两……④

③×9，得（9银×9）−（7金×9）=（13两×9）

即 81银−63金=117两……⑤

现在，只要用⑤式来减④式，就会消去一个未知数（金子重量），并求出另一个未知数。具体解法从略。

三人税百钱

因为规定要以钱数的多少，来摊派这100文税金，所以，可先求出甲乙丙三人各应出多少税金的连比：

甲：乙：丙=560：350：180=56：35：18

然后，按这个比来分配：

甲应出的税金是$100\times\frac{56}{56+35+18}=100\times\frac{56}{109}=51\frac{41}{109}$（文）

乙应出的税金是$100\times\frac{35}{56+35+18}=100\times\frac{35}{109}=32\frac{12}{109}$（文）

丙应出的税金是$100\times\frac{18}{56+35+18}=100\times\frac{18}{109}=16\frac{56}{109}$（文）

答：甲出$51\frac{41}{109}$文，乙出$32\frac{12}{109}$文，丙出$16\frac{56}{109}$文。

每月息三十

题目中的月利率“千钱每月息三十”，若用百分数来表示，就是：

$\frac{30文}{1000文}=\frac{3}{100}=3\%$

假定其借款时间为一个月，那么这750文钱应该付的利息就是：

$750\times3\%=750\times0.03=22.5$（文）

然而，他的借期只有9天。根据借贷常规，如果要按日计算利息的话，那么每月就以30天来计算。所以这9天应付的利息便是：

$22.5\times\frac{9}{30}=\frac{225}{10}\times\frac{9}{30}=6\frac{3}{4}$（文）

综合起来，就是

$750\times\frac{3}{100}\times\frac{9}{30}=22.5\times\frac{3}{10}=6\frac{3}{4}$（文）

归还时应付利息$6\frac{3}{4}$文。

三畜马羊牛

题目的条件和问题，可摘要排列如下：

粟5斗
- 牛 ……………………赔？斗
- 马　吃了牛的一半……赔？斗
- 羊　吃了马的一半……赔？斗

将三头牲畜吃掉的粟苗，用比例来表达就是：

牛：马$=1:\frac{1}{2}=2:1$

马：羊$=1:\frac{1}{2}=2:1$

再将它们写成连比，就是：

牛	马	羊
2	1	（1）
（2）	2	1
4	2	1

即牛：马：羊$=4:2:1$

然后，将苗主要求赔偿的5斗粟米，按照这个连比来分配，就得：

$5\times\frac{4}{4+2+1}=5\times\frac{4}{7}=\frac{20}{7}=2\frac{6}{7}$（斗）……牛主赔偿数

$5\times\frac{2}{4+2+1}=5\times\frac{2}{7}=\frac{10}{7}=1\frac{3}{7}$（斗）……马主赔偿数

$5\times\frac{1}{4+2+1}=5\times\frac{1}{7}=\frac{5}{7}$（斗）……羊主赔偿数

答：牛主赔$2\frac{6}{7}$斗，马主赔$1\frac{3}{7}$斗，羊主赔$\frac{5}{7}$斗。

持金十二斤

按照海关的税率，以黄金纳税的话，此人应缴纳的金子数量是：

$12\times\frac{1}{10}=1.2$（斤）

而他已经交了2斤，比规定的多交了

$2-1.2=0.8$（斤）

根据上面的题意及计算的结果，其中的数量关系，可用如下的线段图来表示：

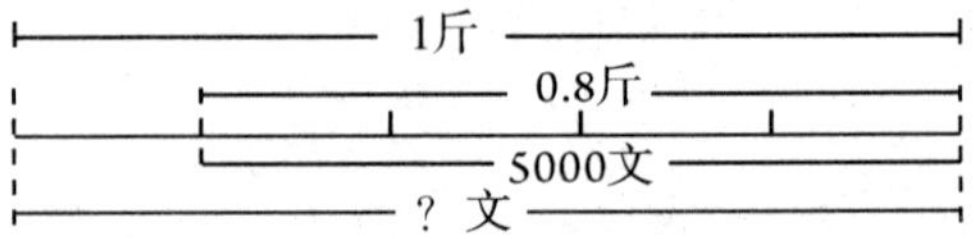

从图上很容易看出，因多交0.8斤金子，海关便找给他5000文钱，可以知

道这个0.8斤金子的价值，就是这5000文钱。所以，一斤金子的价钱就是：

5000÷0.8=6250（文）

若将它列成综合算式，就是：

$$5000\div\left(2-12\times\frac{1}{10}\right)$$

=5000÷(2−1.2）

=5000÷0.8=6250（文）

当时需要6250文钱才能买一斤金子。

平地委粟米

因为圆锥体的体积计算公式是：

$$V=\frac{\pi\times r\times r\times h}{3}\left(\frac{底面积\times高}{3}\right)$$

若设圆周率π=3，则可以求得这一圆锥形粟米堆的体积是

$$\frac{(12\div3\div2)\times(12\div3\div2)\times3\times2}{3}=\frac{4\times3\times2}{3}=8（立方丈）$$

这8立方丈合多少斛呢？在《九章算术》上，已经告诉了我们如下的换算方法：

粟1斛——积2700立方寸

菽1斛——积2430立方寸

麦1斛——积2430立方寸

米1斛——积1620立方寸

……

（注：这种换算，不单纯是体积的换算，而且还含有不同物品的价值因素。“斛”读音与“胡”音相同，古代以10斗为1斛，后又以5斗为1斛。此处的进率为10斗=1斛。）

据此，可以求得，这8立方丈折合成的斛数是：

1000×1000×8=8000000（立方寸）

$8000000\div2700=2962\frac{26}{27}$（斛）

有女善织布

可设她织布尺数最少的第一天织布的尺数为1，则第二、三、四、五天的尺数，就是2、4、8、16。这就是说，第一、二、三、四、五天织布尺数的比是：

1∶2∶4∶8∶16

这样，只要将五天共织的5尺布，按照这个比例来分配，就得到了每天所织布的尺数。

因为五天所织的总份数是：

1+2+4+8+16=31（份）

则第一天至第五天每天织的尺数就分别是总数的：

$\frac{1}{31}$、$\frac{2}{31}$、$\frac{4}{31}$、$\frac{8}{31}$和$\frac{16}{31}$

所以，第一天织的是：$5\times\frac{1}{31}=\frac{5}{31}$（尺）

第二天织的是：$5\times\frac{2}{31}=\frac{10}{31}$（尺）

第三天织的是：$5\times\frac{4}{31}=\frac{20}{31}$（尺）

第四天织的是：$5\times\frac{8}{31}=\frac{40}{31}=1\frac{9}{31}$（尺）

第五天织的是：$5\times=\frac{16}{31}=\frac{80}{31}=2\frac{18}{31}$（尺）

有女不善织

如果把这位女子从第1天到第30天所织的布，都加起来，那么算式就是：

5+…+……………………+…+1

在这一长串的加法算式中，每一个往后的加数，都要比它前一个挨着的加数减少一个相同的数。显然这一递减的数不是一个整数。

如果把这个式子反过来，算式便是：

1+…+……………………+…+5

此时，每一个往后的加数，就都会比它前一个挨着的加数，要递增一个相同的数。当然，这递增的数也不是整数。

现在，假若再把上面一顺一反的两个算式相加，并利用对应数相加和必然会相等这个特点，那么，就会出现下面的一个算式：

$$\begin{array}{r} 5+\cdots+\cdots\cdots+\cdots+1 \\ +)\ 1+\cdots+\cdots\cdots+\cdots+5 \\ \hline 6+6+6+\cdots\cdots 6+6+6 \end{array}$$

因为这女子共织了30天布，故上面相加的两个式子，都会有30个加数；于是，它们相加的结果，也必然是30个“6”的和。即：

6×30=180（尺）

不过，这个女子织的布不是180尺，而只有180尺的一半。这是因为她只织了一个30天，而这180尺是两个“30天”织布数量之和。所以她30天织的布就是：

180÷2=90（尺）

将上面的式子综合起来，就是：

（1+5）×30÷2=90（尺）

鹿角御敌

在《张丘建算经》上，给出了这道题目的答案。这答案用现代的算式表达，可以是：

36000÷3×5+（5×3）×（5×3）÷（3×3）×4

=60000+225÷9×4

=60000+100

=60100（支）

共需要插 60100支“鹿角”。

为什么可以这样来解答呢？现将其算理、算法，说明如下。

根据题意，我们可将城外“鹿角”的插法，画示意图（图中只画了方城之外一个转角处插法的一小部分情况，“▲”和“△”都表示“鹿角”）：

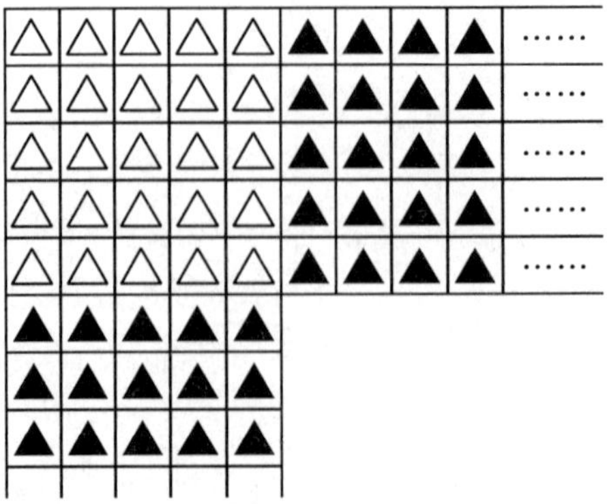

由这一个转角处的插法，我们不难想象出其他三个转角处以及整个城外的“鹿角”的插法。由此可以看出，《张丘建算经》上的这种解法，是先求出正方形城（若是长方形城，也是这样）外面四周4个长方形内的“鹿角”总数（图中用“▲”表示的），再求四角4个正方形内“鹿角”的总数（图中用“△”表示的），然后将两数相加，即得这一结果。这与现今算术中先求“实心方阵”的总数，再减“中空方阵”总数的算法，有所不同。

在算式中冒出的“36000”即36000尺，也就是原题中的20里。但为什么可以列式为“36000÷3×5”呢?

本来，先算正方形城每边的尺数，应该列式为“36000÷4”；再算正方形城四面中每一面的长方形“长”边上所插“鹿角”的支数，应列式为“36000÷4÷3”。而每面长方形“宽”边上都是插的5支（5层），故又应列式为“36000÷4÷3×5”，才可求出每面的长方形内插了多少支“鹿角”。又因为这座正方形城四面都要插，即有四个这样的长方形，故四个长方形内共插的“鹿角”支数就是：

“36000÷4÷3×5×4”支

在这个算式中，有“÷4”和“×4”，古人解题时，便将它省作了“36000÷3×5”。这样一来，不但使计算变得较为简便了，而且还使这一算法也适用于长方形城了。

现在，我们再来看方城外的四个角。

城外四角上都有用“鹿角”插成的一个正方形（图中用“△”表示的），每个正方形的边长都是（3×5）尺，面积便是（3×5）×（3×5）平方尺。每支“鹿角”占地 3×3平方尺，所以，每个正方形内就能插“鹿角”：

（5×3）×（5×3）÷（3×3）支

四个角上四个正方形内就能插“鹿角”：

（5×3）×（5×3）÷（3×3）×4支

最后，将四个长方形内的“鹿角”总数，加上四个角上四个正方形内的“鹿角”总数，当然就是城外所有的“鹿角”数目了。

假如用现在的办法，假定其城内城外都插满了“鹿角”，先求出假定的“鹿角”支数，再减去中间并未插上的支数，即用“假定为实心方阵的支数”减去“空心部分的支数”的解法去解，显然也是容易解答出来的。

军队供酱

可以这么想：每5个兵发给2升酱，有两个5就发给2个2升，有三个5就给3个2升……80000个兵中含有多少个5，就有多少个2升。

2×（80000÷5）

=2×16000

=32000（升）

共需供酱32000升。

草堆堆田塍

由图可以看出，这种“圭垛草”每一层草的束数，都比上面一层要多一束，而比下面的一层要少一束。显然，要我们求共是几束草，就是要我们求1、2、3、4、5、6、7、8这八个数的和。即求

1+2+3+4+5+6+7+8=?

当然，这是很容易用呆加的办法计算出来的，其结果为36束。不过，这样的一列数是很有规律的，完全不必去呆算。它的规律性可以从下面的排列中发现：

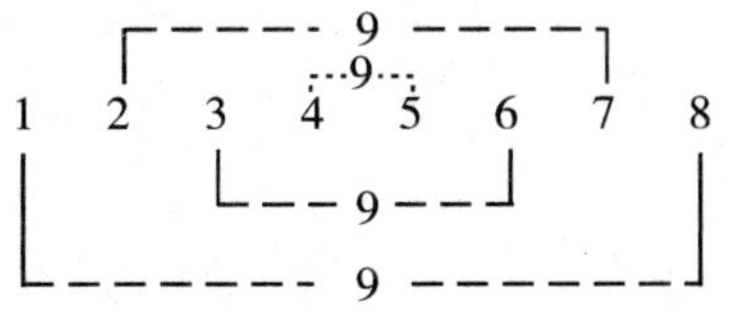

于是，它们的和很快就可求得：

（1+8）×（8÷2）=9×4=36（束）

共需要36束草才能堆成。

长阔并几步

在杨辉的著作中，他给出了一个图示（如下图所示）。由图可知，图中的小正方形面积是12×12=144（平方步）。

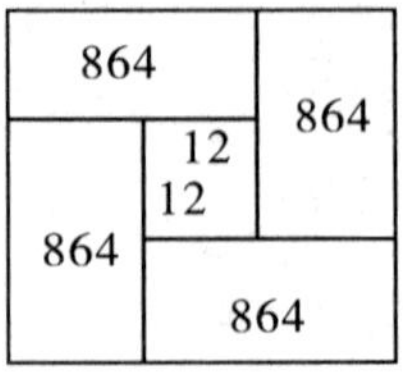

大正方形的面积便是：

864×4+144=3600（平方步）

知道了大正方形的面积，用“开平方”的方法，就可以求出大正方形的边长了。

但是不会开方的读者能否找到边长的长度呢？完全可以做到！因为：

3600=2×2×2×2×3×3×5×5

=（2×2×3×5）×（2×2×3×5）

=60×60

而正方形面积=边长×边长

所以可知，大正方形的边长是60步。

而大正方形的边长，又刚好是一个“长”和一个“宽”组合而成的，所以，这丘矩形田（直田）的长宽之和，便是60步。（答略）

这一解题思路是杨辉于13世纪提出来的。这么早就提出了这么高明、巧妙的解题方法，的确是很不简单的事情。由此可见杨辉过人的才智以及他对数学的贡献。

长平各几何

仿杨辉的示意图，也可画一幅此题的示意图。

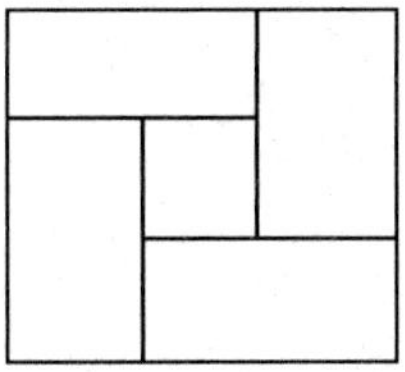

从图中可以看出，用四个长方形田（直田）组成的大正方形的面积是92×92=8464（步）。而周围的4个长方形田面积共是：

2052×4=8208（平方步）

故正中心小正方形的面积就是：

8464−8208=256（平方步）

再由 256=2×2×2×2×2×2×2×2

=（2×2×2×2）×（2×2×2×2）

=16×16

可以知道，正中心的小正方形的边长就是16步。

然后，用“和差问题”的解题方法，即可求得这直田的长为：

（92+16）÷2=108÷2=54（步）

这直田的宽为（92−16）÷2=76÷2=38（步）

这直田的长为54步，平（宽）为38步。

骑马进京

乙马每日行150里，先行12日，便行了：150×12=1800（里）。即乙在甲前1800公里。由于甲的马速度快，每日可以比乙多行240−150=90（里），看1800里中含有多少个90里，便是追及的日期了。

解法1：150×12÷（240−150）

=150×12÷90

=20（日）

解法2：设甲需x日追及乙。

$240x=150(x+12)$

$240x=150x+1800$

$240x-150x=1800$

$90x=1800$

$x=20$（日）

即20日后两人相逢。

添一满万洋

题意可用下面的式子来表达：

2马+1牛=10000文……①

3牛+1羊=10000文……②

4羊+1马=10000文……③

若将①、②两个式子加在一起，就会得到一个新的等式：

2马+4牛+1羊=20000文……④

若将②、③两个式子加在一起，也会得到一个新的等式：

1马+3牛+5羊=20000文……⑤

经观察④、⑤两个式子，可以发现，⑤×2-④，就得到一个只含牛羊两个未知数的等式：

2牛+9羊=20000文……⑥

现在，第②个式子中只有牛、羊两个未知数，第⑥个式子也只有这两个未知数：

3牛+1羊=10000文……②

2牛+9羊=20000文……⑥

显然，用②×9-⑥，便可消去“羊”这个未知数：

27牛+9羊=90000文……②×9

-）2牛+9羊=20000文……⑥

25牛=70000文

所以可知，一头牛的价钱就是：

70000÷25=2800（文）

进而可知，一匹马的价钱就是：

（10000-2800）÷2=3600（文）

一只羊的价钱就是：

（10000-3600）÷4=1600（文）

一匹马3600文，一头牛2800文，一只羊1600文。

房客分房

从题中“每房7人多7人，每房9人少9人（空一房）”可知，造成这种情况的原因是后来每房增加了2人（9−7）。先是余7人后又少9人，前后相差16人（9+7），其中每差2人即需一间客房，故客户数可求。

（7+9）÷（9−7）＝16÷2＝8（间）

7×8+7＝56+7＝63（人）

或9×8−9＝72−9＝63（人）

有8间客房，63个客人。

《孟子》三日了

可设第一天读熟的字数为1，则第二天读熟的为1×2=2，第三天为2×2=4。所以，

第一天读熟的字数是34685÷（1+2+4）=4955（字）；

第二天读熟的字数是4955×2=9910（字）；

第三天读熟的字数是4955×4=19820（字）。

桩上系羊

这是个已知圆面积求半径的算题。根据旧制1亩=60平方丈，1分=6平方丈，可知3亩2分=192平方丈。再依据圆面积公式$S=\pi r^2$，取$\pi=3$（古代一般对π值要求不很精确），可知，$r^2=192\div3=64$，$r=8$，即系羊的绳长为8丈。

（注：若取π为3.14，则绳长就约是7.82丈了。）

由于旧制亩与法定单位“平方米”的换算关系是1平方米=0.0015亩，旧制长度单位与法定长度单位的换算关系是1米=3尺，故也可将它换算为“平方米”作为单位的数去计算，具体算法从略。

每朝行里

我们可以倒过来想：以最后一天走的路程为1份，向前推去，各天便分别

是：1，2，4，8，16，32。总共是63份。求出第6天的行程后，其余各天便可依次求出。

第六天行：

378÷（1+2+4+8+16+32）

=378÷63=6（里）

第五天行：6×2=12（里）

第四天行：12×2=24（里）

第三天行：24×2=48（里）

第二天行：48×2=96（里）

第一天行：96×2=192（里）

都加七十三

依据题意，可以列出下面的等式：

甲+73=2乙+2丙

乙+73=3甲+3丙

丙+73=4甲+4乙

将它们整理一下，可得

2乙+2丙－甲=73……①

3甲+3丙－乙=73……②

4甲+4乙－丙=73……③

从观察中可以发现，①式+②式×2，可消去一个未知数“乙”：

2乙+2丙－甲=73………①

+）6甲+6丙－2乙=146………②×2

5甲+8丙=219……④

将②式×4，加上③式，也会消去一个未知数“乙”：

12甲+12丙－4乙=292……②×4

+）4甲－丙+4乙=73………③

16甲+11丙=365………⑤

把④、⑤两个文字等式放在一起，再分析、推算：

5甲+8丙=219……④

16甲+11丙=365……⑤

可以发现，将⑤式×8，减去④式×11，又可以消去一个未知的丙数，从而求出未知的甲数：

128甲+88丙=2920……⑤×8

−）55甲+88丙=2409……④×11

73甲=511

所以，甲数原来是 511÷73=7

丙数原来是（219−7×5）÷8=184÷8=23

乙数原来是（73+7−23×2）÷2=34÷2=17

甲数为7，乙数为17，丙数为23。

六牛与四马

依据题中条件，可列下面两个文字等式：

6牛+4马=48两…………①

5牛+3马=38两…………②

如果将①式里的各个数都乘以3，②式里的各个数都乘以4，那么就得：

18牛+12马=144两…………③

20牛+12马=152两…………④

显然，只要用④式减去③式，就会消去一个未知数，从而求出一种牲口（牛）的价格。求出了一种牲口的价格，另一种牲口（马）的价格就很容易求出来了。

正方一粮仓

知道正方体容器的棱长（内空棱长），要求它的容积，那是很容易计算的：

15×15×15=3375（立方尺）

不过，古时候的算题问“积米几何”“积粟几何”等，习惯上都是要用“石”或“斛”作为单位来回答的。那么求得的3375立方尺，如何才能转化成以“石”作单位的数量呢？

这一点大家不要着急。因为古人有“石法二五”之说，即“石”和“立方尺”之间的换算率是“1石=2.5立方尺”。所以，这正方体粮仓盛米的石数就是：

3375÷2.5=1350（石）

综合起来就是：

15×15×15÷2.5=3375÷2.5=1350（石）

这个粮仓可盛米1350石。

两张正方席

解答时，也许有人会不假思索地说：一领做囤可盛米2石5斗，2领做囤不就是盛米5石（2石5斗×2）吗？当然，不能说这种说法是绝对错误的，但更不能说这一答案是完全正确的。因为用2领做囤盛米5石的情况，是必须将两个“一领囤”竖着叠起来，组成一个囤才行，而这在生活中是极少看见的。原因在于这种做囤方法，重心太高，很容易倒塌，并且盛的粮食也太少，很不合算。所以用2领席子做囤时，人们总是将席子横着连起来，做一个底面积较大而高度较矮的粮囤。那么这样横着连起来合做的囤，可以盛米多少呢？

大家知道，用席子做粮囤，围成的一般都是圆柱体（注明了粮食堆成上部突出为尖锥的，是圆柱体和圆锥体的组合体）。圆柱体积算法是：

$V=\pi\times r\times r\times h$（底面积乘以高）

当圆柱的高为定量（一定）时，它的底面积与体积就成正比例关系。底面积扩大若干倍时，体积也必然会随之而扩大相同的倍数。

现在，将用2领正方形席子横着连起来做的粮囤，来与一领正方形席子做的粮囤相比，高是不会改变的，但底面周长会扩大2倍（连接处重叠部分忽略不计的话）。而底面圆的周长与底面圆的半径（或直径），是成正比例关系的，故周长扩大2倍后，底面半径也必然会扩大2倍。

底面圆的半径与底面圆面积之间，虽然不存在正比例的关系。但是底面圆的面积与“半径的平方”（$r\times r$）却成正比例。所以当半径（r）扩大2倍以后，底面积就会扩大：

$2^2=2\times2=4$（倍）

这就是说，底面周长扩大2倍→底面半径就会扩大2倍→底面积就会扩大4倍。

再接下去，当底面积扩大4倍以后，在圆柱体高不变的情况下，圆柱形粮囤的体积也必然会扩大4倍。于是可知，原来只能装2石5斗的粮囤，现在能盛米的数量就是：

2石5斗×4=2.5石×4=10石

用2领席子做的囤，一般可盛米10石。

河上一条船

这道题目的解答，可以分下述几步进行：

（1）因为题目已经告诉了我们：12人来淘，3个小时能够“复原”（能把水淘尽），由此可知，若要1个小时将水淘尽，需要的淘水人数是：

12×3=36（人）

（2）由于改用5个人去淘，10个小时才能“去风险”（把水淘尽），故也可以求出若要1个小时将水淘尽，需要的淘水人数是：

5×10=50（人）

（3）针对上述两步计算分析：同样是在这一条船里淘水，为何这些水有时要36个人在1个小时内淘完，有时却要50个人才能在1个小时内淘完呢？

原因是明显的。因为这条船里的水，是边淘边涌进的。上面的第二种情况多要的淘水人数是：

50−36=14（人）

是因为后者比前者多涌进了：

10−3=7（个小时的水）

于是可以知道，这条船的漏洞每小时涌进来的水量是：

14÷7=2（个人淘的水量）

（4）当开始发现船有漏洞时，船里面已经有多少水了呢？由12个人淘，3个小时才可以淘完，可知已涌进的水是：

（12−2）×3=10×3=30（个人淘1个小时的水量）

（5）因此，要求2个小时淘尽已经涌进来了的水，需要的淘水人数是：

30÷2=15（人）

此外，还应安排2个人去淘每小时新涌进的水量。所以，需要调用的淘水人数便是：

15+2=17（人）

需要17个人去淘水。

蚂蚁上树梢

也许有人会做这样的分析、解答：因为一个昼夜只能爬上（2-1）尺，而树高2丈=20尺，所以，蚂蚁爬上树梢的时间便是20÷（2-1）=20个昼夜。

你如果这样来解答的话，那就完全错了。因为当第19个白昼完了之后，蚂蚁已经爬上了树梢，而并不需要再下再上，多花去一些时间。

正确的解法可以是：因为每一个昼夜可爬上（2-1）尺，爬了18个昼夜后，刚好爬了18尺，只剩下2尺。剩下的2尺，只需要1个白昼即可爬上，不需要再下再上一次了。所以我们不妨先留下2尺，供最后一个白昼去爬。这剩下来的（20-2）尺，便是白天、晚上都需要爬行的高度。而它一个昼夜可爬行的高度，只有（2-1）尺，故这（20-2）尺需要爬行的时间便是：

（20-2）÷（2-1）=18（个昼夜）

最后，再加上末尾还需要爬的那一个白昼，便是18夜19昼。

因此，蚂蚁在18夜19昼之后可以爬上树梢。

号码记不清

解题时，为了便于分析、推理，我们可先将赵、钱、孙、李四人说的话，列成下面的表格。

	甲	乙	丙	丁
赵说	2	3		
钱说		2	4	
孙说			3	2
李说		3		1

在进行分析、推理时，通常要先假定某一种说法是正确的，然后，以它为基础，结合题目的意思去进行判断。

先任意假定赵说的“甲为2号”是正确的。那么乙就不是3号。接下来，钱的正确说法就只能是“丙为4号”，孙的正确说法就只能是“丙为3号”。丙怎么可能既是4号又是3号呢？这就出现了矛盾，说明前面的假定是错误的。

现在，我们就只能假定赵说的“乙为3号”是正确的了。据此可以推出：

孙说的"丁为2号"是正确的，"丙为3号"是错误的；

钱说的"丙为4号"是正确的，"乙为2号"是错误的；

……

从而可知，丙的号码是4号。

印度的猴子

设有x只猴子，由题意列方程得：

$\left(\frac{1}{8}x\right)^2+12=x$，解得$x_1=16$，$x_2=48$，即这群猴子的总数为16只或48只。

莲花问题

设湖水在这里深x尺，依题意列方程：

$(x+1/2)\,2=x^2+2^2$

解得$x=3.75$（尺）

像"莲花问题"这样的表现形式，拜斯卡拉的著作中还有不少，如"普里特加华的箭"：

激战的双方正在厮杀，

英勇的普里特加华急忙抓起利箭一把，

一心要击败敌酋卡尔马。

他的箭一半用于自卫，

箭数的平方根的四倍射杀了战马。

有六箭射中了赶马车的斯哈利阿，

三支箭射穿了敌人的旗帜，

最后一箭正好射中卡尔马。

试问普里特加华开始抓了几支利箭于一把？

它像是一首赞扬英雄的战斗史诗，更是一道有趣的算题。很显然，这把箭是100支。

毕达哥拉斯的弟子

共有28个弟子。设毕达哥拉斯的弟子共有x人，那么，$x=\frac{1}{2}x+\frac{1}{4}x+\frac{1}{7}x+3$。解这个方程式，得$x=28$。

托尔斯泰喜爱的算题

当两个水管打开时，从一个水管1分钟注入的水占木桶容积的$\frac{1}{24}$，从另一个水管1分钟注入的水占木桶容积的$\frac{1}{15}$；而1分钟从小孔流出的水为木桶容积的$\frac{1}{120}$。因此，

$$\frac{1}{24}+\frac{1}{15}-\frac{1}{120}$$
$$=\frac{5}{120}+\frac{8}{120}-\frac{1}{120}$$
$$=\frac{12}{120}$$
$$=\frac{1}{10}$$

即1分钟木桶中积有的水为木桶容积的$\frac{1}{10}$。

$1\div\frac{1}{10}=10$（分钟）

所以，经过10分钟水桶才能注满。

诗人贝涅吉克托夫的题目

贝涅吉克托夫故事的结尾是这样的：三位姑娘在去市场的路上边走边商量。后来，二姑娘、三姑娘都请大姐出主意，大姐想了想，说："咱们以前都是十个蛋十个蛋地出卖的，这次改成七个蛋七个蛋地卖。每七个蛋一份，咱们给每一份定一个价钱，每份卖一个阿尔登（3分），你们意见怎样？""那么，剩下那几个蛋卖什么价钱呢？"二姑娘问。"每个蛋卖3个阿尔登。等蛋下锅的买主是会出这个价钱的。"大家都同意了。

三姑娘的50个鸡蛋分七份出售，卖了7个阿尔登，筐子里还剩下一个鸡蛋。二姑娘有30个鸡蛋，七个一份地卖给了四个顾客，筐子里还剩下两个鸡蛋，赚了4个阿尔登。大姐则卖了一份七个的蛋，卖了1个阿尔登，剩下了3个蛋。

这时，市场上赶来了一位女厨师，付了9个阿尔登给大姑娘，买下她的3个鸡蛋。这样，连同原先卖出的1个阿尔登，大姑娘就一共卖了10个阿尔登。二姑娘的两个鸡蛋拿到了6个阿尔登，连同以前卖四份鸡蛋的4个阿尔登共得了10个阿尔登。三姑娘剩下的一个蛋卖了3个阿尔登，加上之前卖七份鸡蛋的7个阿尔登，一共也拿到了10个阿尔登。

玫瑰花债务案

3年后这笔债务的本息是：300×（1+5%）×（1+5%）×（1+5%）=3×（1+5%）^{3}

=347.2875≈347元。以此类推，97年后，这笔债务的本息是：300×（1+5%）^{97}≈34080（元），是当年本金的110多倍！180年后，这笔债务的本息是：300×（1+5%）^{180}≈1955220（元），是当年本金的6500多倍！

阿里亚娜的线团

解：地球的半径r＝6400公里，地球同步静止轨道一周的周长为：L＝2πr＝2π×36000＝226194.7公里。所以，一共长为：

226194.7+2×（36000−6400）＝285394.7（公里）

因此，阿里亚娜线团的长度至少要有28.5395万公里。

“爱因斯坦”的英文拼写

运用标数法进行求解，每个字母用次数标上数字，找出到“n”一共有多少种方法即可求解。由“E→i→n→s→t→e→i→n”的拼法如下图所示：

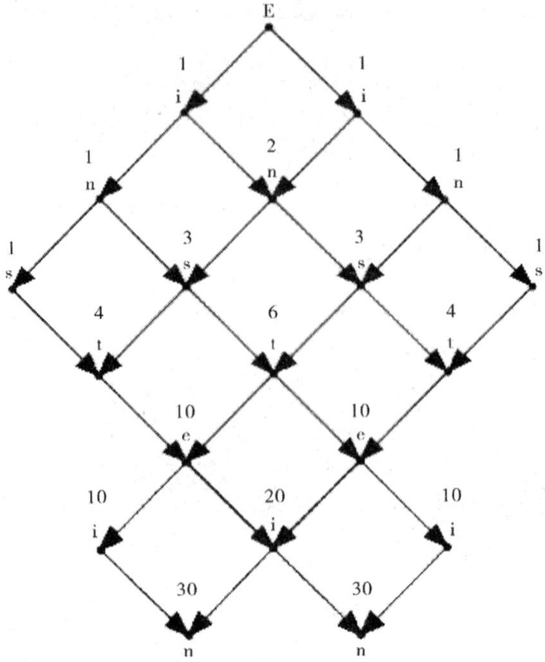

根据加法原理可得不同的拼法共有：30+30=60种。

第5章　推理能力题

“凡物各自有根本，种禾终不生豆苗”

推理能力，就是通常所说的逻辑推理能力。逻辑推理能力是指合理地进行思维的能力。一个逻辑推理能力强的人，往往思维缜密，能够正确获知事物的现象和本质。可以说，逻辑推理能力的高低，是一个人智力水平高低的体现。

表达畅通与否、思维是否严谨、思考的快与慢，这些都跟一个人的逻辑推理能力紧密相关。逻辑推理能力在我们的学习中有着很重要的作用，数学中的许多公式都是逻辑推理，比如，已知有一个四边形，这个四边形的两组对角相等，所以这个四边形是平行四边形。这就是一个经典的“三段论”逻辑推理问题。尤其是在几何证明题中，逻辑推理无处不在。这样的例子在数学中不胜枚举，逻辑推理能力的正确运用在我们数学科学的发展过程中起到了重要的作用。

逻辑推理除了在学习中有着重要的作用外，在日常生活中也有着十分重要的地位。人们在生活中时刻做着各种逻辑推理，比如有这样一位主人，请甲、乙两位客人吃饭。他和甲来到饭馆里，等了好大一阵子，乙还没来。主人自言自语地说："唉，该来的还没有来。"甲听后心想："我是不该来的吗？那我走吧。"主人没意识到他的话经推理会得出一个与自己意愿相违的结论，竟把甲给气走了。这里，甲的想法（即思维过程）是这样的：该来的是还没来的；我不是还没来的；所以，我不是该来的。这就是一个直言三段论。当然，这是一个反面的例子，但不论是正面还是反面，都说明日常生活中逻辑推理总是无处不在，且起着重要的作用，你或许在不知不觉中做着这种或那种逻辑推理。逻辑推理使我们的生活更充实，我们要注重培养正确的逻辑推理能力。

唐代顾况有诗云："凡物各自有根本，种禾终不生豆苗。"世间万物都遵循着其发展规律，思维也不例外。做出任何正确判断的基础，都是要拥有清晰的逻辑推理能力。逻辑推理能力以分析、综合、比较、抽象和具体化作为思维的基本过程，揭露事物的本质特征和规律性联系。只有经过逻辑推理，人们才能达到对具体对象本质规定的把握，进而认识客观世界。它是人的认知的高级阶段，即理性认知阶段。

很多时候，我们侧重于知识的学习，却在很大程度上忽视了逻辑推理能力的训练。在本章中，我们提供给读者一些经典的逻辑推理题，这些题目取材生动，设计精巧，步骤严密，妙趣横生。它们可锻炼你的头脑，教给你许多透过现象看本质的方法。希望你能从本章中得到一些启迪，成为一位逻辑推理的高手。

经典例题

例1：聪明的囚徒

古希腊有个国王，想把一批囚徒处死。当时流行的处死方法有两种：一种是砍头，一种是绞刑。怎样处死这批囚徒呢？他决定让囚徒自己去挑选一种。挑选的方法是这样的：囚徒可以任意说出一句话来，而且这句话是马上可以验证其真假的。如果囚徒说的是真话，就处绞刑；如果囚徒说的是假话，就砍头。结果，许多囚徒不是因为说了真话而被绞死，就是因为说了假话而被砍头；或者是因为说了一句不能马上验证其真假的话，而被视为说假话砍了头；或者是因为讲不出话来而被当成说真话处以绞刑。

在这批囚徒中，有一位囚徒是极其聪明的。当轮到他来选择处死的方法时，他说出了一句巧妙的话，结果使这个国王既不能将他绞死，又不能将他砍头，最后只得把他放了。

这个聪明的囚徒说的是一句什么话呢？

答案：

这个聪明的囚徒说的是“要对我砍头”。这句话使国王左右为难。如果真的把他砍头，那么他说的就是真话，而说真话是应该被绞死的。但如果把他处以绞刑，那么他说“要对我砍头”便成了假话，而说假话又是应该被砍头的。不管绞死还是砍头，都没有办法执行国王原来的决定，结果只得把他放了。

从推理形式看，这个囚徒在国王面前构造了一个二难推理：如果把他砍头，那么，会违背国王原来的决定；如果把他绞死，那么，也会违背国王原来的决定。总之，或者把他砍头，或者把他绞死，都要违背国王原来的决定。这是二难推理的一种常用形式，即简单构成式。

例2：卡洛尔谜题

英国剑桥大学数学讲师卡洛尔曾出了下面这道题目来测验他的学生的逻辑思维能力。题目是这样的：

① 教室里标有日期的信都是用粉色纸写的。

② 丽萨写的信都是以“亲爱的”开头的。

③ 除了约翰外没有人用黑墨水写信。

④ 皮特没有收藏他可以看到的信。

⑤ 只有一页信纸的信中，都标明了日期。

⑥ 未标记的信都是用黑墨水写的。

⑦ 用粉色纸写的信都收藏起来了。

⑧ 一页以上的信纸的信中，没有一封是做标记的。

⑨ 约翰没有写一封以“亲爱的”开头的信。

根据以上信息，判断皮特是否可以看到丽萨写的信。

答案：

不能。由①知：标有日期的信——用粉色纸写的；由②知：丽萨写的信——“亲爱的”开头；由③知：不是约翰写的信——不用黑墨水；由④知：收藏的信——不能看到；由⑤知：只有一页信纸的信——标明了日期；由⑥知：不是用黑墨水写的信——做标记；由⑦知：用粉色纸写的信——收藏；由⑧知：做标记的信——只有一页信纸；由⑨知：约翰的信——不以“亲爱的”开头。综上所述：丽萨写的信——不是约翰写的信——不是用黑墨水写的信——做了标记——只有一页信纸——标明了日期——用粉色纸写——收藏起来——皮特不能看到。所以，皮特不能看到丽萨写的信。

例3：录取情况

甲、乙、丙三人被北京大学、清华大学和北京师范大学录取，但很多人不知道他们分别被哪个学校录取。有三个同学分别做了如下猜测：

同学A：甲被清华大学录取，丙被北京师范大学录取；

同学B：甲被北京师范大学录取，乙被清华大学录取；

同学C：甲被北京大学录取，丙被清华大学录取。

他们的猜测各对一半。那么，下面哪个答案符合他们的情况？

A. 甲、乙、丙分别被北京大学、清华大学和北京师范大学录取

B. 甲、乙、丙分别被清华大学、北京师范大学和北京大学录取

C. 甲、乙、丙分别被北京师范大学、清华大学和北京大学录取

D. 甲、乙、丙分别被北京大学、北京师范大学和清华大学录取

答案：

正确答案是选项A。由于"每个同学的猜测只对一半"，可以归纳出两种情况：①甲、乙、丙三个人均被清华大学录取；②丙被北京师范大学录取，乙被清华大学录取，甲被北京大学录取。对照答案选项，正确答案只有选择A。

例4：身份之谜

我毕业于一所政法大学，我的同学（包括我在内）不是做了法官就是做了律师。在一次同学聚会上，有16位同学出席。我统计了一下当时的情况：（1）律师多于法官。（2）男法官多于男律师。（3）男律师多于女律师。（4）至少有一位女法官来参加了聚会。有趣的是，如果不把我计算在内，上述情况也不会发生任何变化。现在请你猜猜看，我的职业和性别分别是什么？

答案：

由于法官和律师的总数是16名，从（1）和（4）得知：律师至少有9名，男法官最多6名。又根据（3），女律师少于男律师，所以男律师必定超过4名。故男律师正好是5名。由于男律师多于女律师，且律师总数不少于9名，所以有4名女律师。又因为男法官不能少于男律师，则男法官正好6名，这样还有一位就是女法官。因此，16人中有6位是男法官，5位是男律师，1位女法官和4位女律师。

如果说话的人是男法官，也就是说少一名男法官，则陈述（2）就错误。如果说话的人是男律师，也就是说少一名男律师，则陈述（3）就错误。如果说话的人是女法官，也就是说少一名女法官，则陈述（4）就错误。所以说，说话的人（我）是一位女律师。

例5：谁是好人

一个警察小分队在候车室里发现了三个非常可疑的人，于是就分别对他们三个人进行询问。这三个人中有一个是小偷，讲的全是假话；有一个是从犯，说起话来真真假假；还有一个是好人，句句话都是真的。查询中问及他们的职业，得到的回答是：

甲：我是推销员，乙是司机，丙是广告设计师。

乙：我是医生，丙是百货公司业务员。你要是问甲，他肯定说他是推销员。

丙：我是百货公司业务员，甲是广告设计师，乙是司机。

请问这三个人中，谁是说实话的好人？

答案：

乙是好人。

假设一：假设丙为小偷，即丙句句是假，则丙必不是百货公司人员，因为乙说丙是百货公司业务员，那么乙说了假话，则甲句句为真。当甲句句为真时，甲说乙为司机，丙也说乙为司机，丙也说了真话，矛盾。所以丙不是小偷。

假设二：假设乙为小偷，即乙句句是假，因乙说丙是百货公司人员，丙自述是百货公司业务员，那么丙说了假话，则甲句句为真。当甲句句为真时，甲自述是推销员，乙说“他肯定说他是推销员”，乙说了真话，矛盾。所以，乙不是小偷。

假设三：假设甲为小偷，即甲句句是假。当丙是好人时，即丙句句是真时，乙便是司机，甲也说乙是司机，甲说了真话，矛盾。不成立。当乙是好人时，即乙句句是真时，则丙为半真半假。甲句句是假，甲自述是推销员，故甲不是推销员。乙句句是真，乙说：“……他肯定说他是推销员。”甲的确说谎了，乙没说错，乙说了真话，而且句句是真。

结论是：乙是好人，甲是小偷，丙是从犯。

专题训练

谁吃的东西大

某寺庙进行了一次“比吃大东西的讲大话比赛”。聚集而来的人们一个个被叫进和尚的房间，让每个人说了一句关于“我吃了一样最大的东西”的话，如“我把地球当成江米团，撒满豆馅后一口吃掉了”，“把天上的星星扫拢起来，放在平底锅里煎着吃了”，等等。然而，没有哪一个人能比得上和尚吃的东西大。其中有一个不服气的人心想：“我就说没有比这更大的，总之是最大的东西让我吃掉了，这样和尚就没法子了。”谁想这个自告奋勇的小伙子最后也悻悻地缩了回来。据说和尚只是对谁都坦然自若地说了同一句话，你知道这句话是什么吗?

生死门

赵二、张三、李四、王五四人终于顺利地过去了那座桥，刚被踩踏过的木桥，还在发出“嘎吱嘎吱”的响声。再往前走，就是那座古墓了。奇怪的是，明明是古墓，却更像是有钱人家的豪宅。朱红色的两扇门紧紧锁着。门前伫立着两位武士。一道白光劈开黑夜，茫茫白光之中，传来低沉的声音：“你们现在面临的这两扇门，一扇是生门，另一扇是死门。每个武士都是古墓的守卫者，他们一个只会说真话，另一个只会说假话。他们会告诉你们哪座是生门，哪座是死门。现在，凭你们的智慧去选择吧！你们只能向其中一位武士提出一个问题，然后做出你们的选择。选择错误，你们也将死无葬身之地！”白光消失了，黑夜又重新回到一片死寂。

现在，四个人既不知道哪个武士会说真话，又不知道哪个武士会说假话。又不确定哪个武士守的是生门，哪个武士守的是死门。他们该如何抉择呢？四个人怀着满心的恐惧，面面相觑。你能帮他们分析一下吗?

谁动了奶酪

有四只小老鼠一块出去偷食物，回来时族长问它们都偷了什么食物。老鼠A说：我们每个人都偷了奶酪。老鼠B说：我只偷了一颗樱桃。老鼠C说：我没偷奶酪。老鼠D说：不是所有老鼠都偷了奶酪。族长仔细观察了一下，发现它们当中只有一只老鼠说了实话。那么下列的评论正确的是：

a. 所有的老鼠都偷了奶酪

b. 所有的老鼠都没有偷奶酪

c. 有些老鼠没偷奶酪

d. 老鼠B偷了一颗樱桃

正确结论

从现象上看脑筋急转弯是对事物一般逻辑的某种扭曲，但必须是一种有意识的理性的倒错，它离不开人的正常思维和健康心理，所以脑筋急转弯是人类健康心理的一种反映。

有甲、乙、丙、丁四个人对以上陈述，做出了如下的结论：

甲说：脑筋急转弯的本质是将毫不相干的事物联系起来，使之出现逻辑混乱而产生扭曲效果。

乙说：脑筋急转弯所包含的逻辑性往往与正常逻辑有不同之处。

丙说：脑筋急转弯必须要有丰富的联想力。

丁说：人的正常思维和健康心理构成了脑筋急转弯的充分条件。

请问，这四个人的结论中哪一个是正确的？

走路的问题

哥哥大头经常领着弟弟小头散步，大头总是牵着小头的手，两个人并排走。大头走路迈的步子大一些，所以小头迈步子的速度快一些，大头走两步时，小头可以走三步，这样两个人走路的速度是一样的。那么，如果两个人同时迈右脚开始走路，到他们同时迈左脚那一时刻，小头需要走多少步？

牌子与客人

一间旅馆来了三对客人。他们分别是：两个男人，两个女人，一对夫妇。这三对客人开了三个房间，门口分别挂了标有“男男”“女女”“男女”的牌子，以防相互进错房间。但旅店中的一个小孩子喜欢恶作剧，他悄悄把这三块牌子调换了位置，使牌子和房间内的人全都不相符。这时候，有人说，只需要敲其中一间的门，听到里面的一声回答，便可以立即搞清楚三个房间的人员情况。你认为这有可能吗？如果有，应敲挂有什么牌子的门？

情人节买花

情人节的黄昏，克林顿走在一条陌生的街道上，想要找一家花店为他的女朋友买一大束鲜艳的玫瑰。在他的对面是五家连在一起的店面，都没有招牌也没有玻璃橱窗，他看不到里面的任何东西。他知道这五家店分别是茶店、书店、酒店、旅店和他要找的花店，并且知道：茶店不在花店和旅店的旁边；书店不在酒店和旅店的旁边；酒店不在花店和旅店的旁边；茶店的房子是上了颜色的。他的另一半还在等着他，他没有足够的时间一家一家地进去看。你能在最短的时间里帮他找出花店，为正在等着他的女朋友买到鲜艳的玫瑰吗？

谁是姐姐

有姐妹二人，一个胖、一个瘦，姐姐上午很老实，一到下午就说假话；妹妹则相反，上午说假话，下午却很老实。有一天，一个人去看她俩，问：“你们哪位是姐姐？”胖小姐回答说：“我是。”而瘦小姐回答说：“是我呀。”再问一句：“现在几点钟了？”胖小姐说：“快到中午了。”瘦小姐却说：“中午已经过去了。”请问，当时是上午还是下午？哪一个是姐姐呢？

难解的血缘关系

甲、乙和丙间有血缘关系，而且他们之间没有违背道德伦理的问题。现在只知道他们当中有甲的父亲、乙唯一的女儿和丙的同胞手足。但是丙的同胞手足既不是甲的父亲也不是乙的女儿。你知道他们当中哪一位与其他两人性别不同吗？

智力比赛

某国举行一项智力比赛，决赛前要进行4项比赛，每项比赛各家出一名成员参赛。

第一项参赛的是赵、孙、吴、王、李；

第二项参赛的是孙、李、周、吴、郑；

第三项参赛的是赵、钱、孙、吴、郑；

第四项参赛的是孙、周、吴、王、张。

另外，刘某因故四项均未参加。请问，谁和谁是同一个家庭？

四对亲兄弟

一栋楼里住着四户人家，每家各有两个男孩。这四对亲兄弟中，哥哥是甲、乙、丙、丁，弟弟是A、B、C、D。一次，有个人问："你们究竟谁和谁是亲兄弟呀？" 乙说："丙的弟弟是D。"丙说："丁的弟弟是C。" 甲说："乙的弟弟不是A。" 丁说："他们三个人中，只有D的哥哥说了实话。" 丁的话是可信的，但那人想了好半天也没有把他们区分出来。你能区分出来吗？

猜小球

五个盒子里分别装有红、绿、黑、黄、灰五种颜色的小球。小苗让甲、乙、丙、丁、戊五个人来猜，猜对者有奖。

甲说：第二盒灰色，第三盒黑色。

乙说：第二盒绿色，第四盒红色。

丙说：第一盒红色，第五盒黄色。

丁说：第三盒绿色，第四盒黄色。

戊说：第二盒黑色，第五盒灰色。

五个人都只猜对了一盒，且每人猜对的颜色都不同。请问，每盒都装了什么颜色的小球？

三种颜色

条件1：只有X等于红色，Y就一定是绿色；

条件2：只要Y不等于绿色，Z就一定等于蓝色；

条件3：当X等于红色时，Z绝对不会等于蓝色。

针对以上三个条件，小王列出三个推理结论：

（1）只要Z等于蓝色，Y就可能是绿色；

（2）只要Y不等于红色，Z就可能不是蓝色；

（3）只要Y不等于绿色，X就不可能是红色。

请问，你认为下面关于小王的推理结论哪一组是正确的？

A.（1）　　B.（2）　　C.（3）

D.（1）和（2）　　E.（1）和（3）

F.（2）和（3）　　G. 三个都对

应聘舞蹈老师

学校来了A、B、C、D、E 五位应聘舞蹈老师的女士。她们当中有两位年龄超过30岁，另外三位小于30岁。而且有两位女士曾经是老师，其他的三位是秘书。现在只知道A和C属于不同的年龄档，D和E也属于不同的年龄档。而B和E的职业相同，C和D的职业不同。但是校长只想挑选一位年龄大于30岁的老师任舞蹈老师。你觉得会是哪位呢？

任职情况

甲、乙、丙是同班同学，其中一个是班长，一个是学习委员，一个是小组组长。已知情况如下：丙比组长年龄大；学习委员比乙年龄小；甲和学习委员不同岁。你知道他们三个人分别担任什么职务吗？

竞选厂长

某厂有八位候选人竞选厂长，选举的过程要满足以下条件：

（1）假如小刚的票数多于小李，并且小强的票数多于小可，那么小亮当选。

（2）假如小李的票数多于小刚，或者小凡的票数多于小枫，那么小东当选。

（3）假如小可的票数多于小强，那么小凡当选。

假如以上三个说法都是真的，并且事实上小东当选，那么以下哪项一定也是真的？

A. 小刚的票数比小李多

B. 小李的票数不比小刚多

C. 小凡的票数比小枫多

D. 小可的票数不比小强多

七名雇员

现有七名应聘者被一家公司录用，分别是嘉利、布鲁、查理、邓肯、艾利、法伦、尼迪。其中有一人需要分配到公关部，有三人被分配到生产部，另外三人被分配到销售部。并且以上七名员工的人事分配必须满足以下条件：

1. 查理和尼迪必须分配在同一部门；

2. 嘉利和布鲁不能分配在同一部门；

3. 假如法伦分配在销售部，则艾利分配在生产部；

4. 嘉利必须分配在生产部。

请问，以下哪项列出的可能是这七名雇员最终的分配结果？

A. 去公关部的是艾利，去生产部的是嘉利、查理、法伦，去销售部的是布鲁、邓肯、法伦

B. 去公关部的是艾利，去生产部的是布鲁、邓肯、法伦，去销售部的是嘉利、查理、尼迪

C. 去公关部的是法伦，去生产部的是嘉利、布鲁、查理，去销售部的是邓肯、尼迪、艾利

D. 去公关部的是法伦，去生产部的是嘉利、邓肯、艾利，去销售部的是布鲁、查理、尼迪

股评专家

王刚、李洛和张强三个人都是股评专家，有一次他们正在对三家上市公司第二天的股价走势进行预测。

王刚说："公司一的股价会有一些上升，但不能期望过高。"

李洛说："公司二的股价可能下跌，除非公司一的股价上升超过5%。"

张强说："如果公司二的股价上升，公司三的股价也会上升。"

这三位股评专家果然厉害，一天后的事实表明他们的预言都对，而且公司三的股价跌了。根据以上所述，以下哪一项叙述最可能是那天股价变动的情况？

A. 公司一股价提升了9%，公司二股价提升了4%

B. 公司一股价提升了7%，公司二股价下跌了3%

C. 公司一股价提升了4%，公司二股价下跌了2%

D. 公司一股价提升了5%，公司二股价持平

E. 公司一股价提升了2%，公司二股价有所提升

拔河比赛

有一个车间，有甲、乙、丙、丁四个小组。这四个小组的青年工人举行了一次拔河比赛。结果是：

① 当甲、乙两组为一方，丙、丁两组为另一方时，双方势均力敌，不相上下。

② 但当甲与丙对调以后，丁、甲一方就轻而易举地战胜了丙、乙一方。

③ 然而，乙组的工人并不气馁，他们一组同甲、丙两组的联合队进行较量，结果取胜了。

请排出四组由强到弱的顺序，以下选项哪个是正确的？

A. 甲、乙、丙、丁

B. 丙、乙、丁、甲

C. 丁、乙、甲、丙

D. 乙、甲、丁、丙

E. 丙、甲、乙、丁

盒中藏宝

一位智者和自己的女儿正在玩悖论游戏。智者对女儿说：“你面前有10个盒子，分别编号为1号至10号，你转过身去，我将把一个宝贝放入其中的一个盒子里。然后，你依次打开盒子，我保证，你将在某个盒子里意外地发现宝贝。”他的女儿想了想，显然父亲不能把宝贝藏进10号盒子里，因为在打开前9个盒子以后就会确切知道宝贝的位置，推演和反推依然成立。所以她说道：“爸爸，按照这样的推理，你根本不能把宝贝放在盒子里。”而这位智者却坚持说一定会让女儿感到意外。请问，这是为什么呢？

公主的宝盒

一位国王想要把自己漂亮的女儿嫁给全世界最聪明的人，可是他不知道用什么方法来选拔。这时，公主想到了一个好主意。公主有三个珠宝盒，一个是金的，一个是银的，一个是铜的。在这三个盒子的某一个中，藏有公主的画像。公主要求追求者在这三个盒子中选择一个。如果他有足够的运气，或者足够的智慧，挑出的那个盒子中藏有公主的画像，他就能宣布娶公主为妻子。在每个盒子的外面，写有一句话，内容都是有关该盒子是否装有画像。

金盒子　　画像在此盒中

银盒子　　画像不在此盒中

铜盒子　　画像不在金盒子中

公主告诉追求者，上述三句话中，最多只有一句是真的。这个追求者可能成为幸运者吗？如果有的话，应该选择哪个盒子呢？

盒子里的东西

在桌子上放着四个盒子。每个盒子上都有一张纸条，分别写着一句话。

A盒子上写着：所有的盒子里都有水果；

B盒子上写着：本盒子里有香蕉；

C盒子上写着：本盒子里没有梨；

D盒子上写着：有些盒子里没有水果。

如果这里只有一句话是真的，你能断定从哪个盒子里能拿出水果来吗？

裙子的颜色

漂亮的琳达买了一条裙子。玛丽说："一定不买红色的。"大卫说："不是黄的就是黑的。"乔治说："那一定是黑色的。"以上三个人说的话中，至少有一句是对的，至少有一句是错的。根据以上提示，你能猜出琳达买的裙子到底是什么颜色的吗？

谁吃了蛋糕

在餐桌上放了一块蛋糕，出去了一趟再回来，蛋糕不见了。问了在场的三个人，得到的回答如下：

A："我？我吃了。好好吃哦！"

B："我看到A在吃。我也想吃。"

C："总而言之，我和B都没有吃。"

假设这里面只有一个人说谎，那么是谁吃了蛋糕？

乌龟的年龄

有4只小乌龟甲、乙、丙、丁，年龄从1岁到4岁各不相同。它们中有两只说话了，无论谁说话，如果说的是关于比它大的乌龟的话，都是假话。乌龟甲说："乌龟乙3岁。"乌龟丙说："乌龟甲不是1岁。"你知道这4只小乌龟分别是几岁吗？

鸟儿捉虫子

有3只鸟（喜鹊、乌鸦、麻雀）在树林中捉虫子，它们每只都捉到1~3条虫子不等，即它们可以各捉到一条，也可能各捉到同数量的虫子。回来的路上，3只鸟说了下面的话，关于比自己捉虫多的一方说的话就是假话，此外的话都是真的。

喜鹊："乌鸦捉到了两条虫子。"

乌鸦："麻雀捉到的不是两条虫子。"

麻雀："喜鹊捉到的不是一条虫子。"

请问，它们各自捉了多少条虫子？

健忘森林

某地有片"健忘森林"。如果人们进入这片森林，就会把自己活动的日期忘掉。小姑娘阿丽丝误入这片森林，她也就忘记了当天的日期。她在这片森林里徘徊了很久，想知道这一天是星期几，但是却回忆不起来。这时，来了只老山羊，阿丽丝就上前打听。

"山羊公公，你知道今天是星期几吗？"阿丽丝问。"可怜的小姑娘，我也忘记了。不过，你可以去问问狮子和独角兽。狮子会在星期一、星期二、星期三这三天说谎话，独角兽会在星期四、星期五、星期六这三天说谎话，其余的日子，他们俩倒是都说真话。”永远说真话的老山羊回答说。

于是，阿丽丝就去找狮子与独角兽。当阿丽丝问起今天是星期几时，狮子回答说：“昨天是我说谎话的日子。”独角兽也说：“昨天是我说谎话的日子。”

阿丽丝尽管忘掉了日期，但她的聪明才智仍然和过去一样。听罢狮子与独角兽的回答，她进行了仔细的逻辑推理，结果正确地判断出了这一天是星期几。

请问，这一天是星期几呢?

幸存者

一艘出海打鱼的船只遇到了暴风雨，渔船被打翻了。幸存者漂流到一座神秘的小岛上，这座岛上有一个魔鬼，他总是说假话；有一个凡人，他有时候说真话，有时候说假话；有一个天使，他总是说真话。

甲说：“我不是天使。”

乙说：“我不是人。”

而丙则说：“我不是魔鬼。”

如果幸存者能分辨出他们每个人的身份，那么天使将会帮助他回家。可是，你知道甲、乙、丙的真实身份吗?

猜猜是谁

汤姆在一张纸条上写了甲、乙、丙、丁四个人中的一个人的名字，然后握在手里让这四个人猜一猜是谁的名字。于是：

甲说：“是丙的名字。”

乙说：“不是我的名字。”

丙说：“不是我的名字。”

丁说：“是甲的名字。”

汤姆听完后说：“四个人中只有一个人说对了，其他人都说错了。请再猜猜看。”这时，四个人很快同时猜出了纸条上写的是谁的名字了。这张纸条上究竟写的是谁的名字呢?

谁打碎了杯子

妈妈外出回来时发现新买的高脚杯被打碎了一只。于是她就问四个女儿，得到以下答案：

大女儿：“不是我打碎的。”

二女儿：“是我打碎的。”

三女儿：“大姐没打碎。”

小女儿：“二姐没打碎。”

嫌疑人就在四个女儿当中，打碎杯子的人一定会说谎，没有打碎的一定会说实话。那么杯子到底是谁打碎的呢?

真实身份

有一个美丽的女孩在河边洗澡，当她洗完后发现放在岸边的衣服被人偷了。关于这件事，受害者、旁观者、目击者和救助者各有说法。她们的说法如果是关于被害者的就是假的，如果是关于其他人的就是真的。请你根据她们的说法判定谁是受害者。

玛亚：“凯瑞不是旁观者。”

凯瑞：“希尔不是目击者。”

波西：“玛亚不是救助者。”

希尔：“凯瑞不是目击者。”

谁是罪犯

公堂上县官正在审甲、乙、丙三个犯罪嫌疑人。有这样一个规律：说真话的肯定不是罪犯，说假话的肯定就是罪犯。于是，他问甲，甲说话的时候正好有一阵雷声，所以县官什么都没有听见。他接着问乙和丙：“甲刚才说的是什么意思？”乙说：“禀告老爷，刚才甲说他不是罪犯。”丙说：“老爷，甲已经招供了，他说他就是罪犯。”那么，你知道究竟谁是罪犯了吗?

博物馆盗窃案

某博物馆的文物被盗，警方经过侦查拘捕了三个重大犯罪嫌疑人，分别是查理、詹姆斯、格蕾丝。经审讯，查明了如下事实：

（1）罪犯是带着赃物乘汽车逃跑的。

（2）如果不伙同查理，格蕾丝绝不会作案。

（3）詹姆斯不会开车。

（4）罪犯就是这三个嫌疑人中的一个或一伙。

审讯之后，警方立即说查理是犯罪人员。但查理却一口咬定自己是无罪的，并称是警方冤枉了他。现在，你能不能根据以上条件，判断出查理究竟有没有罪？

被隔开的夫妇

某日，克林顿夫妇邀请了三对夫妇来吃饭，他们分别是史密斯夫妇、布莱克夫妇和格林夫妇。用餐时，他们八人有序地坐在一张圆桌旁，且只有一对夫妇是被隔开的，现已知：

（1）克林顿太太对面的人是坐在史密斯先生左边的先生；

（2）布莱克太太左边的人是坐在格林先生对面的一位女士；

（3）格林先生右边的人是位女士，她坐在克林顿先生左边第二个位置上的女士的对面。

请问，哪对夫妇在安排座位时被隔开了？

衣着规定

学校的男生宿舍楼前贴了一张关于“衣着规定”的布告：

（a）16岁以上的男生才能穿燕尾服。

（b）15岁以下的男生不准戴大礼帽。

（c）星期六下午观看棒球比赛的男生必须戴大礼帽，或穿燕尾服，或两者俱全。

（d）带同伴的，或16岁以上的男生，或两条都具备者，不准穿毛衣。

（e）男生们一定不可以不看球赛或不穿毛衣，或者既不看球赛也不穿毛衣。

请问，星期六下午观看棒球赛的男生的穿戴情况如何？

张教授的生日

张教授的生日是X月Y日。甲和乙都是张教授的学生，两人都知道张教授的生日是下列十组日期中的一天。张教授把X值告诉了甲，把Y值告诉了乙，张教授问他们是否知道他的生日是哪一天。

3月4日　3月5日　3月8日　6月4日　6月7日

9月1日　9月5日　12月1日　12月2日　12月8日

甲说：“如果我不知道的话，乙肯定也不知道。”

乙说：“本来我也不知道，但是现在我知道了。”

甲说：“哦，那我也知道了。”

请你根据以上的对话，推断出张教授的生日是哪一天。

挂衣板

有一块挂衣板上有六个小孔，同在一个平面上，从左至右编号为1至6。五个衣钩——一个黄的，一个绿的，一个红的，一个白的，一个蓝的，需嵌入挂衣板的小孔内，一个衣钩嵌入一个孔内，任何一种安排都留下一个剩余的孔。衣钩必须按以下条件嵌入孔内：

1. 绿衣钩必须离红衣钩近，离蓝衣钩远；
2. 黄衣钩必须嵌入紧挨在蓝衣钩左边的孔内；
3. 白衣钩不能与蓝衣钩毗邻；
4. 红衣钩不能嵌入1号孔内。

[问题]

（1）下列各组从左至右的衣钩安排除了一组之外，均符合以上条件，请指出不符合条件的那一组：

A. 绿衣钩、红衣钩、白衣钩、余孔、黄衣钩、蓝衣钩

B. 绿衣钩、红衣钩、余孔、黄衣钩、蓝衣钩、白衣钩

C. 绿衣钩、白衣钩、红衣钩、黄衣钩、蓝衣钩、余孔

D. 白衣钩、余孔、黄衣钩、蓝衣钩、红衣钩、绿衣钩

E. 余孔、绿衣钩、白衣钩、红衣钩、黄衣钩、蓝衣钩

（2）如果绿衣钩必须嵌入紧邻黄衣钩左边的孔内，那么下列哪组从左至右的安排是符合条件的？

A. 红衣钩、绿衣钩、黄衣钩、蓝衣钩、余孔、白衣钩

B. 白衣钩、红衣钩、余孔、绿衣钩、黄衣钩、蓝衣钩

C. 余孔、红衣钩、绿衣钩、黄衣钩、蓝衣钩、白衣钩

D. 余孔、白衣钩、红衣钩、绿衣钩、黄衣钩、蓝衣钩

E. 余孔、红衣钩、白衣钩、绿衣钩、黄衣钩、蓝衣钩

（3）如果改变已知条件，使红衣钩嵌入1号孔内。如果只有一种可能，这种可能是：

A. 绿衣钩、白衣钩、黄衣钩、蓝衣钩

B. 绿衣钩、黄衣钩、蓝衣钩、白衣钩

C. 绿衣钩、蓝衣钩、黄衣钩、白衣钩

D. 白衣钩、黄衣钩、蓝衣钩、绿衣钩

E. 白衣钩、绿衣钩、黄衣钩、蓝衣钩

偷答案的学生

一天，在迪姆威特教授的一节物理课上，他的物理测验的答案被人偷走了。有机会窃取这份答案的，只有阿莫斯、伯特和科布这三名学生。

（1）那天，这个教室里总共上了五节物理课。

（2）阿莫斯只上了其中的两节物理课。

（3）伯特只上了其中的三节物理课。

（4）科布只上了其中的四节物理课。

（5）迪姆威特教授只讲授了其中的三节课。

（6）这三名学生都只上了两节迪姆威特教授讲授的课。

（7）这三名被怀疑的学生出现在这五节课的每节课上的组合各不相同。

（8）在迪姆威特教授讲授的一节课上，这三名学生中有两名来上了，另一名没有来上。事实证明，来上这节课的那两名学生没有偷取答案。

那么，这三名学生中谁偷了答案？

大厦住客

某住宅大厦住着罗茂、洪泰、李直、张遂和胡业五人，他们中有医生、记者、司机、会计和教师。已知：

①李直的上一层是会计；

②医生劝李直戒烟；

③胡业常到记者家里看电视，因为他家没有电视机；

④张遂戴眼镜；

⑤胡业养了一只八哥；

⑥司机住在医生和记者之间的楼层；

⑦医生反对罗茂养鸟，他本人也不养鸟；

⑧洪泰对盆花不感兴趣，所以不种盆花。

请根据以上条件推断各楼层的住客姓名及其职业。

密码编译对照表

下表是一张密码编译对照表：

A	B	C	D	E
F	G	H	I	J
K	L	M	N	O
P	Q	R	S	T
U	V	W	X	Y
Z				

密码12代表字母B，密码32代表字母L，一串密码45–15–11–13–23–15–43代表单词TEACHER，那么密码12–35–54代表的单词是什么？单词SEVEN所编译成的密码是多少？

破译密码

如果v w X g h q w 为单词student，请你联想英语字母寻找破译它的密码钥匙，再根据这个规律破译o r y h 为哪个英语单词。

字母密码

如果给你一段字母密码：L dp d vwxghqw，你知道它的意思吗？为了保密，许多情况下都要采用密码，这时就需要有破译密码的“钥匙”。对于上述密码，我们知道英语字母表中的字母是按以下顺序排列的：a b c d e f g h i j k l m n o p q r s t u v w x y z，如果规定a又接在z的后面，使26个字母排成圈，此时给你破译密码L dp d vwxghqw的钥匙为：x–3。你能够解读这段密码的意思了吗？请写出你的解读结果，并说明理由。

电脑资料

欲取得XRT的电脑资料，得先输入文件名字。每个文件名字必须按照以下条件由三个单词组成：

1.每个单词必须含有三个、五个或七个字母。

2.字母X、R、T只能在每个文件名字中出现一次，但不一定按此顺序。

3.每个文件名字中，第三个单词比第二个单词包含的字母多。

4.每个单词的头一个字母不同。

［问题］

（1）如果BOXER是某个文件名字中的第二个单词，那么下列哪两个单词可能分别为这个文件名字的第一个和第三个单词？

（A）ARM、RUNNING；（B）BID、TAMES；（C）CAMPS、TRAINER；（D）DID、STEAMED；（E）FOX、RENTED

（2）MOTHS、VEX、MAR三个单词不符合XRT电脑文件名字的次序，下列哪一种改进方法可使它们成为一个文件名字？

A. 颠倒某个单词的字母，并将最长单词中的某个字母抽出来；B. 颠倒某个单词的字母，并把三个单词的词序倒过来；C. 颠倒某个单词的字母；D. 颠倒三个单词的词序；E. 将最长单词中的某个字母换个位置

（3）每个文件名字中第二个单词可能由几个字母组成？

A. 三个，不可能是五个或七个；B. 五个，不可能是三个或七个；C. 七个，不可能是三个或五个；D. 三个或五个，不可能是七个；E. 五个或七个，不可能是三个

本章专题训练答案

谁吃的东西大

这个和尚对谁都说的一句话是：“我把你们都吃了。”

生死门

只要问其中一个：“你认为另一个守卫会说他守的是生门还是死门？”就可以知道哪扇是生门，哪扇是死门。

谁动了奶酪

a。假设老鼠A说的是真话，那么其他三只老鼠说的都是假话，这符合题中仅有一只老鼠说实话的前提；假设老鼠B说的是真话，那么老鼠A说的就是假话，因为它们都偷食物了；假设老鼠C或老鼠D说的是实话，这两种假设只能推出老鼠A说假话，与前提不符。所以a选项正确，所有的老鼠都偷了奶酪。

正确结论

只有乙的结论是正确的。甲的结论和丙的结论与题意无关；丁的结论中“人的正常思维和健康心理”是必要条件，而非充分条件。

走路的问题

无论走多久，他们都不可能同时迈左脚。他们走路的步调是这样的：

大头：右　左　右　左　右　左　右　左

小头：右左右　左右左　右左右　左右左

可以看出，大头迈左脚的时候，正好是小头迈第二步的中间时刻，所以他们不可能同时迈出左脚。

牌子与客人

有可能。敲挂有“男女”牌子的那间房间门。因为所有的牌子都挂错了位置，所以你完全不用考虑，如果是男人回答，是否有“男男”“男女”两种可能。我们可以确定：如果里面是男的回答，说明挂“男女”牌子的房间里住“男男”，“男男”房间里住“女女”，“女女”房间里住“男女”；如果里面是女的回答，说明“男女”房间里住“女女”，“男男”房间里住“男女”，“女女”房间里住“男男”。

情人节买花

花店就是从右边数的第二家。根据前三个条件，旅店不在茶店、书店和酒店的旁边；所以旅店应该是两头的两家店里的一家。而它的旁边就是茶店、书店和酒店以外的花店了。花店的旁边不是茶店或酒店，那就是书店了。根据第二个条件，酒店不在书店的旁边，所以下一家应该是茶店。那么，剩下的酒店就是在两头的两家店中的一家。但是，茶店的墙是上了颜色的，所以茶店应该是左数过来的第二家。依此类推，就可以推出答案的顺序了。

谁是姐姐

假设当时是下午，可下午姐姐是说假话的，那么姐姐（虽然还不清楚哪一个是）理应说出：“我不是姐姐。”但没有得到这个回答，因此，显然是上午。只要把上午的时间定下来，那么说真话的就是姐姐，由此可知，胖小姐就是姐姐。

难解的血缘关系

丙是唯一的女性。假设甲的父亲是丙，那么丙的同胞兄弟必定是乙，于是乙的女儿必定是甲。从而得出甲是乙和丙两人的女儿，而乙和丙又是同胞兄弟，这是违背道德伦理的关系，是不容许的。所以，甲的父亲是乙，丙的同胞兄弟是甲，丙是女性。

智力比赛

吴参赛四次，刘某因故没有参赛，可以知道吴与刘是同一个家庭；孙和钱是一家人；赵和周是一家人；李和张是一家人；王和郑是一家人。

四对亲兄弟

甲的弟弟是D，乙的弟弟是B，丙的弟弟是A，丁的弟弟是C。在甲、乙、丙三个人中只有一个人说了实话，而且这个人是D的哥哥，因此，乙说的是假话，乙不可能是D的哥哥。由乙说的话得知，丙也不可能是D的哥哥，所以丙说的也是假话，由此可得，丁的弟弟是C。由于甲、乙两人都说了谎，而丁又不是D的哥哥，因此甲一定是D的哥哥，甲说的是实话。即乙的弟弟是B，丙的弟弟是A。

猜小球

假设甲猜第二盒是灰色的是正确的，那第三盒就不是黑色的。乙猜第二盒是绿色的就是错误的，那第四盒就是红色的。这样丙猜第一盒是红色的错误，那第五盒就是黄色的。那么戊猜第五盒是灰色的就是错误的，第二盒应是黑色的。这与假设相矛盾，可见甲猜第二盒是灰色的是错误的，那么第三盒应是黑色的。由此可推理出第一盒是红色的，第二盒是绿色的，第四盒是黄色的，第五盒是灰色的。

三种颜色

选C。只要Y不等于绿色，X就不可能是红色。

应聘舞蹈老师

D女士。根据已知条件得知，D和E中必定有一位与A和C属于相同的年龄档，而A和C都小于30岁。按照校长的要求，他是不会选择A和C的。另外，从条件中得知，C和D当中必定有一位与B和E的职业相同，因此，B和E是秘书。所以，校长必定会选择D女士做学校的舞蹈教师。

任职情况

由“丙比组长年龄大”知道，丙不是组长，丙的年龄比组长的大。由“学习委员比乙年龄小”知道，乙不是学习委员，乙的年龄比学习委员大。由“甲和学习委员不同岁”知道，甲不是学习委员。既然知道了甲和乙都不是学习委员，那么丙就一定是学习委员了。三个人的顺序是：乙＞丙＞组长。从这一顺序上看，乙不是组长，那他一定是班长，而组长则是甲了。

竞选厂长

选项D也一定是真的。既然小东当选，那么小凡就没有当选。由于条件（3）是一个充分条件假言命题，则否定后面就可以否定前面，得出“小可的票数不比小强多”。其余各项都不一定为真。

七名雇员

选项D可能是这七名雇员的最终分配结果。原因如下：选项A违反条件3；选项B违反条件4；选项C违反条件1和条件2；只有选项D能满足题中的所有条件。

股评专家

选C。公司三股价跌了，那么公司二的股价没有上升，可推出公司一的股价上升也就没有超过5%，因此可以排除选项A、B、D，选项E也不对，所以答案选C。

拔河比赛

选择C。根据题中条件，可列出下述公式：①甲+乙=丙+丁；②丙+乙=甲+丁；③甲+丙<乙。由①可得：丁=甲+乙-丙；由②可得：丁>乙+丙-甲；对比上述两式可得：甲>丙。既然甲>丙，而甲+乙=丙+丁；所以，乙<丁。由③可知，甲、丙力气都小于乙，所以丁组力气最大，乙组排第二，丙组排最后。

盒中藏宝

按照智者女儿的推理，她坚信这个宝贝无法放入某个盒子里。然而不论她如何推测，当她的父亲把宝贝放在任意一个盒子里时，她依然会感到意外。

公主的宝盒

有可能。金盒子上的话和铜盒子上的话是矛盾的，所以两句话必有一真。又知三句话中至多只有一句是真话，所以银盒子上的是假话。因此，画像在银盒子中。

盒子里的东西

C盒子里有梨。因为A盒子上的话和D盒子上的话是矛盾的，所以必有一真。那么，B盒子和C盒子上的话都是假的，所以能断定C盒子里有梨。

裙子的颜色

假设裙子是黑色的，那么三句话都是正确的；假设裙子是黄色的，前两句话是正确的，第三句话是错误的；假设裙子是红色的，那么三句话都是错误的。所以，只有黄色符合条件。

谁吃了蛋糕

C说谎。A和C都吃了一部分。因为如果A说谎，则B也说谎；若是B说谎，则A也说谎；所以一定是C说谎。既然是C说谎，只有A和C都吃了蛋糕，才能成立。

乌龟的年龄

乌龟甲：2岁；乌龟乙：4岁；乌龟丙：3岁；乌龟丁：1岁。如果乌龟丙说的是假话，丙就比甲年龄小，而且甲就是1岁，这是不可能的。所以，乌龟丙的发言是真实的，就是乌龟甲不是1岁，丙比甲年龄要大。

鸟儿捉虫子

假设麻雀的话是假的，喜鹊就只抓到1条，那么麻雀少于喜鹊，这是相互矛盾的。所以，麻雀的话是真实的，麻雀捉的虫子多于或者等于喜鹊，喜鹊捉的虫子不可能是1条。假设乌鸦的话是假的，乌鸦捉的虫子少于麻雀，麻雀捉的虫子就是2条，所以乌鸦就是1条。那么，喜鹊的话就成了假的，而且必须是喜鹊捉的虫子少于乌鸦捉的，这与第一个假设相互矛盾，不成立。所以，乌鸦的话是真的，乌鸦捉的虫子多于或者等于麻雀，麻雀捉的虫子不可能是2条。根据这两点可知，可能性有以下两种：

可能性1：喜鹊2条、麻雀3条、乌鸦3条。

可能性2：喜鹊3条、麻雀3条、乌鸦3条。

在可能性2的情况下，喜鹊和乌鸦是同样的，但是，喜鹊又撒了谎，这是不可能的。所以，可能性1才是正确的。

健忘森林

这一天是星期四。狮子在星期一和星期四说“昨天我说谎”。独角兽在星期四和星期日说“昨天我说谎”。

幸存者

甲是人，乙是天使，丙是魔鬼。这道题我们采用假设的方式分析。首先，我们假设甲是天使，天使说真话，那么甲说“我不是天使”就与条件矛盾。所以，甲一定不是天使；假设乙是天使，那么三个人说的话都成立。所以，可以判断出甲是人，乙是天使，丙是魔鬼。

猜猜是谁

将第一次猜的结果做一个比较就会发现，甲的判断和丙的判断是矛盾的，其中必然有一真，有一假。如果甲的判断真，那么乙的判断也真，这样就与汤姆所说的“只有一个人说对了”相矛盾。所以甲的判断必假，这样丙的判断就是真的了。于是，其余三个人的判断就都是假的了。这样，乙的判断就与事实相反，所以，纸条上就一定是写着乙的名字。

谁打碎了杯子

打碎杯子的人一定会说自己没打碎，所以二女儿没有打碎。小女儿说的是事实，所以她也没有打碎。只剩下大女儿和三女儿了。假设大女儿没有打碎杯子，那么三女儿说的就是真话，三女儿也没有打碎，不符合题意。所以打碎杯子的肯定有大女儿，那么三女儿也在说谎，所以还有三女儿。因此，打碎杯子的是大女儿和三女儿两个人。

真实身份

假设玛亚是受害者，那么波西的话虽然是对受害者说的却又是真的，所以玛亚不可能是受害者。假设凯瑞是受害者，那么玛亚和希尔的发言虽然是对被害者说的却又是真的，所以凯瑞不可能是受害者。假设希尔是受害者，那么凯瑞的话是对受害者说的却又是真的，所以希尔不可能是受害者。综上可知，波西才是受害者。

谁是罪犯

因为不管甲是不是罪犯，根据“说真话的肯定不是罪犯，说假话的肯定就是罪犯”，他都会说自己不是罪犯的。在这种情况下，乙如实地转告了甲说的话，可以判断乙不是罪犯；而丙说甲招供了，这显然是假话，所以丙是罪犯。

博物馆盗窃案

查理有罪。可做如下推理：假设詹姆斯无罪，根据（1）（3）和（4），那么查理或格蕾丝有罪；根据（2），格蕾丝只有伙同查理才作案。这样，查理必定有罪。如果詹姆斯有罪，根据（3），他也必定要伙同查理或格蕾丝作案，查理必定有罪；如果伙同格蕾丝作案，由于（2），查理也必定有罪。所以，不论詹姆斯有没有罪，查理都有罪。

被隔开的夫妇

安排座位时布莱克夫妇被隔开了。由（1）可知：克林顿夫人对面可以是丈夫克林顿、布莱克先生、格林先生，但条件（3）说：格林先生右边的人是位女士，所以格林先生不可能，因为由条件（1）可知，那个位置是史密斯先生；现在就剩下克林顿先生和布莱克先生了，根据只有一对被隔开，假如是克林顿先生的话（自然地克林顿夫妇肯定被隔开了），那么史密斯先生右边就是史密斯夫人，而史密斯夫人和布莱克夫人之间只有一个位置，不论放谁都会产生第二对被隔开的，与只有一对被隔开矛盾，所以就可知道只能是布莱克先生。现在知道了三个位置上的人：史密斯夫人对面是布莱克先生，布莱克先生右边是史密斯先生；下面就用布莱克夫人去坐各个位置，看和提供的条件是否产生矛盾就可以了。

假设布莱克先生与布莱克夫人不被隔开，则布莱克夫人在布莱克先生的左边，由条件（2）得知：格林先生坐在史密斯夫人的左边。由条件（3）可知：史密斯夫人坐在史密斯先生左边第二个位置上的女士对面。也就是史密斯先生坐在格林先生的左边。但是史密斯先生左边第二个位置上坐的是已知的布莱克先生，不是一位女士，所以假设矛盾。因此，被隔开的就只有是布莱克夫妇了。其他情况可以用这个方法推出。

衣着规定

将所列条件加上“如果……那么……”问题就方便多了：

（a）如果穿燕尾服，那么一定是超过16岁的。

（b）如果戴大礼帽，那么就是超过15岁的。

（c）如果星期六下午观看棒球比赛，那么就戴大礼帽，或穿燕尾服，或两者俱全。

（d）如果带同伴，或超过16岁，或既带同伴又超过16岁，那么就不准穿毛衣。换句话说，如果穿毛衣，那就是既不带同伴，又不超过16岁的。

（e）如果看球赛，那么就穿毛衣。

所以，星期六下午观看棒球赛的男生的穿戴情况是：根据（e）穿毛衣；根据（d），不带同伴，不超过16岁；根据（a），不穿燕尾服；根据（c），戴大礼帽；根据（b），超过15岁。

张教授的生日

9月1日。由甲说“如果我不知道的话，乙肯定也不知道”判断X值是3月或9月。因为只有3月和9月中的Y值与其他月份的有重复，这样就能肯定说乙不知道了，那么也确定Y值是1，4，5，8了。再由乙说“本来我也不知道，但是现在我知道了”判断Y值不可能是5，如果是5乙还是无法判断出来！Y值只能是1，4，8了。最后由甲说“哦，那我也知道了”判断Y值是1，如果Y值不是1，甲还是无法判断出来。

挂衣板

（1）应选B。因为这一组中，蓝衣钩与白衣钩毗邻，违反已知条件3，故错。

（2）应选D。A违反已知条件4；B和E违反已知条件1；C违反已知条件3；只有D符合所有条件，故选D。

（3）应选A。因为B违反已知条件1；C违反已知条件1和2，而D和E都违反已知条件1。如果要符合所有的题设条件和本题题意，A是唯一的选择。

偷答案的学生

伯特偷了测验答案。根据（6）和（4），科布上了两节不是迪姆威特教授讲授的课。根据（6）和（3），伯特上了一节不是迪姆威特教授讲授的课。根据（6）和（2），阿莫斯只上了迪姆威特教授讲授的课。

大厦住客

根据条件⑤和③，2楼住的是胡业；根据条件⑦，住一楼的养鸟人是罗茂；罗茂和五楼主人均戴眼镜，根据条件④可确定五楼住的是张遂；胡业和四楼主人均抽烟，根据条件②，四楼住的是李直；余下的三楼住的必然是洪泰。根据条件①，五楼的张遂是会计；三楼的洪泰不养鸟也不种盆花，根据条件⑦、⑧，所以洪泰是医生；医生洪泰住三楼，因已确定五楼的张遂是会计，加上条件⑥的限制，因此可确定一楼的罗茂是记者，二楼的胡业是司机；余下的四楼的李直自然就是教师。

密码编译对照表

由密码编译对照表及所举例子可知：每个字母代表两位数密码，即字母所处的位置，第一个数字是指行数，第二个数字是指列数，如字母B处在对照表中的第一行（1）、第二列（2），所以它代表密码12，由此规律分别找出密码12-35-54所代表的单词及单词SEVEN所代表的密码即可。

由题意知，每个字母代表两位数密码，即字母所处的位置，第一个数字是指行数，第二个数字是指列数，所以，密码12-35-54代表单词为BOX，单词SEVEN所编译成的密码是44-15-52-15-34。

破译密码

由v w X g h q w 为student，得出从e开始表示的英语字母是从a开始，所以o表示l，r表示o，y表示v，h表示e，所以破译o r y h 为英语单词 love。

字母密码

解读结果为：I am a student.因为破译密码的钥匙为x-3，它表示把一个字母换成字母表中从它向前移动3位的字母。

电脑资料

（1）选D。因为在BOXER这个单词中已含有字母X和R，因此在第一个和第三个单词中就不能含有这两个字母，而且这两个单词中肯定只能有一个字母T，否则便会违反已知条件2，由此看来，A 、C 、E都是错的。而B则违反已知条件4，所以选D。

（2）选B。这三个单词之所以不符合XRT电脑文件名字的次序，是因为它们违反了已知条件3和4，所以要选B才能改正过来，这个文件名字的正确形式为：RAM VEX MOTHS。

（3）选D。根据已知条件3，最后一个单词一定要比第二个单词长，所以第二个单词只可能为三个或五个字母，不可能是七个字母。

第6章　认知能力题

“近水知鱼性，近山识鸟音”

很多教育家指出，懂得如何学习比学习成绩好更重要。学习的过程，就是一个认知的过程，因此培养认知能力在人的成长过程中尤为重要。认知能力是指人脑加工、储存和提取信息的能力，即人们对事物的构成、性能、与他物的关系、发展的动力、发展方向以及基本规律的把握能力。你记性好不好，反应快不快，注意力是否敏锐，进而扩展到悟性高不高，能不能全面而批判性地去分析问题、理解事物，逻辑推理是否正确，都是一个人认知能力的体现。认知能力也是一个人与另外一个人之间最根本的、最大的能力差距。

认知能力可分为两类，即基础认知能力和高级思维能力。所谓基础认知能力，像反应速度、记忆广度这些，是非常基本的认知能力，是思维活动的基础。举个浅显的例子，记电话号码或者数字，有的人记一个8位的座机号都要复述好几遍，有的人却能一遍记住11位的手机号码。所谓高级思维能力，像教育领域这几年特别关注的批判性思维能力、系统分析能力、解决问题能力等，就涉及复合认知过程和机制了。例如，面试招聘时，考官给你一个事例，你要自己去理解含义，归纳总结，还要合理提出质疑和问题，并衍生出自己的思考，甚至还需要搜集额外的资料分析，每一步都是一环套一环的认知过程。

教育家经过研究发现了学习成绩的金字塔模型，得出重要结论：一个人的学习成绩好坏的最根本的因素在于大脑的核心认知能力。成绩好和能力强往往是统一的，在肯学、好学的基础上，一定是认知能力强的人学习时更容易进入状态。

与其他能力类型相比，认知能力的最大特点是需要一定的知识储备，才能得出正确的结论。储备在头脑中的知识，多数来源于自身所受的教育，也可以来源于生活常识。俗话说："处处留心皆学问。"头脑空空的人，是不会拥有很强的认知能力的。正所谓"近水知鱼性，近山识鸟音"，许多人即使没有太显著的教育背景也能取得成功，就是因为他们明白一个道理：生活是最好的老师。我们需要在生活中不断学习，不断认知。

经典例题

例1：下一个字母

下面八个英文字母是按照大家都十分熟悉的顺序排列的，请找出支配它们的内在规律，并指出下一个字母该是什么？

O、T、T、F、F、S、S、E?

答案：

下一个字母是N，也就是英语中Nine的头一个字母。这一序列字母是以英文数字（1~9）的头一个字母排列而成，要正确答出这道题，必须运用你的形式识别能力。

例2：向前还是向后

在自行车下面位置的脚踏上，系一根绳子。将绳子往自行车后方一拉，自行车会向前移动还是向后移动?

答案：

向后移动。物体在受到外力时，如无阻碍，一定是沿外力作用的方向运动。从细节上分析，向后拉在下面位置的踏板将使后轮转动，造成向前的摩擦力。但由于力臂的影响，在后轮与地面接触点产生的前移力比踏板处向后拉的力小得多，整个自行车仍将向后移动。

例3：超强手指的力量

强强和妞妞是好朋友，强强一向凭自己力量强大而有点骄傲，动不动就和妞妞较量。妞妞觉得强强这个人还不错，唯一不喜欢的就是这点。这天，妞妞突然对强强说：“你知道吗？尽管你有再大的力气，我只需要用一根手指就能让你站不起来。”强强一点都不相信。妞妞说：“那好，你按我说的做，看看是不是我的手指力大无穷。”

妞妞找来一张凳子，把凳子面向上放在房间中央。让强强坐在凳子上，上身尽量向后靠，头尽量向后仰，两手可以支在身体后面防止摔倒。妞妞站在强强的身后，伸出一根手指按在强强的前额上，并稍用力下压。然后妞妞说：“你试着站起来看。”此时，尽管强强很努力地想站起来，但始终站不起来。强强奇怪了：难道妞妞练成了神功?

你知道为什么吗?

答案：

其实，强强站不起来的原因是人体的重心在起作用，在站立不动的时候，人体的重心在身体的上半部分；而在强强坐下的时候，重心便转移到了凳子上。如果在坐下后想要站起来，就要把头向前移动，让重心转移到脚上，才能站起来。而妞妞用手指抵住强强的额头也就阻止了强强的头向前移动。头不能向前移动，重心也就无法转移到脚上，强强自然就站不起来了。

例4：是魔术还是幻觉

这个游戏很有趣——杯子里的颜色一会儿看是红的，一会儿看是绿的。如果你把这个游戏做成功了，别人可能会说你是在变魔术，甚至有人会说你在施展“幻术”。

其实，这个游戏很简单。先准备一点红墨水或红药水，再找一个无色、无花纹图案的玻璃杯。在游戏开始之前，你可以向大家提一个问题：“往这杯水里渗进红墨水（或红药水）以后，杯中的水会是什么颜色？”毫无疑问，大家几乎都会肯定地回答：“杯子里的水是红色的（或是粉红色的）。”这一点，试试就会知道了。你在杯中滴一点红墨水（或红药水），然后举起杯子朝向灯光，透过杯子看去，水的确是粉红色的。但是，当你使杯子离开灯光，再看一看！哈哈！水的颜色变了——成了绿色。

这是怎么回事呢？是在玩魔术，还是一种幻觉？

答案：

原来，第一次我们看到的是透射光，也就是粉红色的；而第二次我们看到的绿色，是光线从杯中反射出来的光。并没有谁在玩魔术，也没有谁在施展幻术。如果说要有的话，那就是光本身。做这个游戏时，有红药水最好用红药水，容易成功，效果较好。用红墨水时，得事先试一试，不同牌子的墨水，效果会不一样，有的甚至做不成功这个游戏。

例5：立体电影与偏振原理

你看过立体电影吗？你知道它的道理吗？它就是应用光的偏振现象的一个例子。在观看立体电影时，观众要戴上一副特制的眼镜，这副眼镜就是一对透振方向互相垂直的偏振片。这样，从银幕上看到的景象才有立体感。如果不戴这副眼镜看，银幕上的图像就模糊不清了。这是为什么呢？

答案：

这要从人眼看物体说起。人的两只眼睛同时观察物体，不但能扩大视野，而且能判断物体的远近，产生立体感。这是由于人的两只眼睛同时观察物体时，在视网膜上形成的像并不完全相同，左眼看到物体的左侧面较多，右眼看到物体的右侧面较多，这两个像经过大脑综合以后就能区分物体的前后、远近，从而产生立体视觉。

立体电影是用两个镜头如人眼那样从两个不同方向同时拍摄下景物的像，制成电影胶片。在放映时，通过两个放映机，把用两个摄影机拍下的两组胶片同步放映，使这略有差别的两幅图像重叠在银幕上。这时如果用眼睛直接观看，看到的画面是模糊不清的，要看到立体电影，就要在每架放映机前装一块偏振片，它的作用相当于起偏器。从两架放映机射出的光，通过偏振片后，就成了偏振光。

左右两架放映机前的偏振片的偏振方向互相垂直，因而产生的两束偏振光的偏振方向也互相垂直。这两束偏振光投射到银幕上再反射到观众处，偏振光方向不改变。观众用上述的偏振眼镜观看，每只眼睛只看到相应的偏振光图像，即左眼只能看到左放映机放出的画面，右眼只能看到右放映机放出的画面，这样就会像直接观看那样产生立体感。这就是立体电影的原理。

专题训练

斯芬克斯之谜

古希腊有一个神奇的怪物叫斯芬克斯，它上身是一个女人的头像，后面却是狮子的身体。斯芬克斯来到底比斯城后，蹲坐在一个小山头上，注视着过路的人。每一个进入底比斯城的人都会被它拦住，然后被问一个问题：世界上有一种动物，这种动物早晨四条腿，中午两条腿，晚上三条腿，腿越多，力量越弱。这是什么动物？如果行人答不上来，立刻会被它吃掉；如果行人答对了，斯芬克斯就会跳悬崖而死。后来俄狄浦斯猜出了答案，斯芬克斯羞愧万分，跳崖而死。你知道谜底是什么吗？

一只铜碗

一天，一位收藏家把一只铜碗送到博物馆，说是汉代的一件稀世古董。管理员小李小心翼翼地拿起来，果然看见上面铸着“公元前54年造”，于是他喜滋滋地对老管理员老王说：“真是件古文物。”谁知老王一看，却连连摇头，说是假的。老王怎么知道它是假的呢？

数字编码猜单词

根据提示，找出单词，并写出汉语意思。

1=A 2=B 3=C 4=D 5=E 6=F 7=G 8=H 9=I 10=J 11=K 12=L 13=M 14=N

15=0 16=P 17=Q 18=R 19=S 20=T 21=U 22=V 23=W 24=X 25=Y 26=Z

1. 2、15、4、25

2. 12、5、7

3. 6、1、3、5

每幅图中缺少什么

每幅图中缺少什么？找一找，画一画，并写出该单词。

1.  2.  3.  4. 

________ ________ ________ ________

字母串里找单词

从字母串里找出单词，写在横线上，并选择对应的图片。

(　　　　) 1. a c d m o u t h b o n e d ____________

(　　　　) 2. k u s t n o s e h i e r a s ____________

(　　　　) 3. b h e a r d g i b o i l l ____________

(　　　　) 4. d u r g e y e y o w h i d ____________

A.  B.  C.  D. 

字母组单词

在每组字母中找出单词并写下来。

1. p a s c a s h i e r t ________________

2. m o t w a i t r e s s h ________________

3. d e f c l e r k o t h ________________

4. a b a b u s i n e s s w o m a n ________________

重新排列组单词

把下列的字母重新排列组成单词。

1. p u e r t o m c ____________

2. m i a l e ____________

3. e l e t r t ____________

4. e e l n e o p v e ____________

5. o t p s a d c r ____________

6. m p a t s ____________

7. o n r c e r ____________

8. d r a s d s e ____________

合成一个完整单词

把上下两行字母合成一个完整的单词并写出其汉语的意思。

1. Sat 2. sh 3. house 4. Thu 5.just 6. sli 7. Fr

A. oes B. rsday C. right D. urday E. ppers F. coat G. iday

找出5个单词

从下列字母中找出5个单词并写出来。

t e n i n e i g h t y e s i x

每层楼所对应的单词

Maggie一家人搬进了新家。住进新房的第一天，住在7楼的她就拜访了所有的邻居。聪明的Maggie不仅能用学过的英语与懂英语的邻居交谈，还能截取每句话中的一个单词作为拜访过的楼层的标志。你能猜出每层楼所对应的单词吗？（每空一个字母）

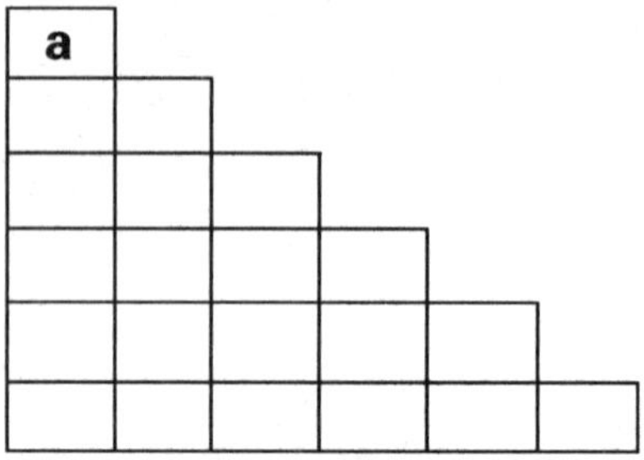

例如：I am a girl.

1. Which one do you like best，a banana or ________ orange?
2. How old ________ you?
3. ________ is your sugar.
4. Here you are ! ________ you!
5. Which ________ do you study in?

表格中的单词

从下面的表格中找出单词，并写出中文意思。

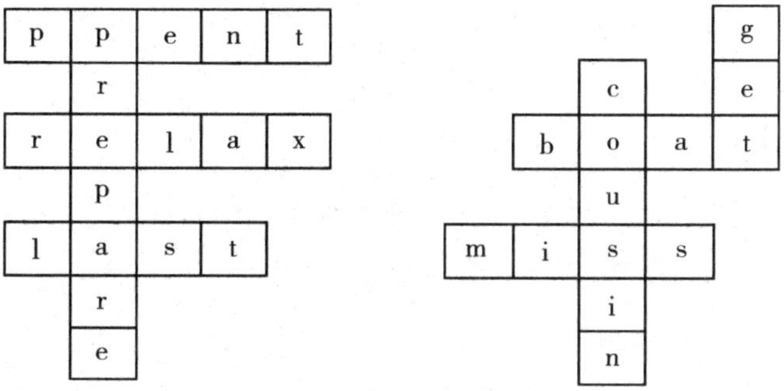

Across（横列）

例：relax 放松

1. ____ ____

2. ____ ____

3. ____ ____

Down（竖列）

4. ____ ____

5. ____ ____

6. ____ ____

字母组单词

如下图所示，图中包含5个并由5个字母组成的单词，请一一找出来吧。

提示：它们都与文艺有关。

首字母按顺序排列的形容词

不翻字典，你能说出多少个单词第一个字母要按字母表顺序排列的形容词呢?

同词不同性

用同一个英语单词，造在一个句子中，要求这个词按副词、形容词、名词的次序表示三种不同的用法，你动动脑筋看!

十年有多少天

我们的生命中有多少个十年呢？有人说是“十年如一日”，那我们现在来算算，十年到底有多少天呢?

水会溢出来吗

在一个盛满水的鱼缸里，将小木块、小石块或者橡皮等物品放进去，水就会从鱼缸里溢出来。但是，为什么把一条与上述物品同样体积的金鱼放进去，水却不会溢出来呢?

汤姆的蚯蚓

汤姆钓鱼时喜欢用蚯蚓当鱼饵。这天，他共抓了5条蚯蚓，后来分鱼饵时把其中2条蚯蚓分别切成了2段。这时，汤姆还有几条活蚯蚓?

雨过天晴

天气预报说今天半夜12点钟会下雨，那么再过72小时后会出太阳吗?

旅行家的话对吗

环球旅行家比尔在夏天的时候到达广州，那里正晴空万里。比尔说：“早知道这里和那里一样热，我就不用花6个月的时间跑到这里来了。”你认为旅行家的话正确吗?

环球旅行

有两个人想驾驶飞机从北京出发环球旅行。一个人说：“我向着北方飞行，只要保持方向不变，就一定能飞回北京。”另一个人说：“我向着南方飞行，只要保持方向不变，也一定能飞回北京。”他们说得对吗？

鬼屋

某个荒凉的村落有一间小屋，被大家称为鬼屋。事实上，这个房子也没有什么异常，住在周围的人们也没有在夜晚听到小屋中传出奇怪的声音。那么，为什么这里被称为鬼屋呢？它得名的真正原因十分诡异：当你站在外面，沿着小屋走上一圈以后，想要确定四个方向时却发现，房子四周的方向都一样，没有区别。按照你的判断，你觉得这个小屋坐落于何处呢？

手抓飞弹

第一次世界大战时，一位飞机驾驶员驾驶着战斗机返航的时候，忽然觉得耳边有一个东西，飞行员顺手一抓，看到手中的东西后不禁大吃一惊，原来是一颗子弹。你觉得，这个飞行员抓住子弹是可能的事吗？

奇怪的星球

牛博士说：“在一个星球上，当你扔出一块石头后，它只在空中飞了一小段距离便会停顿在半空中，再向你的方向飞回来，当然它绝不是碰到了什么东西被弹回来。”你知道牛博士说的是哪个星球吗？

苍蝇拍为什么有孔

有人曾经做过一个实验，用一块硬纸板拍打苍蝇命中率只有20%，但是在这块硬纸板上挖几个孔，命中率居然提高到了80%。实验证明，苍蝇拍上有小孔，可以更容易打到苍蝇。这又是为什么呢？这些小孔起着什么样的作用呢？

扔火柴

拿一根火柴从一米高的地方松手让它落下，你能让它落地后不再滚动吗？

盲人摸罐

阳光照在热闹的集市上。一个商贩在卖罐子，他的摊上摆着四只白罐和一只黑罐。一个盲人走到他的摊前，用手触摸以后，对商贩说："我要这个黑罐子。"商贩大吃一惊：盲人是怎么知道这罐子是黑色的呢？

巧分混合物

现有一盆混合物，由铁屑、干木屑、沙子、食盐构成。请问，有什么办法能将它们分开？

折纸的启示

有人说："一张报纸对折30次后，就比珠峰还高。"珠峰高8844.43米，一张报纸的厚度才有0.01厘米。请问，你认为这个人是在吹牛还是在说实话？

帮蝶出蛹

有个小孩，在地上发现了一个蛹。于是他捡回家，要看蛹如何羽化成蝴蝶。过了几天，蛹上出现了一道小裂缝，里面的蝴蝶在挣扎着，似乎被什么卡住了，出不来。小孩心想："它太可怜了，我必须助它一臂之力。"他拿起剪刀，把蛹剪开，帮助蝴蝶脱蛹而出。可是蝴蝶身躯臃肿，翅膀干瘦，飞不起来。

小孩原以为过些时候，蝴蝶就会逐渐成长，在家中翩翩起舞了。但他错了，蝴蝶一直飞不起来，最后竟然死去了。这个小孩错在哪里呢？

一张收据

一家小型建筑公司的经理，在翻阅一个工人的报销单时，见一张收据上写着："购买两只小白鼠。"经理感到很奇怪：这小白鼠与建筑公司有啥关系，还要报销？于是他叫人把那个工人找来，问他为啥用公司的钱去买老鼠。那个工人一听，笑着反问经理：“经理先生，您还记得我们在上星期维修的那间房子吗？”经理点了点头。“那天我们是装新电线，对不？”经理点点头。“我们得把新电线穿过一根口径只有3厘米左右的管子，而这根管子不仅长达8米，又固定在墙上，还有4个弯头，您说我们怎么才能把电线穿过去？”经理一时张口结舌。接着，这位工人就对经理说了一番话后问道：“经理先生，您说买这两只小白鼠的钱该不该报销？”经理竖起大拇指，哈哈笑道：“妙，妙！应该报销。”

怎样才能利用小白鼠通过8米长又有4个弯头的细管子呢？如果小白鼠在管子里面不动该怎么办呢？

永远抓不到的纸币

聪聪和明明写完作业之后不知道该玩些什么，坐在他们一旁的聪聪爸爸也闲着没事，就把两个小孩叫到一边，要和他们做一个游戏。聪聪爸爸拿出一张十元的钞票，对明明说：“当我手中的纸币下落的时候，你就用手抓，看看你能抓到吗？”说完，聪聪爸爸就把纸币放到明明微微张开的手掌上方，然后一撒手纸币就掉了下来。这时虽然明明眼疾手快，但是还是眼睁睁地让纸币“逃跑”了。

明明不服气，要求重新来一次，结果还是没有抓到。聪聪爸爸告诉了他们抓不到纸币的原因，你知道答案吗？

五分钟内能把手指拉响两次吗

很多人喜欢把手指关节拉得嘎嘣嘎嘣地响。别以为这是件很简单的事，实际上，人手指上的任何一个关节都无法在五分钟内拉响两次。不信你自己试试看：准备一块表，首先把手指的某一关节掰响，听不见响声时，开始计时，如果在五分钟内，你能把同一关节再弄响，那么你就赢了。你有把握获胜吗？

你能把对方的拳头分开吗

玩这个游戏，你一定要信心十足，因为你可以十拿九稳地获胜。你完全可以找一个力气比你大得多的人来和你一起做这个游戏，你可以跟他开个玩笑，让他甘拜下风。

这个游戏是这样的：请你的合作者把两臂向前伸直，双手握拳，一个拳头放在另一个拳头的上面。让裁判为你们喊口令，一声令下，你必须把对手重叠的两个拳头分开。如果分开了，你就获胜了。相反，如果你没有把对手两只重叠的拳头分开，就算对手赢了。

也许比赛以前，你缺乏信心，对手力气比你大得多，一定很难把他那两只有力的拳头分开。其实，你的担心是多余的。你甚至可以不费吹灰之力就取得胜利。你知道怎么做吗？

哪一层是水

玻璃杯内装有两种互不混溶的无色液体（界面分明），两种液体密度不同，没有装满玻璃杯。已经知道其中一层是水，但不知道水是在上层还是在下层。你能想个最简单的方法鉴定出水在哪一层吗？

颠倒的影像

在照镜子时，你在镜子中的影像与你自己相比，左右颠倒了方向。比如你的左手，在镜子中就成了你的右手，而你的右手，在镜子中则成了你的左手。由此看来，镜子中的影像是可以左右颠倒的。但是如果你在镜子前面侧身躺下，你会发现镜子中的影像并没有左右颠倒，比如你的头和脚的位置看上去依然与你躺下的实际方向是一致的。为什么又不会出现左右颠倒的情景呢？

变色水

在水桶里盛满清水，加入两汤匙牛奶或米汤，搅拌成乳状的液体。用细线捆住一个小平面镜，浸入水中。用装有新电池的手电筒照射平面镜，观看平面镜反射回来的光是带色的。不断改变平面镜浸入水中的深度，反射光会不断改变颜色。当平面镜由浅入深时，光的颜色会发生如下变化：白色—黄白色—橙色—红色—暗红色。你知道其中的奥妙吗？

分辨金球和铅球

分辨和认识事物的时候，不能只看表象，因为表象会迷惑人，让你离真相越来越远。一个空心金球和一个空心铅球，它们的大小相同，而且表面被刷上了一模一样的油漆。经过此番伪装，两个球看起来完全一样，没有任何区别。现在有一个简易的方法可以分辨出哪个是金球，哪个是铅球。但是需要注意的是不能破坏球面的油漆。请问，你能想出这个透过表象分辨事物本质的简单办法吗？

烧不坏的手帕

小红上台表演魔术。她拿了一块既新又漂亮的花手帕，在一个盛着水的玻璃杯中浸了浸，取出之后挤了挤水，然后用铁钳夹住手帕一角，放到酒精上点燃。霎时间，全场灯光都熄灭了。只有点燃的火，在台上燃烧着。不一会儿火渐渐地灭了，台下的观众都在为这个漂亮的花手帕白白地被烧掉而感到可惜。它一定化为灰烬了。突然，灯光大亮，这个花手帕竟然完整无损。这是什么原因呢？

金创神药

魔术师对观众说："我有一种金创神药，外伤出血敷上立竿见影，不但止血止痛，而且会让皮肤完好如初。好像朋友们有些不相信，那好，我今天现场做实验，哪位朋友敢来试一试？没有，好吧，只好用我自己来做实验了。"魔术师拿出医用碘酊和棉签，用棉签蘸碘酊在左臂上擦几下，一边擦一边说："一定要注意消毒，否则伤口会感染的。"接着，魔术师又拿出一把小刀，对观众展示了一下，说："这把刀很锋利的，不过使用之前也要消好毒。" 于是魔术师将小刀浸入烧杯里的水中，简单清洗一下。清洗完之后，魔术师用右手执刀，用力向左臂切去，这时，魔术师的表情很痛苦。魔术师拿开小刀，他的左臂伤口流出鲜血。这时，魔术师用右手急忙将一些白色的药粉敷在伤口上，然后用右手指压住。两分钟之后，魔术师拿开右手，左臂上的伤口已经不见了，皮肤完好如初！看着魔术师的左臂，观众目瞪口呆。你知道这其中的奥妙吗？

听话的鹌鹑蛋

魔术师把一个烧杯放在桌子上，烧杯里装满了透明液体，魔术师对观众说："这是一杯普通的水。"魔术师又拿出一个新鲜鹌鹑蛋，对观众说："我很喜欢这个小小的鹌鹑蛋，因为它很听话，过一会儿大家就看到了。"向观众展示后，魔术师将鹌鹑蛋放入烧杯。鹌鹑蛋沉入水底。魔术师说："这个小家伙刚才和我在一起赶了这么远的路，已经累了，我让它在水底休息3分钟，然后马上回到水面上。”很快，鹌鹑蛋开始在水底行动起来，大头向上，缓缓离开水底，向水面上移动，最后在水面上探出头。“怎么样？我的小鹌鹑蛋还算听话吧？”魔术师颇为自豪。你知道他是怎么做到的吗？

本章专题训练答案

斯芬克斯之谜

是人。早晨，象征人刚出生的时候，是靠腿和手爬行走路的，所以早上起来的时候四条腿；中午象征是人到了中年，是两条腿直立行走的，所以中午两条腿；晚上三条腿就是指人衰老的时候要借助拐杖走路，那么这个拐杖就像是人的第三条腿。

一只铜碗

原来在公元前54年，“公元”这个概念还没有产生，公元纪年是在8世纪以后才被西欧基督教国家应用。因此可断定这只铜碗是后人假造的。

数字编码猜单词

1. BODY（身体） 2. LEG（腿） 3. FACE（脸）

每幅图中缺少什么

1. mouth 2. eye 3. ear 4. nose

字母串里找单词

1. mouth-B 2. nose-A 3. ear-D 4. eye-C

字母组单词

1. cashier 2. waitress 3. clerk 4. businesswoman（答案不唯一）

重新排列组单词

1.computer 2.e-mail 3.letter 4.envelope 5. postcard 6. stamp

7. corner 8. address

合成一个完整单词

1-D 星期六 2-A 鞋 3-F 睡衣 4-B 星期四 5-C 合适 6-E 拖鞋

7-G 星期五

找出5个单词

ten，nine，eighty，yes，six（答案不唯一）

每层楼所对应的单词

1. an 2. are 3. Here/This 4. Thank 5. school

表格中的单词

Across

1. last 最后的 2. boat 小船 3. miss 想念

Down

4. prepare 准备 5. cousin 堂兄弟姐妹 6. get 到达

字母组单词

opera books music paint poems

歌剧 书 音乐 绘画 诗

首字母按顺序排列的形容词

alive（活着的），beautiful（美丽的），cold（冷的），dead（死的），easy（容易的），free（自由的），great（伟大的），high（高的）……

同词不同性

“No, no one said ‘no’.”

“不会吧，没有人说：‘不。’”

（副词）（形容词）（名词）

十年有多少天

10年可能是3653或者3652天。

假如第1年为闰年，则第5年，第9年也为闰年，共3563天。

假如第2年为闰年，则第6年，第10年也为闰年，共3563天。

假如第3年为闰年，则第7年为闰年，共3652天。

假如第4年为闰年，则第8年为闰年，共3652天。

水会溢出来吗

这可能吗？你可以试试看，把金鱼放进去，水同样会溢出来。而你是不是在想类似“因为金鱼有鳞片，或者金鱼把水喝到肚子里去了”等答案呢？这是曾两次获得诺贝尔奖的居里夫人小时候做过的一道题。要培养我们的创造性思维，不要迷信某种解题技巧，而是要遵循科学规律，亲自动手试一试。

汤姆的蚯蚓

有7条蚯蚓，因为被切为两段的蚯蚓都活着。

雨过天晴

如果事情不是发生在极圈的话，那么就不会出现太阳。因为再过72小时后，就是3个昼夜，又是半夜12点，而夜里是不会出太阳的。

旅行家的话对吗

正确。由于地球是自转的，6个月前，旅行家在南半球过夏天，那时候广州是冬天。

环球旅行

他们说的都不对，因为当飞机越过南极和北极之后，就会改变方向。

鬼屋

南极或北极。你们沿着南极点或者北极点上的小屋走上一圈，就会发现四个方向都是一样的。

手抓飞弹

可能。子弹从后边飞来，与飞机是同一飞行方向，如果子弹与飞机的速度差不多，它和飞机就是相对静止的，因此坐在飞机上的飞行员想抓住它，也就不是一件很难的事。

奇怪的星球

地球。在地球上你随便往上空扔一块小石头，它都会落回来的。

苍蝇拍为什么有孔

原来苍蝇身上长有许多细毛，这些细毛在苍蝇停留的瞬间既能“品尝”佳肴的美味，又能感觉到周围环境温度、湿度和气流的变化。当用无孔的硬纸板拍打苍蝇时，拍子在空中运动过程中，会带动周围的空气形成一股气流，苍蝇通过身上的细毛察觉到这一变化后，便很快地飞跑了。如果用带孔的苍蝇拍打，情况就不同了。拍子在空中运动时，下方的空气可以从小孔中透过去，不会产生强大的气流，于是苍蝇不易发现危险的降临，我们就可以很轻易地打死它了。

扔火柴

火柴从高处落地后会滚动，是因为火柴的形状细长，稍有侧力就会滚动。其实，只需要改变火柴细长的形状就行了。比如，把火柴从中间折弯，落地后就不滚动了。

盲人摸罐

在阳光下，黑罐子比白罐子热，因为黑色相对更能吸收太阳光的能量。

巧分混合物

（1）用磁铁吸出铁屑。（2）把剩下的部分倒在一盆水中，把浮起的木屑捞上来。（3）再把沉在盆底的沙子取出。（4）把剩下的水放在太阳里晒或用火煮，水分蒸发后剩下的就是食盐。

折纸的启示

他说的是实话。你也许不相信，但确实如此。我们知道，报纸对折的层数按照以下规律递增：1，2，4，8，16，32，64，128……所以，对折30次后层数是2的30次方。如果按100层纸厚1厘米来计算，报纸对折30次的厚度大约是107374米，它相当于12座珠峰的高度。

帮蝶出蛹

这个小孩错在他不知道这个原理：瓜熟蒂落，水到渠成。蝴蝶必须在蛹中痛苦挣扎，直到双翅强壮，才会破蛹而出。

一张收据

工人们想出一个妙计，到动物商店买了一公一母两只成年小白鼠。他们在那只公的爪子上扣了一根细绳后丢进管子的一头。另一头由一个人抓着那只母鼠，捏得它“吱吱”乱叫。那公鼠听到母鼠的叫声，就朝管子的另一头钻去救它，就把扣在它爪子上的细绳带了过去。于是，工人们就利用这根细绳把要穿的电线穿过了管子。

永远抓不到的纸币

原来，当眼睛看到纸币下落的时候，它首先传递给大脑的是一个信号，然后才从大脑中得到“抓住”的命令。但是这个过程肯定是需要一定时间的，所以当别人让纸币掉落的时候，自己会眼睁睁地抓不到。

五分钟内能把手指拉响两次吗

手指关节能发出响声是由于气泡破裂而引起的。人的手指关节中有一定量的液体，液体中溶解有少量气体。当手指关节拉伸时，液体受到的压力减小了，原来溶解在液体中的气体就从中跑出来了（打开汽水瓶盖时也会出现这种现象）。但是手指关节中的气泡无法跑到别的地方去，大约再过十五分钟，气泡又被手指关节的液体吸收，所以你要想把手指头再次弄响，一定要耐心等至少十五分钟才行，而在五分钟内是办不到的。

你能把对方的拳头分开吗

你只需用两个指头去顶住对手的手背，听到口令后，迅速把对手的拳头往两边一拨，他的拳头就轻而易举地被分开了。这个游戏妙就妙在对方越是使劲把拳头并在一起，你就越容易把它们分开。所以，在比赛之前，你可别忘了跟对方较劲，一定让他使出劲来。对手为了使双拳保持并在一起的位置，一般把劲使在上下的方向上，几乎没有往左右两边用劲。而你正好是从左右两边进攻，你手指的作用力与对手的力来自不同的方向，虽然你的力不大，却能发挥明显的作用。假如你没有获胜，就得检查一下对手是否在捣鬼，比如上面的拳头握住了下面的大拇指。

哪一层是水

把一些清水倒进原来的杯子里，如果上面的液体增厚，那么上层的液体就肯定是水；而如果倒入的水又形成了一个界面，那么，下层的液体才是水。

颠倒的影像

判断左右是人的一种视觉习惯。实际上，视觉分辨左右和分辨上下的概念不同。当人侧身躺下时，令头的方向为右，脚的方向为左，那么你会发现，原本在腹部"右边"的头，在镜子中则变成了在腹部的"左边"。

变色水

白光是由红、橙、黄、绿、青、蓝、紫七种波长不同的色光组成的。其中波长较短的紫、蓝等色光的穿透能力差，经过液层时，被水分子和悬浮的小颗粒散射了，无法通过液层；而黄、橙、红色光的波长较长，并且后者比前者更长，它们的穿透能力也一个比一个强，所以发生题中所述情况。

分辨金球和铅球

用一样的力度在地上对两球进行旋转，两球重心到内壁中心距离不同，转的速度也不同，旋转速度快的是金球。

烧不坏的手帕

玻璃杯中盛的是两份酒精和一份水，酒精的燃点很低，它很快地燃烧了，而且酒精的沸点只有78℃，水的沸点是100℃，所以，酒精很容易从手帕中挥发出来烧掉，一部分水仍然留在手帕上，保护着手帕。另外，在酒精燃烧的过程中，有一部分水变成蒸气挥发了，这些挥发的水汽带走了手帕上的一部分热量，从而降低了手帕的温度，使其达不到燃点。以上的两个因素保护了手帕的安全。

看上去很简单，但实践练习时要烧坏几条手帕，才能达到此效果。

金创神药

在表演节目之前，魔术师用碱面和清水勾兑成碱水备用。然后准备少许中药大黄，放入坩埚，加入清水，让水没过大黄。浸泡十几分钟之后，点燃酒精灯，将坩埚放在酒精灯上加热。等到坩埚里剩下少许浓药汁的时候，熄灭酒精灯。找一个干净的碘酊空瓶，把大黄汁装进去，拧好瓶盖。表演的时候，对观众说瓶子里装的是碘酊，可以用它来消毒。魔术师在表演时假装清洗一下小刀，其实是让小刀浸入碱水里。把大黄熬的汁擦在皮肤上，用在碱水浸过的刀切皮肤，刀刃和皮肤接触，就会在皮肤上出现殷红的液体，就像是伤口在流血，这也是民间江湖艺人的不传之秘，其实是大黄药汁和碱溶液发生化学反应，生成红色液体。至于节目中用的白色药粉，其实是感冒胶囊里面的药粉，没有任何秘密。魔术师假装用力切左臂以及表现出痛苦的神情，都是假装的，是在迷惑观众。

听话的鹌鹑蛋

魔术师在表演之前，将醋精倒到烧杯里。看上去醋精和清水很相似，所以魔术师说这是一杯水，是在迷惑观众。魔术师把鹌鹑蛋放入醋精里，鹌鹑蛋先是沉入杯底，紧接着鹌鹑蛋开始上浮。这是因为鹌鹑蛋壳的主要成分是碳酸钙，放入醋精中之后，蛋壳中的碳酸钙与醋酸反应生成二氧化碳，在鹌鹑蛋周围出现许多小气泡，使浮力增大，导致鹌鹑蛋上浮。

第7章　实践能力题

“宝剑锋从磨砺出，梅花香自苦寒来”

很多教育家指出，学习的最高境界是“学以致用”，这充分地说明了实践能力对学习的重要性。实践能力是指围绕实践过程以思考和解决实践问题或现实问题为直接目的的能力。无论什么样的思维活动，最后都要付诸实践，思维活动和实践能力是相互作用、相辅相成的。

社会需要的人才必须具备相当高的实践能力。实践能力是在发展过程中升华形成的人的基本活动技能，比如收集处理信息的能力、获取新知识的能力、合作能力、交际能力、社会活动能力等。实践不是盲目的，而是有步骤、有目标的行为，是为实现目标而有计划的个人或团队行为。在实践能力培养的过程中，要将实践放在整体知识结构的框架中来认识，通过实践，培养能力，使实践能力成为人的品质之一。

古诗有云：“宝剑锋从磨砺出，梅花香自苦寒来。”这句诗激励我们去主动迎接挑战，在实践中锻炼意志品质。一切认识都来源于实践，这说明了亲身实践的必要性和重要性，但是，并不排斥学习间接经验的必要性。实践的发展不断促进人类认识能力的发展。实践的不断发展，不断提出新的问题，促使人们去解决这些问题。而随着这些问题的不断解决，与此同步，人的认识能力也就不断地改善和提高。认识在实践的基础上产生，但是认识一经产生就具有相对独立性，可以对实践进行指导。实践就是把我们在学校所学的理论知识，运用到客观实际中去，使自己所学的理论知识有用武之地，为以后的工作打基础。因为环境的不同，接触的人与事不同，从中所学的东西自然就不一样了。

我们说培养实践能力比学习成绩重要，并不是说要忽略学习。因为没有文化知识，再高的实践能力也只能去当苦力，所以我们必须拥有一定的文化知识作为我们实践的基础。虽然文化知识是我们实践的基础，但拥有较强的实践能力才是我们的目的，没有人想高分低能。要学会从实践中学习，从学习中实践。我们不只要学好学校里所学到的知识，还要不断从生活中、实践中学习其他知识，不断地从各方面武装自己，才能在竞争中突出自己，表现自己。

经典例题

例1：绳梯

一架绳梯悬挂在轮船舷侧，有1丈露在海面上，潮水上涨时速为6寸，问多长时间后绳梯只有7尺露在海面上？

答案：

有人坚持认为5小时后绳梯只有7尺露在海面上。当他们被告知“水涨船高”这一因素时，才恍然大悟。他们为什么不能正确地回答这一问题呢？这是因为“多长时间后绳梯只有7尺露在海面上”这句话，往往使被问者不去考虑绳梯会不会只有7尺露在海面上，而是考虑何时才会只有7尺露在海面上。问题中的那些数字会引导被问者去计算，而且故意有丈、有尺、有寸，这样就给被问者一种印象，似乎要设法把丈化为尺，把尺化为寸。于是，“计算”这种心理倾向强烈地吸引着他们的注意力，使他们全神贯注，以致忽略了问题情境中隐蔽的但却是最重要的“水涨船高”这一情境变化的因素。该事实表明，要有效地解决问题，必须注意隐蔽的情境变化的因素。

例2：三个直角的三角形

聪聪越来越贪玩，功课落下了很多，尤其是数学成绩下降了不少。聪聪的爸爸很着急！于是，聪聪爸爸想了很多办法来吸引孩子，帮助他提升学习数学的兴趣。这一天，聪聪在学校刚学习完“关于直角三角形”，晚上等到聪聪做完作业，爸爸想加强一下聪聪白天所学的知识，就让聪聪把“直角三角形”的定义都背熟了。然后问聪聪说：“你想想看，有没有三个角都是直角的三角形？”聪聪思考了很长时间，认为没有那样的三角形！

于是，爸爸找来一个气球、一支画笔。然后在充满气的气球上画了一个直角，延长它的一条边，使其绕过三分之一个气球。然后再在延长一边的终点处画第二个直角，同样延长它的另一边至一样的长度。再就是从第二个直角一边的延长线的终点开始画第三个直角，并且要延长它的另一边至第一个直角一边延长线的起点处。这时候，聪聪亲眼看见了拥有三个直角的三角形的存在。你知道这是为什么吗？

答案：

其实，在平面上来说是不可能有三个直角同时出现在一个三角形中的，但如果是在三维空间里面，就可以同时存在三个直角。因为三维空间的数学规则与平面的数学规则不太一样，所以在气球上就可以画出三个角都是直角的三角形。

例3：为何乘地铁时耳朵不发胀

列车驶入隧道后，人的耳朵往往会发胀，这与坐索道车或乘公共汽车上高山，或乘飞机起飞、着陆时的感觉相似。人们之所以会产生这种感觉，是由于空气压力的急剧增加或降低所造成的。高速飞驰的列车驶入隧道，隧道内的空气受到挤压，气压便会增高，接着便压迫了耳朵里的鼓膜，使人感到耳朵发胀。而乘坐地铁时却没有这样的感觉。你知道为什么吗？

答案：

在地铁里，由于人的身体始终都是处在一定空气的压力中，即使电车飞驰着，也不足以引起空气压力的变化，所以耳朵没有什么感觉。尽管如此，如果你稍加注意，会发现当地铁电车紧急刹车时，耳朵同样会感到发胀。你可以试着去体验一下，看看耳朵有没有发胀的感觉。

例4：太空课堂与地球实验

2013年6月20日上午10点04分，在距离地面300多公里的“天宫一号”里，中国女航天员王亚平开始了迄今为止人类历史上第二次太空讲课。在北京航天中学里，“神箭班”的26名同学更是与“天宫”进行了同主题的实验。

1.【太空】王亚平展示的第一个实验是质量测量。在太空微重力环境下，如何称人的体重呢？王亚平请指令长聂海胜展示如何使用“天宫一号”中的质量测量仪来称体重。只见聂海胜飘到测量仪前，抓住仪器上几个扶手，牵引测量仪的钢丝绳拉开又回来，一旁的电子屏上就显示出聂海胜的体重：74千克。

【地面】26名同学中选出了一胖一瘦两个人。“如何利用体重计让瘦同学增重，胖同学减重？”在尝试了各种方法后，同学们发现，瘦同学慢蹲快站，体重计显示的数字变大了；胖同学快速下蹲后，体重计显示的数字则变小了。这就是“增重”和“失重”现象，类似乘坐电梯在起降瞬间时的感受。你知道其中的道理吗？

2.【太空】王亚平演示的第二个实验是单摆实验。她拿出一个支架，用细绳将小球连接在支架上，形成了一个单摆。只见王亚平将小球轻轻拉起，神奇的一幕发生了：小球在空中缓缓地悬浮着。接下来，王亚平推了小球一下，小球开始绕着摆轴做起了匀速的圆周运动。

【地面】在教室里，同学们的桌前也放置着这样的支架。但当大家拿起小球到一定角度松手后，小球便在空中划着弧线开始往复摆动。紧接着，再把小球使劲儿一推，小球也绕着摆轴做起了圆周运动，但只绕了几圈后，便停了下来。你知道其中的道理吗？

3.【太空】陀螺是很多人儿时的玩具，大家对它并不陌生。在太空中，王亚平分别展示了静止的陀螺和高速旋转的陀螺在太空的状态。王亚平先对一枚悬空静止的陀螺施加干扰力，陀螺翻滚着向前运动，轴向发生了很大改变。随后，再让陀螺旋转起来，这次，陀螺不翻滚了，晃动着向前走。

【地面】在地面上，同学们在老师的指导下，先让陀螺高速转动起来，然后用手轻轻触碰，陀螺并未改变转动轨迹，仍然稳定转动。据了解，这涉及陀螺的定轴性原理，实际上在中学课本中并未涉及，属于大学知识范畴。通过太空实验演示，让这一略显深奥的物理知识得到了很直观的展示，学生们理解起来并不难。你知道其中的道理吗？

4.【太空】王亚平取出了一个金属圈，把它插入装满饮用水的自封袋中再慢慢抽出来，圈中结了一个透明的水膜。轻轻地来回晃动，水膜完好无损。“我想如果诗人李白在天宫中生活，大概他就写不出‘飞流直下三千尺’的诗句了，因为在失重状态下，根本就不可能会‘飞流直下’。”

【地面】在地面上，同学们费尽九牛二虎之力，也难以和太空中的王亚平PK。学生们用准备好的吹泡泡筒，轻而易举地制造出了泡泡膜，但却不能像王亚平一样，和泡泡玩“游戏”，泡泡坚持不过几秒就破裂了。紧接着，大家又试图用清水吹出泡泡，但也全部失败了。你知道为什么吗？

5.【太空】王亚平用注射器往水球中先后注射了两个水泡，与地面上不同，这两个水泡并未融合在一起，而是单独存在着。随后，王亚平又用针筒向水球中注入了红色的液体，红色的液体在水球中慢慢弥漫，最终将透明的水球染成了红色水球。

【地面】一位同学用红墨水把一个烧杯中的纯净水染成红色，之后用滴管吸出一些水，再把它从滴管中缓缓挤出。另一位同学则用放大镜观察挤出的水是什么形态。“是水滴形的，下面大上面小，跟太空里的不一样。”你知道为什么吗？

答案：

1. 地面体重计要求人保持静止站立状态，重力与体重计支持力是相等的。太空失重，支持力为零，体重计测不出来。王亚平介绍，太空测重仪通过“弹簧—凸轮”机构产生恒定力，把聂海胜拉回到初始位置。光栅测速系统测出身体运动的加速度。根据牛顿第二定律F=ma，算出身体重量。

2. 究其原因，还是因为重力作用不同。小球因重力作用下坠，在细绳的拉动下，做起简谐运动。再给它一个比较大的外力，它也会开始圆周运动。但同时，在重力作用下，小球不停地改变运动状态，所以不能像在太空中那样不停地转圈，最终停了下来。

3. 高速旋转的陀螺具有很好的定轴性，这一定轴特性在天上地上是完全一样的。太空环境中，静止的陀螺它的轴是不固定的，加之没有重力，会翻滚着运动。而一旦旋转运动后，由于是围绕轴运动，即使有干扰力，陀螺仍会稳定旋转。正因为陀螺的这一特殊的稳定性，在航海、航天中均会使用到陀螺仪。

4. 在太空失重状态下，水的表面张力变大，能轻松地形成水膜。在地面上形成水膜是很难的，因为有重力的影响，一出水就会破裂，而在太空失重环境中，水的表面张力就会大显神威。

5. 为什么水滴在太空中能成为一个标准的圆形呢？由于在太空中没有外力影响，水只有表面张力，在表面张力作用下水会形成一个表面积最小的形状，也就是球形。而在地球上，由于重力作用，水滴下来只能形成液滴状。

例5：谁能把气球吹起来

准备一支酒瓶、一个没有吹起来的气球、一个脸盆、热水、一根细线。把这些都准备好了，就可以进行比赛了。比赛分三次进行。

第一轮比赛，裁判一声令下，参加者拿起气球用嘴吹气，谁先在规定的10秒钟内把气球吹得最大，而且把气球系好不让它漏气，谁就是这一轮的优胜者。这一轮比赛，每个人都可以把气球吹起来，这是没什么问题的。

第一轮比赛结束，就可以把气球里的气放出，再进行第二轮比赛：把气球放进酒瓶里，听到裁判的口令，再使劲给气球吹气。第二轮比赛，会是什么结果呢？

第三轮比赛的要求是这样的：不能用嘴对气球吹气，只能利用现有的东西，想办法把气球吹起来。你行吗？

答案：

第二轮比赛，不论你使多大的劲，哪怕是吹得脸红脖子粗，气球也不过只是稍稍胀大一点，然后无论怎样也膨胀不起来了。原来，气球稍稍膨胀的结果，使瓶里的空气所占据的空间缩小了，所以空气的压力就增大了。这个压力反抗你使劲吹气所产生的压力，使你再也吹不大气球。气球放在瓶子里是吹不大的。

第三轮比赛，善于动脑筋的人是可以想出办法的：把气球的嘴子（吹气口）套在瓶口上，把这只瓶子放进热水盆里。就这样放进去、拿出来，反复好几次，以免过热使瓶子破裂，当整个瓶子变热时，就让它搁在水里。热能使瓶内的空气膨胀，就会把气球吹起来了。

专题训练

甲鱼咬鼻子

一位游览太湖洞庭东山的旅客，在返回苏州的公共汽车上，发现同座的一位乡民所带的竹篓内装有甲鱼。出于好奇心，他把头凑在竹篓口上观看。不料，突然被其中一只大甲鱼咬住了鼻子，而且死不松口。甲鱼不仅四肢乱抓，头还使劲往鳖壳里缩。这位旅客痛得额头上冒汗，鼻子出血，但车上的人没有一个能想出让他解脱的办法来。当汽车开到横径车站时，只好送这位旅客到镇上医院处理。

外科大夫见了这位特殊的病人，也无法使甲鱼松口。除非解剖甲鱼，但这样甲鱼要挣扎，会越咬越紧。后来，还是住院的一位农民想了一个办法，很快使甲鱼松了口。这位农民想出的是什么办法呢？

风吹蜡烛

在日本有一道著名的关于蜡烛的智力题：一个房间中，有10支已经点燃的蜡烛，风吹来，有两支被吹灭了，过了不久，又有一支被风吹灭了。为了挡住风，女主人把窗子关了起来，从此后，再没有蜡烛被吹灭。请问，最后还剩下几支蜡烛？

水缸

院子里有一口大水缸，下雨的时候，水缸可以在2个小时内落满雨水。如果这天雨的大小并没有改变，只是雨是倾斜着落下来的，那么雨水盛满这口水缸需要的时间是长了还是短了？

至少用到几个印章

晓晓正在喂10头牛。这10头牛的外观和体形都很像，很难分辨。所以为了容易分辨，就在它们身上盖了章。这里有0至9十个印章，请问至少要用到几个印章？

该写几个数字

医院开给老王10颗药，要他从今天起每天服用一颗。药丸虽然颜色与形状都相同，但是每颗的成分都不一样，所以绝不可吃错药。于是老王就在药丸上写号码，由1开始编号。那么老王该写上几个数字呢？

会看见什么

有一个房子里，四周布满了镜子，包括天花板和地面。这时，一个人走进来并关上房门。你认为他会看到什么现象？

擦地板竞赛

A与B经常在空手道场内，进行以抹布擦地板的竞赛。由于A动作较快，所以同一时间他们速度的比率为5：4。但有一次竟然为 5：6。这是什么缘故呢？且二人的速度并未有所改变。

坐哪一趟车

小丽每天都乘坐公共汽车上学。离小丽家门口不远处，有一个公共汽车站。汽车和电车都是每隔10分钟就来一班，票价也一样，只是汽车开过之后，隔2分钟电车才来，再过5分钟下一趟汽车又开过来。根据以上信息，你认为小丽坐哪一趟车更省事、更划算？

谁先到达学校

有三个同学外出看电影，他们要乘一辆公交车回校，但是他们等了很久，车都没有来。这时，甲的意见是站在那里等；乙的意见是往前面走一走，因为等的时间已经可以走出一段路程了，这样可以早点返校；丙的意见是往后走，这样可以更快地遇到迎面开来的车子，就可以早点到校。三个人谁也说服不了谁，结果各自都按自己的方式行事。那么，这三个人谁先到达学校？谁最聪明？

学习的时间

当当期末考试成绩特别糟糕，爸爸对他的表现很不满意，于是他对爸爸说：“你知道吗，我每天的安排太紧了，以至于我没有学习的时间。你看，我每天要睡觉8个小时，这样一年的睡眠时间就是122天；我们寒假和暑假加起来又有60天；我们每星期休息2天，那么一年又要休息104天；我每天吃饭还要3个小时，那么一年就需要46天；我每天从学校到家走路共需要2个小时，这些又有30天。

你看看，所有的这些天加起来有362天了。”他停了一下说：“我一年只有3天的时间学习，哪能有什么成绩呢？”爸爸一下子被他蒙住了，很久没有反应过来。你知道当当的解释中错误的地方吗？

不喜欢四方形的老爷爷

有一个老爷爷，他最不喜欢四方形的东西，可是，不了解情况的木匠还是给他做了一个四方形的窗户。他生气地命令木匠说：“重做！但是窗户的面积不能变，要保持现在这个窗户的亮度。”你说，木匠该怎样改做这个窗户呢？

会伸缩的硬币

聪聪写完作业之后，缠着爸爸给他变个魔术。爸爸让聪聪找来了一张纸、一把剪刀、一枚五毛硬币和一枚一元硬币。然后爸爸说：“这个魔术叫做‘会伸缩的硬币’，你可看清楚啦！”

只见爸爸首先在纸的中央剪了一个五毛硬币大小的洞，“这个洞是一元硬币不能通过的大小。然后将纸对折，折痕也必须通过洞的直径，再将半圆的洞置于下方，从上方放上一元的硬币不会掉下去。”爸爸接着说：“聪聪注意看啦，将纸的两端朝中央靠拢且提高，这时会发生什么？”聪聪回答说：“一元硬币从洞中掉下来了！可是明明刚才试过的，一元硬币不能掉下去的呀？”

你知道为什么一元硬币会掉下去吗？

会弯曲的平行线

数学课上，灵灵正在认真地听老师讲课。老师讲道：“平行线就是两条处处距离相等的线！一般来说平行线都是直线组成的……”还没等老师讲完，灵灵就迫不及待地举手问老师：“那么，请问老师，有没有会弯曲的平行线呀？”老师并没有回答，而是对全班学生说：“灵灵同学问的这个问题就是刚才我想要告诉大家的，下面我们通过一个小实验来证明有没有会弯曲的平行线！”

只见老师拿了两支笔，然后用胶带将笔并排着固定好。将这两支笔与纸面保持垂直，然后移动笔下的纸，一会儿工夫，纸上就出现了“8”字形的平行线。

你知道这是为什么吗？

钩在一起的回形针

课堂上，只见老师拿出一张一元的纸币，还有两个回形针。然后把纸币折成三折，即“S”形，用其中的一枚回形针别住纸币上的一个双层，然后再把纸币的另外两层用另一枚回形针别住。这时候老师说话了：“同学们注意了，这时抓住纸币的两端向外拉，会出现什么情况呢？”同学们都惊呆了，两枚回形针不再夹着纸币，而是跳出来钩在了一起！你知道这是为什么吗？

糖为何是甜的

过年是小孩子最快乐的时候，因为这一天，可以吃到很多很多的糖果。灵灵就特别期盼着过年，期待着家中妈妈买的那些好吃的糖果。可是妈妈每次都会让灵灵少吃一些，比如规定灵灵一天应该吃多少。

长大一些后，灵灵不明白地问妈妈：“妈妈，为什么不让我多吃糖呢？”妈妈的回答是：“因为小孩糖吃多了，会长蛀牙的！”而灵灵就不相信，还继续问：“那为什么糖吃起来会那么甜呢？”妈妈给灵灵找来一个写着化学知识的本子，让她看。这时看完那些内容的灵灵才明白了糖为什么是甜的！

你知道为什么糖是甜的吗？

蛋白不熟蛋黄熟

取一只小烧杯，在杯中装三分之二杯水，水中放入一个鸡蛋。在水中插入温度计，用小火慢慢加热并调节火焰，使温度控制在70~75℃之间，加热5分钟左右。从烧杯中取出鸡蛋，敲破蛋壳，把鸡蛋倒入一个碗中，就会看到：蛋白仍然是液体，蛋黄已经凝固（注意：温度不能超过75℃，否则实验会失败）。你知道这是为什么吗？

多层皮的牛奶

明明喜欢喝牛奶，也喜欢看妈妈为自己的牛奶加热。细心观察的明明发现了一件事情，那就是牛奶加热后表面多了一层皮！明明问道：“妈妈，为什么每次给牛奶加热之后，就会多一层皮呢？”妈妈打比喻说：“知道鸡蛋煮熟之后会凝固吧，其实牛奶和鸡蛋是一样的道理！”听完之后，明明对牛奶为何有一层皮依然很迷惑，可是妈妈再也说不出来其他的理由了。你知道牛奶为什么在加热后会多层皮吗？

防雾玻璃

取一片洁净干燥的玻璃片，在中间部位均匀地涂上一薄层洗净剂，将涂有洗净剂的一面朝下，放在盛有开水的暖瓶口上方。过几秒钟后，拿起玻璃片一看，就会发现，没有涂洗净剂的部位布满小水珠，雾茫茫的；而涂有洗净剂的部位却没有小水珠，仍然是透明的。你知道为什么吗？

谁能把醋倒出来

裁判事先准备了一个酒瓶子，先在里面倒上半瓶醋，然后再往里面倒上半瓶油。做好这些工作以后，就可以让大家来做这个游戏了。

参加游戏的人可多可少。先由裁判把这个瓶子拿出来给大家看，然后告诉大家里面装的是什么东西。大家可以清楚地看到，瓶子里的液体分上下两层，油比醋轻，上半层是油，下半层全是醋。现在，裁判提出问题让大家抢答：“谁能想办法把醋和油各倒一半出来，剩下的醋和油不得往别的容器里倒。”谁先抢答问题，裁判就可以让他上来演示——如何把醋和油各倒一半出来。谁先抢答，并演示成功，谁就是优胜者。玩这个游戏还可以把参加者分成小组，隔离开来，限定时间让各小组独立完成。按时完成的小组，均为优胜。

你知道怎样才能获胜吗？

谁的火箭飞得远

在做这个游戏之前，参加者每人先得做一个“压缩气火箭”。具体做法如下：

找一只软塑料瓶（比如装胶水的空瓶子或装饮料的空瓶子），在瓶盖上钻一个小孔，插进一根塑料细管（可以把废圆珠笔芯的笔头剪去代替），再用万能胶粘牢。找一根10厘米长的、套在塑料管外能够自由滑动的麦秆，在麦秆的一端粘上四张三角形的彩色纸作为火箭的尾翼；另一端用面团封严，捏成火箭头似的形状。等面团干了以后，比赛用具——压缩气火箭就算做好了，可以进行比赛了。

比赛时，参赛者并排站在一起，把麦秆做的“火箭”套在塑料管上，裁判发出口令后，参赛者用手使劲一捏瓶子，“火箭”就会嗖的一下，飞出十几米远。谁的火箭飞的距离远，谁就是优胜者。也可以连续发射多次，把每一次发射的距离加起来，谁的距离总和远，谁就为优胜者。

你知道火箭的发射原理吗？

有趣的“日食”现象

课堂上，地理老师给同学们留了一个课下作业：自己模仿一下有关的“日食”现象，并说说感受。明明在回家的路上就一直在想：家里怎么能看到日食呢？思考了一路，也没有个结果。回到家中，爷爷看到明明不高兴的样子，就问：“明明，谁欺负你了？怎么不高兴呀？”明明随口答道：“还不是老师留的作业，非得让说说见到日食的感受，可是我没有见过日食，怎么办呢？”

爷爷听了乐起来：“我倒是有一个方法可以让你见到日食！”只见爷爷找来一个乒乓球，让明明打开台灯且闭上一只眼睛，爷爷将乒乓球拿到睁开的眼睛面前缓慢移动，在这个移动的过程中明明就发现了瞬间看不见灯泡，而不久又能看见灯泡的景象。

想一想，这样做能看到“日食”吗？

用太阳来煮鸡蛋

聪聪的早点中有煮鸡蛋，妈妈每天都用电磁炉为聪聪煮蛋。这天，灵灵突然说她可以不借助任何工具就将蛋煮熟了。聪聪自然是非常好奇了！原来灵灵首先用固体胶将10张锡纸分别固定在硬纸板上面，亮面朝外，之后再将三角形支架固定在硬纸板上面，使它们能够平稳地放置在地面上。这时在小铁盒中加入一些水，将10块制作好的锡纸架调整好角度位置，使得每一个锡纸架接收到的阳光经过反射后都能最大限度地投射到小铁盒上面。这时把鸡蛋放入铁盒中，一段时间后鸡蛋就熟了。

聪聪看完灵灵的方法，调皮地说：“谁说你没有借助工具啦？太阳不就是你的工具吗？”你知道聪聪为何说灵灵的工具就是太阳吗？

油和水的“战争”

每一次炒菜的时候，巧巧总会听到油锅里面“噼里啪啦”的响声，而每当这时，好奇的她总要去厨房里看妈妈正在做什么，但是每次到了厨房，妈妈又让她离远一些，怕油溅出来烫到她。巧巧就在厨房门口，对妈妈说：“妈妈，为什么油锅里面会发出‘噼里啪啦’的声音呢？”妈妈一边炒着菜，一边回答了她。你知道为什么会那样吗？

跳高运动员为何要助跑

在体育比赛中，跳远的运动员选择较长的助跑距离，而跳高运动员的助跑距离则要短得多。如果选择较长的助跑距离，是否就跳不高呢？

肥皂为何能去污

聪聪是个勤奋好学的孩子，经常一个人在家里看书、学习。而当聪聪学习累了的时候，就去家里的各个房间转转，看看有没有什么新鲜东西。

这一天，聪聪看书看累了，想要休息一会儿，却听到卫生间里面妈妈洗衣服的声音，于是聪聪就跑过去和妈妈凑热闹。聪聪看到妈妈把衣服放进盆里，然后在衣服上打好肥皂，一件一件地洗完。看了一会儿，聪聪突然问妈妈：“妈妈，为什么您要用肥皂洗衣服呀？”妈妈说：“因为肥皂能够把衣服上的脏东西去掉呀！”

“可这些肥皂是怎么去掉脏东西的呢？”聪聪继续问妈妈。而妈妈这时正好把衣服都洗完了。就坐到沙发上给聪聪讲了肥皂的成分等知识，讲完之后，聪聪才点点头表示明白了。

你知道肥皂为什么能够去污吗？

血迹为什么不能用热水洗

衣服若沾上了血迹，要立即清洗，否则时间久了，血迹斑点将不容易除尽。而且在清洗血迹时，不能用热水来洗，只能用冷水来洗。这一点可以用实验来加以说明。

取两块白布，分别滴上几滴新鲜的鸡血。将一块白布浸泡在热水中，另一块白布浸泡在冷水中。片刻后，取出两块白布，你就会发现浸泡在热水中的血迹变成了暗红色，而浸泡在冷水中的血迹，依然是鲜红色的，而且颜色也变浅了。取些肥皂，抹在两块白布的血迹处搓洗，用冷水浸泡过的白布上的血迹被清洗得干干净净，而用热水浸泡过的血迹却无法清洗干净。你知道这是为什么吗?

本章专题训练答案

甲鱼咬鼻子

这位农民端来一只盛满水的脸盆，让这位旅客的脸连同甲鱼一起浸入水中。半分钟后，甲鱼松了口，旅客解脱了。甲鱼咬人，这是它被捕后的一种自卫反应。把它放入水中，给它创设局部的原始自然环境，它想潜水脱逃，于是就松口了。这位农民熟知甲鱼的这一习性，帮助被咬的旅客解脱了困境。

风吹蜡烛

没有被风吹灭，一直点燃的7支蜡烛，最后把自己燃尽了。因此，在房间里最后只剩下那3支被风吹灭的蜡烛。

水缸

雨倾斜着落下来盛满水缸所需时间和雨竖直下的时间一样长。

至少用到几个印章

一个就够了，只要变换盖章的位置和角度，一个就够用了。

该写几个数字

8个。当天的药已经服用过了，从第二天的开始写到第9天的，第10天的药无须写上数字，因此写上8个数字就够了。

会看见什么

什么也看不见。因为没有光线能射进房间里面，到处一团漆黑。

擦地板竞赛

原来B使用了较宽的抹布。从问题的条件上，可以明白出题者的意图，乃在说明当机立断的重要性。

坐哪一趟车

哪一辆车先来就乘坐哪一辆，因为价钱都一样，而且间隔时间也不长，没有必要走一站地再坐车。

谁先到达学校

三个人最终都坐在同一辆车上，当然也是同时返校。但是最聪明的是甲，他安逸地留在原站上等着，比另外两个人少走了一段路。

学习的时间

当当在计算时间的时候重复计算了很多时间。比如说假期中的睡眠时间和吃饭时间，周末的睡眠和吃饭时间，以及他多算了很多上学走路的时间。

不喜欢四方形的老爷爷

把窗户改做成平行四边形，可以保持面积和亮度不变。

会伸缩的硬币

在纸上剪的洞如果是维持原状的话，只是二度空间的圆。这里的游戏中将纸的两端朝中央靠拢，而且还对纸加以扭曲，就会变形成为三度空间的椭圆形，椭圆形的长径会大于原先圆形的直径，因此一元硬币也就可以通过了。

会弯曲的平行线

其实平行线并不都是笔直的，还包括弯曲的平行线，一般平行的直线只是唯一一种不能相交的平行线。在这个实验中，只要不断地转动笔下面的纸，就可以得到“8”字形的弯曲平行线了！

钩在一起的回形针

原来这个游戏被称为曲度转移的拓扑现象。当纸币被拉直的时候，它折叠成的“S”形曲度就被转移到回形针上。但是这个游戏不能做太慢，因为太慢的拉动会是另外一种现象。

糖为何是甜的

原来是因为糖类分子中都含有多羟基，多羟基中两个氢原子之间有一定的距离，这个距离恰好能与舌头上的味觉感受器形成化学吻合物。这种化学吻合物可以刺激味觉感受器，使其产生脉冲，进而由神经将脉冲传入大脑，使人感觉到甜味。

蛋白不熟蛋黄熟

各种物质的凝固点都不相同，蛋白和蛋黄的成分不相同，所以它们有各自的凝固温度，蛋黄的凝固温度低于75℃，而蛋白的凝固温度高于75℃。

多层皮的牛奶

那层浮在牛奶表面的皮就是凝固了的蛋白质。牛奶中含有生长发育所必需的所有营养成分，而蛋白质就是其中非常重要的一种营养成分。牛奶的蛋白质一旦受热就会凝固，表面就会多一层皮。不过牛奶的蛋白质，即便不加热，变质了也会凝固。因为蛋白质变质时会产生酸，酸能使牛奶凝固。

防雾玻璃

水蒸气遇冷会在玻璃片上凝结成许多小水珠，这些小水珠在表面张力的作用下收缩成半球形或球形，使光线散射，所以看上去雾茫茫的。洗净剂能降低水的表面张力，使水蒸气不能凝结成小水珠，而紧贴玻璃形成一层均匀的水膜，所以玻璃看上去仍是透明的。现在市场上出售的玻璃防雾剂，就是根据这一原理制成的。如果把镜片涂上这种防雾剂，冬天戴着眼镜去盛汤，镜片上就不会雾茫茫的了。

谁能把醋倒出来

如果你知道其中的道理，是可以随心所欲地把瓶中的醋和油倒出来的。如果你先倒油，那么只需把瓶子慢慢倾斜（注意：这个动作要非常小心，不然，倾斜瓶子的同时，醋也“挤”到瓶口来了），使得油流出来就行了。把油倒了一半以后，就可以把瓶子恢复原状，把瓶塞塞好，再慢慢地把瓶子倒过来，不要摇动瓶子。这时密度较大（比油要重）的醋就流进了瓶颈。你只要把瓶塞稍微拔出一点点，醋就倒出来了。

谁的火箭飞得远

火箭的发射原理是这样的：瓶中的空气通过塑料管进入麦秆，因为麦秆的前端是封闭的，进入里面的压缩空气膨胀后向麦秆的后端（没有封闭的一端）喷出，给麦秆一个向前的作用力，麦秆就向前飞去。

有趣的“日食”现象

在这个游戏中，灯泡就好比是太阳，而手移动的乒乓球就好比是月亮，地球就用睁开的眼睛来代替。当地球、月亮和太阳处在同一直线的时候，就会发生“日食”现象。

用太阳来煮鸡蛋

这是因为锡纸吸收热量比较快，而且不容易散热，所以使用锡纸来聚集太阳光，这样锡纸下面的铁盒里面的温度就会随之而增高，里面的鸡蛋也就被煮熟了。

油和水的“战争”

一般用油炒、炸食物的适当温度是在160～200℃。这时，就等于把附在食物上的少量的水分一下子放入高温中。一般水到100℃就会沸腾，而液体的沸腾就是汽化，此时，其体积不仅发生很大变化，而且还是在很短的时间里变化的。少量的水分进入了多量的高温的油里，水便爆发性地汽化蒸发。这样周围的油被带得飞溅起来，由此就产生了“溅油”现象。

跳高运动员为何要助跑

跳高运动员能腾起越过横杆，靠的是助跑的惯性力和起跳蹬地的支撑反作用力。由于惯性力的方向是水平向前的，而支撑反作用力是垂直（或近似垂直）向上的，所以起跳后的身体重心沿着一个抛物线轨迹运动。这个抛物线轨迹的高度，取决于起跳时腾起初速度和腾起角的大小，也就是说，腾起初速度和腾起角是增加跳高高度的关键。一般说来，应该尽可能增大这两项数值。最大腾起角为90度。然而，由于跳高不是单纯的垂直向上运动，越过横杆还必须有一个向前的力量；再则，还须充分利用水平速度来增大腾起初速度，因此，腾起角应小于90度。至于腾起初速度，则和运动员的素质和技术的熟练程度密切相关。腾起初速度越大，跳得就越高。当腾起角一定时，腾起初速度是起决定作用的。

肥皂为何能去污

因为普通的肥皂，它的主要成分是含高级脂肪酸的钠盐和钾盐。肥皂分子因为既有亲水又有亲油的两重性，所以就能使原来互不相溶的油和水联系起来。油污等物被肥皂分子和水分子包围后，它们与衣服纤维间的附着力减小，一经搓洗，肥皂液就渗入不等量的空气，生成了大量泡沫。泡沫表面好像有一层紧张的薄膜，它既扩增了肥皂液的表面积，又使肥皂液更具有收缩力。在收缩力的作用下，衣服上所沾有的油污灰尘等微粒，就较容易脱离衣物，随水而去，这就是肥皂能去污的秘密。

血迹为什么不能用热水洗

血液中含有血红蛋白，它遇热会发生化学变化。未发生变化前的血迹能溶于水，而受热变化后，就变得不溶于水了，就像我们平时吃的鸡血，经加热后，变成了不能溶于水的块状一样，这样自然就不易洗干净。同样的道理，血迹暴露在空气中时间久了，也会发生类似的化学变化，这也就是陈旧血迹不易洗去的道理。

第8章　创新能力题

"江山代有才人出，各领风骚数百年"

创新是一个民族进步的灵魂，是一个国家兴旺发达的不竭动力。创新能力是指对事物间的联系进行前所未有的思考，从而创造出新事物的能力，是一切具有崭新内容的能力的总和。可以说，创新能力是一切创新活动的开始。一切需要创新的活动都离不开思考，离不开创新能力，学习也同样。成绩优秀的人，其创新能力往往很强，但这并不能证明学习成绩和创新能力是成正比的，创新能力是需要逐步培养的。

影响个人创新能力的因素有很多，主要包括创新学习能力、创新知识能力、创新思维能力等。创新学习能力是指学习者在学习已有知识的过程中，不拘泥于书本，不迷信于权威，以已有知识为基础并结合当前实践，独立思考、大胆探索，积极提出自己的新思想、新观点、新方法的学习能力。创新学习能力是创新活动者个性品质、能力素质的总和，良好的创新学习能力应该是具有创造性个性品质、善于捕捉新信息、主动更新知识和标新立异等。创造性个性品质是创新者各种心理品质的总和，主要表现为具有很强的创新意识、强烈的好奇心、坚韧不拔的毅力、科学理性的独立精神以及热情洋溢的合作精神。

创新离不开知识积累，知识积累是创新的基础，离开了它，创新能力的形成和发展便成了无源之水，无本之木。因为创新并不是从无到有全新的东西，而是在对前人的经验成果进行综合分析利用基础上提出的新观点、新理论和新方法，从而取得新的突破，产生新的成果。知识的广度和深度在很大程度上制约着能力的发展和思维的空间。理想的知识结构，必须打破传统的思维壁垒，突破原有知识结构的局限，除了知识的科学性、先进性和广博性之外，还必须使学科专业知识、广泛的专业基础知识以及创新基础知识在深度和广度上达到一定程度并互相补充，互为所用。

创新思维是人脑对客观事物进行有价值的求新探索而获得独创成果的思维过程，是创新能力的灵魂和核心。创新是在创新思维的主导下进行的，在整个创新过程中是以创新思维为灵魂的。创新思维是一种突破常规的、能动的思维发展过程，求新的、无序的、立体的思维方式，是发挥人的自主创新能力，以超越常规的眼界从特异的角度观察思考问题、提出全新方案解决问题的思维方式，是人类思维的一种高级形式。

200多年前清代著名史学家赵翼有语：“江山代有才人出，各领风骚数百年。”新时代的创新并不仅仅是纯粹的智力活动过程，还需要以创新情感为动力，在智力和创新情感的共同作用下，创新才可能获得更高的综合效益。

经典例题

例1：调转图形

图中粗线框架上镶嵌着刻有“○”或“×”同样大小的卡片。这些卡片虽不能取下来，但如果有空格。可以上下左右随意移动。能不能将三张“○”和三张“×”的位置完全倒过来？中间正好空了一格，但不能跳过卡片也不能毁坏框架，在条件允许的范围内，想一想所有的可能性。

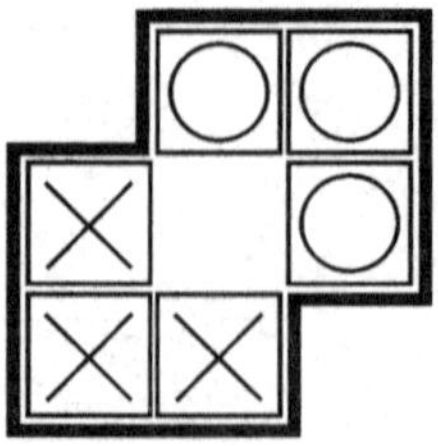

答案：

滑动卡片交换位置不可能，可有办法达到目的：将框架整个倒过来即可。

我们能从这个问题上学到这点：事情的解决，发现“可能”的前提是确认“不可能”。例如：给大猩猩两根棍子，将食物放在用一根棍子够不到的地方。接下来大猩猩会用一根棍子拼命地去取食物，这时如果它不能确定用一根棍子不可能取到食物的话，会无休无止地进行这种徒劳的尝试。不仅仅是大猩猩，我们身边也常有跟这大同小异的事发生。尽快地确认其“不可能”，这也是解决问题能力的关键。

例2：最短的距离

如下图，在一条200米宽的河流两岸，有A、B两个点。假如A、B两点在如图所示位置的话，那么请问在河的什么部位建造一座桥，可以使A和B的距离最短？河流的宽度是固定的，桥也不能斜着架。

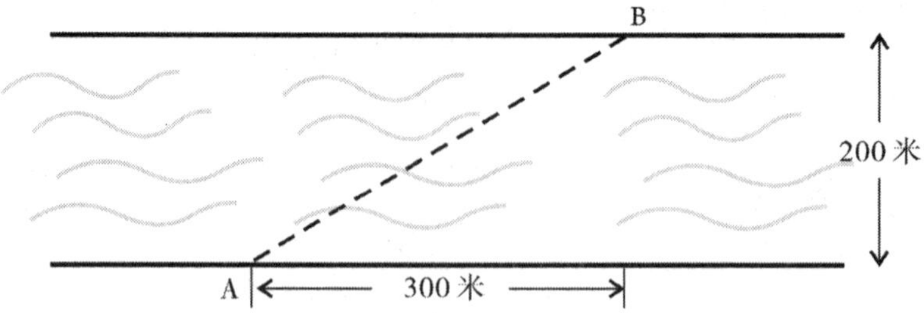

答案：

如下图所示部位架一座200米长、300米宽的桥，在桥上斜着走过去就是A到B的最短距离。

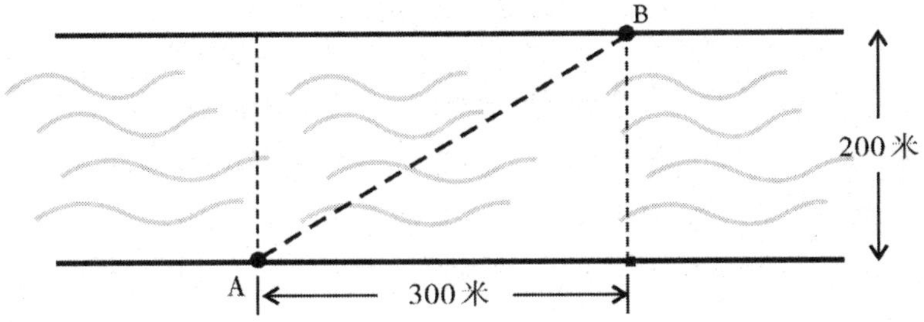

例3：一笔画正反

有一条纸带，如果想一笔在其正反两面画一条线，应该怎么画？

答案：

将纸带反扭一圈结成环就能一笔画成。这是一道拓扑几何学领域的问题。只要把纸扭一圈，就会出现一个崭新的世界。

例4：捅不破的纸

灵灵闲着没事的时候，总是喜欢撕纸，妈妈说了好多次，她也改不掉这个毛病。妈妈绞尽脑汁，终于想到了一个很巧妙的办法。这次，妈妈叫来灵灵，说："灵灵，如果你把我这张纸捅破的话，我就允许你再撕纸，否则的话，你就不能再撕纸了！"灵灵和妈妈打好了赌。

妈妈取来一张面巾纸，一个硬纸做的圆筒（装羽毛球或蜡纸的圆纸筒也可以），一根橡皮筋，一根棍子，再找一些沙子。用面巾纸包住圆纸筒的一头，用橡皮筋把纸固定，然后往圆筒中倒入8厘米左右高的沙子。这时，妈妈对灵灵说："现在一切准备好了，你一只手握圆纸筒，另一只手握住棍子，把棍子插入装沙子的圆筒里，然后使劲，看看你能把封在另一头的面巾纸弄破吗？"

灵灵心想面巾纸那么薄，肯定会被弄破的，可是她努力了好多次都失败了！你知道这是为什么吗？

答案：

其实因为灵灵用在棍子上的力没有全部传到面巾纸上去。由于沙粒之间有许许多多微小的空隙，当灵灵把棍子往沙里捅时，沙粒彼此相互碰撞，把力传到了其他方向。沙子受到了一部分作用力，并把剩余部分的力分散开来了，这样力就被分散到整个圆筒的表面，只有很小很小的一部分力到达面巾纸上。因此，不管灵灵使多大的劲，也无法用棍子把面巾纸弄穿。

例5：水果拼图

观察下面的方框，请说出空白处应填入哪种水果呢？

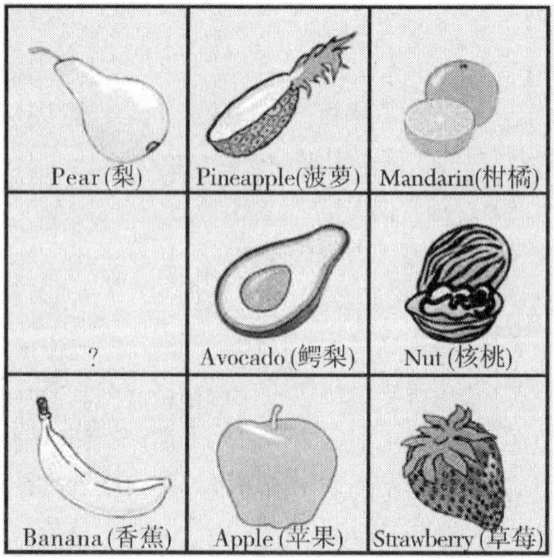

答案：

方框中应填入Pomegranate（石榴）。每行、每列、每条对角线的所有字母总数都是21。

专题训练

巧加标点

你会不会用两种不同的方法，给下面这个句子加上标点，使它相应地产生两种不同的意思？

Mr.Jones the teacher is absent.

问号代表的字母

根据下图圆环中字母的排列规律，中间的问号应该代表什么字母呢？

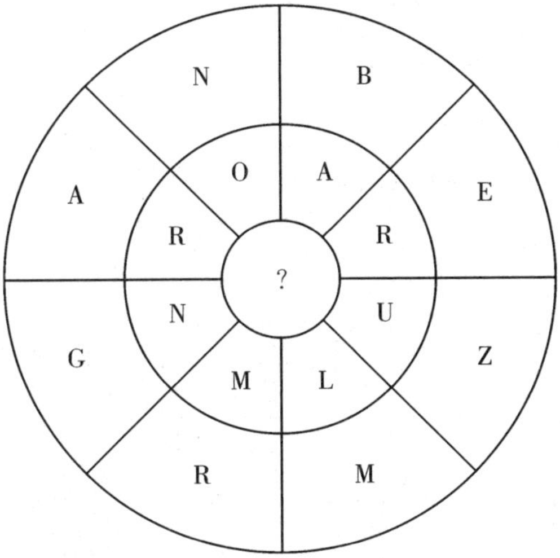

迷路了

如图，这可以说是世界上最简单的迷宫了。在这个迷宫中，只有一条路可以到达终点。但是在通过迷宫的过程中需要遵守一些特殊的规则。每次只能向前或向后移动 4 步或 7 步，必须保证曾在这个字母上停留过。你知道正确的路线吗？

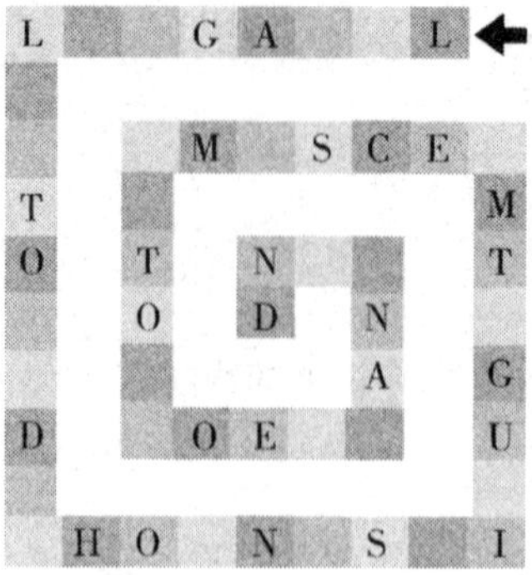

单词的规则

这些英语单词是按照一种合乎逻辑的顺序排列的：

SPHINX

LISTEN

TALION

那么，接下来的应该是下列单词中的哪一个呢？

AUREOLE

SPROUT

IODINE

PROTON

看规律找单词

这些英语单词从某种逻辑的角度看属于同一类型：

BASSOON

ADDRESS

CORRALLED

SUCCESSIVE

FOOTHILL

下列单词中的哪一个也属于这一类型呢？

NEEDLESS

PERIPHERAL

MULTISYLLABIC

WALL

我看见你

用哪三个字母表示“我看见你”的意思？

字母代表复数

字母表上哪一个字母是动词be的现在一般时复数形式？你说为什么？

你的鼻子像什么

为什么你脸上的鼻子像civility（谦虚）一词中的V 那样？

u是最快乐的字母

为什么说u是一个最快乐的字母？

w与音乐

美国青年怎么会用w来把音乐引到新的节奏？

字母F像巴黎

为什么说字母F像Paris（巴黎）？

强盗身上的记号

南宋绍兴年间，有个姓王的富户，因金兵打进中原而迁到临江郡新淦县，居住在涛泥寺里。一天王富户宴请客人，到半夜才散席。他喝得酩酊大醉，一头倒在床上呼呼入睡了。几个丫鬟正在屋里收拾时，忽然一群穿着白衣服的强盗破门而入，大喝道：“要命的不要动，你们的主人在哪里？”有个叫蓝姐的丫鬟站出来说：“你们不要惊动主人，掌管库房钥匙的是我。”说着把钥匙交了出来。那些被捆绑起来的丫鬟心里想：“主人平素对你蓝姐不错，到头来你却忘恩负义，真不要脸！”

这时，蓝姐并不理会姐妹们轻蔑的眼光，拿起宴席上的蜡烛，讨好地对强盗们说：“大王，小女子愿为您效劳！”强盗头子从桌上拿起一杯剩酒一饮而尽，说：“对，还是爽快些，免得大王手里的刀子吃荤！”蓝姐发着抖说：“是，是，大王，家里的金银财宝在哪里，我全知道，就去拿给你们！”说着她又拿起一支蜡烛，引他们前去库房。

到了库房，蓝姐从角落里翻出一只箱子，打开一看，里面全是闪闪发光的金银财宝。强盗们开心极了，一齐涌上去观看，蓝姐举起两支蜡烛，凑上去为他们照明。强盗们提起了这只箱子，又在屋里东找西找，蓝姐的蜡烛始终不离手，殷勤地为他们寻找值钱的东西。强盗们一切顺顺当当，所以临走时也没有难为蓝姐和其他丫鬟。

第二天一早，主人酒醒了，听了丫鬟们把昨晚的事一讲，怒喝道：“快把蓝姐给我叫来！”可是，满屋子找，也不见蓝姐的踪影。主人想，蓝姐逃走了！他和一个家丁慌忙到县衙门报案。谁知来到大堂之上，见蓝姐已在那里了。蓝姐说：“东家，我早已来报案了！”主人斥道：“你为强盗献殷勤，怕我惩罚你，现在又装起好人来。呸！光报个案顶什么用！”蓝姐说：“当时不依那些白衣强盗，恐怕大家都没命了，所以我只能假装顺从，我已经在强盗的身上做了记号。凭这些记号，官差很快就可以找到他们的踪迹的！”果然，不多时，有几个公差来报告县官：“根据蓝姐提供的线索，已捉到一个身穿白衣的强盗。”押上来与蓝姐一对证，果然是个强盗。那强盗在富有心计的蓝姐面前，只得供出同党。

你知道蓝姐是怎样在强盗毫无觉察的情况下在他们身上做了记号的吗？

乾隆皇帝出对联

乾隆四十九年，一向喜欢文墨的乾隆皇帝举行了一次盛大的“千叟宴”。来参加的老叟将近四千人，其中年纪最大的已经有141岁了。看到这么隆重的场面，乾隆皇帝心里非常高兴，出了一个上联：“花甲重逢，又加三七岁月。”并命人来对。

纪晓岚思考了一会儿，就对出了下联：“古稀双庆，更多一度春秋。”乾隆皇帝拍手叫好，因为上联道出了最长寿老者的年岁141，而下联恰好也包含了141这个数字。你知道141这个数字是怎么蕴含在这副对联中的吗？

中国人的姿态

当年，中美关系初步改善的时候，美国前国务卿基辛格先生第一次来华访问，他问周恩来总理：“我们美国人总挺起胸走路，你们中国人为什么老是弯着腰呢？”他认为，美国人走路挺胸是健康、自信、有力量的表现，而中国人弯腰走路是有病、无力、没有自信心的表现。面对这种不怀善意的问题，周总理先是哈哈大笑，接着说了一句话，使基辛格不得不肃然起敬。你知道周总理是怎样回答的吗？

华盛顿智抓小偷

美国第一任总统华盛顿，一直是美国人民的骄傲。他从小就天资过人，少年时在家乡弗吉尼亚州威斯特摩兰县做的一些事被人们广泛地传颂着。有一次，华盛顿的邻居遭偷窃，损失了许多衣服和粮食。村主任召集村民开会，大家你一言我一语，讨论了好久，也想不出一个破案的办法来。华盛顿把村主任拉到一旁悄悄说：“从偷窃的东西和时间来看，小偷一定不出本村。”村主任说：“你有什么办法破案呢？”华盛顿说：“有。您只要如此这般就行了。”

晚上，村主任将村民们召集到麦场上，说是听华盛顿讲故事。那晚，月光皎洁，星星晶亮，华盛顿开讲道：“黄蜂是上帝的特使，它有一双亮晶晶的大眼睛，能够辨别人间的真伪、善恶，乘着朦胧的月光飞向人间……”华盛顿忽然停了一下，猛然大声喊道：“哎，小偷就是他，就是他！他偷了普斯特大叔的东西，黄蜂正在他帽子上兜转转，要落下来了，落下来了！”突然，华盛顿大喝一声：“小偷就是他！”说完，他说出了自己的理由，小偷想抵赖也抵赖不了。

你知道华盛顿是怎样辨认出小偷来的吗？

今天打了几只野兽

有一天早上，猎人出去打猎，直到天黑才回到家。他的妻子就问他：“你今天打了几只野兽？”猎人说：“打了9只没有尾巴的，8只半个的，6只没头的。”他的妻子莫名其妙，弄不清楚他说的是什么意思。你知道猎人到底打了多少只野兽吗？

水池里共有多少桶水

有一次，一个国王问他身边的大臣："王宫前面的水池里共有多少桶水？"大臣们个个面面相觑，都答不上来。后来，有一个大臣说："城东门有个孩子很聪明，人们都叫他神童，是不是把他喊来？"于是，国王就派人把那个孩子找来了。那个孩子听了国王提出的问题，大眼睛眨了几眨，就立即回答出了这个问题，他的回答使国王十分满意。你能说一说，这个孩子是怎样回答的吗？

租房的问题

有一家三口人到另外一个城市旅游，但是那个城市的游客特别多，所以一时找不到可租的房子。这天，他们总算找到了一间价格合理、条件不错的房子。但是当他们要租住的时候，房东却告诉他们，这房子不租给带着孩子的家庭。丈夫和妻子听了，一时不知如何是好，于是，他们默默地走开了。这时他们的孩子对房东说了一句话，房东听了以后高声大笑，并把房子租给了他们。你能猜出这个孩子到底说了什么话吗？

巧解尴尬

服务员在规定的时间进客人的房间打扫卫生。他推门的时候，突然看见里面的女顾客正在卧室更衣，当时她正好没穿衣服，惊叫了一声。这名聪明的男服务员说了一句话，然后就退出房间。你知道他怎么说可以使女顾客摆脱尴尬的心态吗？

招聘公关人员

某公司欲招聘一名公关人员，决定先进行考试。考试的方法是：凡是参加报考的人都关在一间条件较好的房间里，每天有人按时送水送饭，门口有专人看守。谁先从房间里出去，考试就算过关。有人说头疼要去医院，守门人请来了医生；有人说自己的母亲病重，要回去照顾，守门人用电话联系后证明其母亲正在上班；其他人也提了不少理由，守门人就是不让他们出去。最后，有个人对守门人说了一句话，守门人就放他出去了。请你猜一猜，这个人说的是什么？

全部满意

一个剧场老板在“五一”期间邀请了三位著名的演员。三个演员虽然同意演出，但是他们都向剧场老板提出要把自己的名字写在海报前面，否则就退出演出。剧场老板并不想得罪其中任何一个演员，也希望他们三人能同时来演出。你能替剧场老板想一个好办法，使三个演员的名字都排在前面吗?

聪明的小仲马

小仲马是名著《茶花女》的作者，当初这部大作写成后，法国有一所著名剧院的老板慕名前来找到他，希望小仲马把这个剧本出让给他，由他的剧院上演。剧院老板承诺如果前26场有6万法郎的票房收入，就给小仲马1000法郎的高额稿酬。小仲马觉得条件可以接受，就答应了。剧本上演后，获得巨大成功，每场观众都是爆满。

意外的是，虽然演出获得巨大成功，剧院老板获得巨大收益，但他要了一个小小的心计，想在付给小仲马的稿酬上大打折扣。这天，小仲马找到剧院老板，向他索要稿酬，但老板却说他只能付给小仲马100法郎的报酬，因为他只卖出了59997法郎的票，没有达到原先说的6万法郎。

听了剧院老板的话，小仲马知道他在耍花招，小仲马没有和他争辩，转身出去了。没多久，剧院老板见小仲马又回来了，小仲马拿出一件十分简单的东西，交给老板。老板一看，不禁一愣，本来以为自己很聪明，却没想到小仲马还有这么一招，于是只好按约定付给小仲马1000法郎。请你猜一下，小仲马拿来一件什么东西，剧院老板就乖乖就范了呢?

5美分与10美分

美国第九届总统威廉·哈利逊出生在一个小镇上，自幼家境贫寒。他小时候性格文静内向，腼腆害羞。镇上的人喜欢作弄他，常常故意把一枚10美分和一枚5美分的硬币同时扔在他面前，要他从这两枚硬币中拣一枚。威廉总是拣那个5美分的，每拣一次都会引起人们的哄笑。镇上的很多人都认为他是一个小傻瓜，傻到了连10美分和5美分哪个面值更大都分不清楚的程度。小威廉真是这么傻吗?他为什么会这样做?

魔鬼与少年

一个魔鬼抓来一名少年，交给他一项十分奇怪的工作。“这个木桶，只要你装半桶水在里面，而且，不能多，也不能少。不过，你绝不能用绳子或者尺子来量。我要是发现你耍滑头，就把你红烧了蘸姜汁吃！哈哈哈哈！”魔鬼一边大笑着，一边就要走开。“村子里最近少了很多人，一定是这个家伙在捣鬼。”少年想，于是，他大声道：“慢着，我问你，最近你是不是抓走了村子里很多人？”“是我抓的，那又如何！”魔鬼面目狰狞地说。“如果我完成你说的工作，你能够放了他们吗？”少年想要解救被抓走的村民。“哼！还想着当英雄呢？可惜啊，你已经没有这个机会了。我早把他们吃了，那些笨蛋，没一个能完成我给的任务。”魔鬼说，“不过嘛，你要是能够完成任务，我倒是可以饶你一条小命。”

聪明的少年想了一想，就找到了完成任务的方法，魔鬼只好流着口水放走了少年。你知道这个少年是用什么方法去测量桶内的水有多少的吗？

五边形瓷砖

新建的宾馆大厅要铺地砖，可是，主管部门要求只准铺五边形的地砖，且每块五边形瓷砖大小、形状要一样，只有铺到边上可用碎瓷砖。那么，用五边形的瓷砖可以把地板铺得没有缝隙吗？

怎样让它出来

在一张铺有台布（不能用塑料台布）的桌子上放一枚1分的硬币和两枚5分的硬币，再在两枚5分的硬币上罩一只玻璃杯。如果要求你既不能碰到玻璃杯，又不能借助别的小棍或其他物品去拨1分的硬币，你能把这枚1分的硬币从玻璃杯下面弄出来吗？

也许吹气能把它吹出来吧。那就请你试一试。无论你怎么吹，是不会成功的。当然，你可能想到把桌子底面挖一个洞，硬币不就自己掉下来了吗？这个办法太费事，而且，我们不能为做一个小游戏，把一个好好的桌子给弄坏了吧！

其实，有一个既简单又十分有趣的办法，可以把这枚硬币从玻璃杯里弄出来——让它自己走出来。玻璃杯下那两枚5分的硬币肯定比这枚1分的硬币厚，所以杯子下面的空洞完全可以让1分的硬币通过。只要你用手指甲在靠近玻璃杯处的台布上不停地往外抓刮，这枚硬币就会一步一步向杯口“走”来，最后钻出杯子。这是怎么回事?

用水烧纸

在少年宫举行的科技表演会上，一个小同学表演的化学魔术，引起了全场小观众的轰动。只见他手中拿着一张白纸，并特意对着观众晃了两下，以表示这是一张普通白纸，然后，他将这张白纸一层一层地折叠起来，对着观众说：“我能用水将这张白纸点燃……”他的话音未落，台下有位勇敢的小朋友说道：“不可能，水能灭火，怎能用水点燃纸呢？”“我说也不可能，水不能燃烧，更不能燃纸。”“就是嘛，水火是不相容的，历来是对立的！”小同学七嘴八舌地议论着。这时又有一位同学问道：“你用的水不是一般的水，可能是别的东西吧！”他边说边取出自己的喝水杯，装上一杯水，然后走到台上要求表演者用他的这杯水。这位表演者接受了他的要求，将手中的那张白纸往这杯水中轻轻一点，这张白纸果然熊熊地燃烧起来了。“出神了！水真的能点燃纸！”小观众们议论纷纷。当你知道用水能点燃纸之后，也能感到出“神”吧，那么这个“神”出在什么地方呢?

火球游泳

水火不相容，这是人们公认的常识。从来没有看见过火球能在水面上游来游去。然而，课外科技小组的李明同学，做了一个“火球游泳”的小魔术。他拿了一个100毫升的烧杯，里面装上自来水，然后用镊子将一块豆粒大的银白色固体，轻轻地放在烧杯里。这时，烧杯里的水面上立刻生成一个火球，这个火球在水面上滚来滚去，同时发出嗞嗞的响声。你想想看，李明同学的“火球游泳”小魔术是根据什么道理?

可以煮水的冰

一日，魔术师做了一个这样的魔术。当众给烧瓶灌了半瓶水，放在火上加热。待水沸腾后将瓶从火上取下并用塞子将瓶口塞住。这时虽然瓶中水的温度还很高，但沸腾已停止了。再把烧瓶倒过来，在瓶底放上一些碎冰。这时，大家立刻可以看到，烧瓶中的水又重新沸腾起来了。

可是在通常情况下，冰只能使水冷却，是不能使水沸腾的。但是，为什么在魔术师的手里，冰却能使水沸腾起来呢？

谁能看到声音

谁能“看到”自己的声音？如果让大家开动脑筋想办法，看谁能想出好主意，让大家“看到”自己的声音，谁就可以成为优胜者。

要想“看到”声音，可能是很困难的，但是，一般我们能看到声音的振动。我们知道，各种机械（从小小的钟表到庞大的机器）都会产生振动，这些振动实际上就是声音的振动。人们已经发明了一种电子仪器，用它可以对声音引起的振动做精确的研究，这种仪器叫“示波器”。示波器是一种很复杂的仪器，价格也十分昂贵。不过，我们可以用一些简单的材料来自制一个“光线示波器”，用它来显示声音的振动，也能让我们“看到”声音的振动。

找一个空罐头盒，把两头打通，从破气球上剪下一块橡胶皮，把它紧紧绷到罐头盒的一头。找一块衬衣纽扣大小的碎镜片，把它粘到空罐头盒绷的橡胶皮上。粘的时候注意，不要粘在中心，只要粘在靠边上一点就行。

“看”声音的时候得有太阳。对着太阳站在一堵墙前，距墙的距离三四米远即可。拿起罐头盒，让有橡胶皮的一端对着墙，让碎镜上反射的光投到墙上。这时，你对着空罐头盒的敞口端拉长声音喊，像演员练声一样变着调喊，就会“看到”墙上的“声音”。想想看，墙上的“声音”会是什么样子？

为什么会向上滚

由于地球引力的作用，任何东西都是由上往下落，高处的水向低处流，坡上的石头往坡下滚。你能想象出往坡上滚动的物体是怎么回事吗？下面我们就可以看看这个有趣的现象。

先用厚纸或薄卡片做成两个圆锥体，然后用胶水（或糨糊）把它们对接粘在一起；把一本大书和一本小书相隔一定距离照图上的样子放好，注意：应该是书背向上才能放得稳些。在书上架两根圆筷子或圆木棍，让较高一头的圆筷子比较低一头的略为撇开一些。

现在，你可以把刚刚做好的双圆锥体放在木棍靠近小书的一端，也就是较低的一端。这时，你会惊奇地发现双圆锥体像是谁给它施了“魔法”，竟然沿着“轨道”向上坡滚动。看起来不可能的事情，居然真的出现了。真是双圆锥体向上坡滚动吗？地球的引力对双圆锥体不起作用了吗？

神奇的“大炮”

我们来动手做一架“大炮”。这架大炮可神啦，它能魔术般地把1米开外的烛焰“击”灭，而且并不需要你填装什么“炮弹”。

找一只两头封闭的纸板圆柱筒，在一端的盖子中间，剪出一个直径大约2厘米的圆孔。这个圆孔就是大炮的炮口。再找点其他材料做一副炮架子就成了。

现在，你可以试一试这门大炮的破坏力了：在距大炮1米远的地方放一支点燃的蜡烛，把你的炮对着蜡烛瞄准好。用手在大炮筒的底部轻轻拍一两下，你会看到烛焰马上就被你的大炮“击”灭了。如果烛焰只是摇曳了一下，那说明你瞄得不够准。只要你瞄得准，甚至在3米远处的烛焰也能灭掉。请问，这是怎么回事呢？

本章专题训练答案

巧加标点

①Mr.jones，the teacher，is absent.

当老师的琼斯先生不在。

②Mr.Jones，the teacher is abesnt.

琼斯先生，这个老师不在。

问号代表的字母

E。对角位置上的5个字母经过重新排列组合之后，可以组成四个表示颜色的单词：AMBER（琥珀色的）、GREEN（绿色的）、AZURE（蔚蓝色的）、LEMON（柠檬色的）。

迷路了

正确的路线就是“A l l g o o d t h i n g s m u s t c o m e t o a n e n d .”（天下没有不散的宴席。）

单词的规则

IODINE。它们都是六字母单词，依次具有1个、2个、3个、4个元音字母。

看规律找单词

NEEDLESS。每个单词都有2对成双的字母。

我看见你

ICU.——I see you.

字母代表复数

是R。因为be的现在一般时复数形式是are，R和are一样是发［a:］音的。

你的鼻子像什么

因为这个V在两只眼睛（two eyes）之间。Eye和i是同音的。

u是最快乐的字母

因为u总是处在兴高采烈的（fun）状态之中。

w与音乐

因为w能把sing（歌唱）变成swing（摇摆音乐）。摇摆音乐在一些美国青年心目中是最新的旋律。

字母F像巴黎

因为巴黎是France（法国）的首都。（注：“首都”是“Capital”，在“France”这个单词中，“F”是大写的，而“Capital”也可作“大写”解，故这是利用了Capital两种不同解释。）

强盗身上的记号

聪明的蓝姐趁举着蜡烛，凑上去为强盗照明的时候，有意用蜡烛在强盗的背上都滴上了好多烛泪。

乾隆皇帝出对联

花甲是60，重逢就是两个花甲，三七岁月是21，加在一起正好是141；古稀是70，双庆是两个，一度春秋是1年，加在一起也是141。

中国人的姿态

周总理说："我们中国人在上山，走上坡路嘛；你们美国人在下山，走下坡路呀。"

华盛顿智抓小偷

当华盛顿说"小偷就是他，就是他！他偷了普斯特大叔的东西，黄蜂正在他帽子上兜转转，要落下来了，落下来了"的时候，别人都很好奇，一个个都扭头互相观望，想看看黄蜂是否真的在某人头上。那个做贼心虚的小偷不知是计，心急慌忙伸出手想把帽子上的黄蜂挥开……其实，哪有什么黄蜂？这样，小偷就自己不打自招了。

今天打了几只野兽

9只没有尾巴的，9字去尾，是0；8只半个的，8字一半，是0；6只没头的，6字去头也是0。所以，猎人那天一只野兽也没有打回来。

水池里共有多少桶水

小孩回答说："要看是怎样的桶，如果桶和水池一样大，那就是一桶水；如果桶只有水池一半大，那就是两桶水；如果桶只有水池的三分之一大，那就是三桶水。如果……"因此，国王满意地说："行了，你的回答完全对。"并奖赏了这个孩子。

租房的问题

小孩说："先生，我要租这间房子，我没有孩子，我只带来两个大人。"

巧解尴尬

他说："对不起，先生。"

招聘公关人员

他说的是：“我不考了。”守门人对一个放弃考试的人是可能放他走的。

全部满意

这位剧场老板可以改掉用海报宣传的形式，采用一个不断转动的大灯笼，把三个演员的名字都写在灯笼上，三个名字转圈出现，那么谁都可以说自己的名字排在前面了。

聪明的小仲马

其实小仲马做了一件很简单的事情，就是出去买了一张戏票，戏票是3法郎。这样一来，剧院的收入正好凑齐6万法郎，剧院老板的承诺当然就要兑现了。

5美分与10美分

小威廉不但不傻，而且超乎常人的聪明。有一次，一位老奶奶对他说：“威廉！你怎么会不知道10美分比5美分更值钱呢？”威廉回答说：“我当然知道。但我要是拣了那个10美分的硬币，他们就没兴趣再扔钱给我了。”

魔鬼与少年

要想使桶内的水刚好是一半，只需要把桶倾斜在使水刚好达到桶口边缘的程度，这个时候水面必须和桶底的最高点等高才行。因为桶的上下圆周所对应的点的连线，刚好把木桶分成两半。如果水不到半桶，那么，桶底的一部分就会露出水面。反过来说，假如桶内的水超过一半，那水面就会高于底部。

五边形瓷砖

可以做到，不过，不能用正五边形瓷砖。只有使用一些设计巧妙的五边形瓷砖才可以达到要求。除了图中的两种形状，你还可自行设计一些五边形瓷砖。实际上，说到五边形瓷砖，我们很容易误入正五边形的圈套。如果一直停留在固有观念上，就很难找到正确的解题方法了。

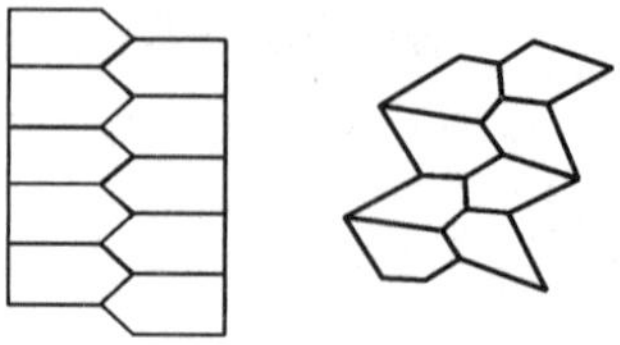

怎样让它出来

原来，你的手指每刮一次台布，就把台布往前拉了一点，1分的硬币随着台布也会向前移动一点。当你手抬起时，台布的弹性使台布缩了回去，而硬币由于惯性的作用，仍停留在原处。这样，你每刮一次，硬币就移动一点距离，最后顺利地“走”了出来。

用水烧纸

实际上并不神秘，这无非是一种非常普通的化学反应所产生的现象。原来，表演者手中拿的那张白纸上事先已粘上一小块金属钠，因为金属钠是银白色的，所以台下的观众是不易看见的，他将白纸折叠几次是为了将这块金属钠包在中间以防止在空气中被氧化。金属钠有一种非常活泼的化学性质，遇水后能发生激烈的化学反应，生成氢氧化钠和氢气。同时，这个反应放出大量的热，使纸的温度迅速升高，并马上达到燃点。这个反应还同时放出氢气，在氢气燃烧之时，纸也跟着燃烧了。不但金属钠有这种性质，金属钾、金属镁等也都有这种化学性质。

火球游泳

原来，李明同学用镊子放进杯内的那块固体是金属钠，因为金属钠化学性质非常活泼，一遇水就发生激烈的化学反应，同时放出大量热，并生成可燃气体氢。

$2Na+2H_2O=2NaOH+H_2$（气）

当金属钠和水反应时，由于钠的熔点很低，被所产生的热量熔化而成球形，又由于产生的热量很快地使所产生的氢气达到燃点，所以在水面上形成了一个火球，火球又被所产生的氢气所推动，而在水面上滚来滚去，好像游泳似的。这种现象说明了金属钠化学活动能力非常强，易于水反应。所以平常的金属钠只能放在煤油里保存，切不可放在空气中，以免起火燃烧。

可以煮水的冰

一般来说，液体的沸点与液面上的空气压强有密切的关系：压强高，沸点也高；压强低，沸点也低。而现在的烧瓶里面的气压就降低了，沸点也就跟着降低，所以冰能使水再次沸腾。

谁能看到声音

镜片会随着不同的声音产生振动，墙上的光点就会产生不同的图形。这样，你就“看到”了自己的声音。

为什么会向上滚

不是。你把双圆锥体放在木棍上再让它滚一次，仔细观察双圆锥体是怎样滚动的，就会发现其中的奥秘。看一看双圆锥体的两头，它们搁在靠得较拢的两根木棍上，是什么情形？滚动后，由于两根木棍之间的距离越来越大，双圆锥体实际上是向下走的。注意：玩这个游戏时，两本书放的高度不能相差太悬殊了。

神奇的“大炮”

这是大炮喷出的“音圈”吹灭了烛焰。我们可以在大炮里放些烟来观察这个现象。你请一个会抽烟的人，通过圆孔吹进几口烟。现在把这门炮平摆着，用手指节慢慢地轻拍纸筒的底面，你会看到，一个个美丽的烟圈从圆孔里喷出来，而且它向前飞时，还能保持形状的完整。如果你用灯照着烟圈，对着一个黑暗的背景观看这些烟圈，就能对它做细致的观察。你会看见，每个烟圈上的烟都在迅速地兜着圈子滚翻哩，简直奇异极了。你一定没有想到，用手指对着纸筒底这么一弹，会有这么惊人的作用，喷出的“音圈”能使空气产生这样强的旋转速度和力量，把人吹气吹不到的地方的烛焰一下子吹灭。

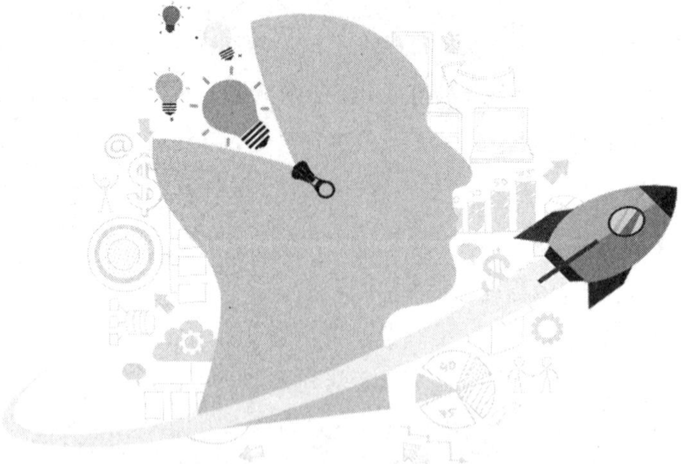

第9章　综合能力题

“汝果欲学诗，工夫在诗外”

本书至此已经讲解了观察能力、想象能力、判断能力、计算能力、推理能力、认知能力、实践能力、创新能力共8种学习能力。讲解顺序大体是从简单到复杂，逐渐从理论性过渡到实践性。细心的读者一定会发现，每一种学习能力都不是孤立存在的，往往是“你中有我，我中有你”；很多思维游戏，用到的不仅是一种学习能力，还可以是两种、三种甚至更多种。多种能力的综合体，就是综合能力，是逻辑性、深刻性、全面性、严密性色彩最浓的学习能力。综合性的学习能力需要逐步培养，这已经是许多教育家的共识。

综合能力是在学习和社会实践活动中表现出来的，是能够运用多学科知识和多种能力创造性地分析问题和解决问题的能力。培养综合能力，不可能通过短期强化训练“毕其功于一役”，必须日积月累才能达到目的，这正如一句古诗所说的：“汝果欲学诗，工夫在诗外。”随着时代的进步、社会的发展，社会需求的是复合型人才，也就是综合能力强的人才。培养综合能力要从学习知识入手。知识是形成素质的基础，一个人只有具备了融会贯通的综合知识结构，才能透彻地研究高深学问。高素质人才必然有扎实、全面的知识基础，应是指融自然学科和人文学科于一体的广博的知识。综合能力的提高，离不开知识的吸收，但绝不是知识的堆砌，而是在于知识的运用。善于运用知识的人，从事某种活动时就可以得心应手、游刃有余、事半功倍；反之，才疏学浅、能力较差的人，做事就会感到力不从心，事倍功半。

随着全球化信息、知识经济和可持续发展时代的到来，新时代呼唤的是具有综合实践能力、创新精神以及具有良好综合素质的新型人才。综合能力的培养，能促进一个人形成科学的世界观和方法论，从系统的角度辩证地认识问题、分析问题、处理问题，这才能适应这个时代、这个社会。

经典例题

例1：《暮江吟》中的自然科学知识

请你先欣赏一下唐代诗人白居易的《暮江吟》："一道残阳铺水中，半江瑟瑟半江红。可怜九月初三夜，露似珍珠月似弓。"这首诗中蕴含着丰富的自然科学知识，你知道都有哪些吗?

答案：

"残阳铺水中"是由于光的反射、镜面成像而形成的。"半江红"是由于红光的波长长，容易发生明显的衍射现象，使晚霞呈红色。"九月初三夜"说明"露"这一自然现象一般发生在秋天。"露似珍珠"说明露珠呈球形且晶莹透亮。呈球形是因为液体的表面张力作用，使液面具有收缩到最小面积的趋势（在体积相等的各种形状的物体中，球形物体的表面积最小）。露珠特别明亮是由于光发生了全反射的缘故。"月似弓"是光沿着直线传播而形成的。

例2：依次归类

彬彬同学把26个英语字母按图形的变换分为5类：①HX；②NSZ；③BCDK；④MTVWY；⑤FGJLPQR．你能把剩下的5个元音字母：AEIOU依次归类吗？（　　）

A．①③④③④　B．④③①①④　C．⑤③①③④　D．④③⑤①④

答案：

①HX有两条对称轴；②NSZ是中心对称图形；③BCDK有一条水平的对称轴；④MTVWY有一条竖直的对称轴；⑤FGJLPQR既不是轴对称图形，又不是中心对称图形。

A、U都有一条竖直的对称轴，故归④；E有一条水平的对称轴，故归③；I、O有两条对称轴，故归①。故选B。

例3：足球比赛中的“香蕉球”

如果你经常观看足球比赛的话，一定见过罚前场直接任意球。这时候，通常是防守方五六个球员在球门前组成一道“人墙”，挡住进球路线。进攻方的主罚队员，起脚一记劲射，球绕过了“人墙”，眼看要偏离球门飞出，却又沿弧线拐过弯来直入球门，让守门员措手不及，眼睁睁地看着球进了大门。这就是颇为神奇的“香蕉球”。为什么足球会在空中沿弧线飞行呢？

答案：

原来，罚“香蕉球”的时候，运动员并不是拔脚踢中足球的中心，而是稍稍偏向一侧，同时用脚背摩擦足球，使球在空气中前进的同时还不断地旋转。这时，一方面，空气迎着球向后流动；另一方面，由于空气与球之间的摩擦，球周围的空气又会被带着一起旋转。这样，球一侧空气的流动速度加快，而另一侧空气的流动速度减慢。物理知识告诉我们：气体的流速越大，压强越小（伯努利方程）。由于足球两侧空气的流动速度不一样，它们对足球所产生的压强也不一样，于是足球在空气压力的作用下，被迫向空气流速大的一侧转弯了。

乒乓球比赛中，运动员在削球或拉弧圈球时，球的线路会改变，道理与足球比赛中的“香蕉球”一样。

例4：欢乐斗地主

欢乐斗地主是一款QQ游戏，其规则：两名农民为一方合作对战一名地主，使用一副共54张的扑克牌，每人17张牌，剩余的3张归地主，只要有一人出完手中的牌，则此盘游戏结束。地主最先出完牌，则地主一方赢；两名农民中的任何一人最先出完牌，则农民一方赢。输赢用欢乐豆结算：

（1）欢乐豆不足2000的人不能当地主。

（2）若农民一方赢，则两名农民都赢地主1000欢乐豆。若地主一方赢，则两农民都输1000欢乐豆给地主（欢乐豆不足1000的农民，则把所有欢乐豆都输给地主）。

甲、乙、丙三人玩欢乐斗地主，已知甲当地主时，最先出完牌的概率为$\frac{1}{2}$，甲当农民时（不管谁当地主）最先出完牌的概率都为$\frac{7}{30}$；乙当地主时，最先出完牌的概率为$\frac{13}{30}$，乙当农民时（不管谁当地主）最先出完牌的概率为$\frac{1}{6}$。现正进行的一盘游戏，甲丙的欢乐豆都不少于2000，乙的欢乐豆只有500，在甲乙丙三人斗地主的技术和牌运都不发生变化的前提下，抢不抢地主当？甲丙如何选择？（　　）

A. 甲不抢地主当丙抢地主当

B. 甲抢地主当丙不抢地主当

C. 甲丙都抢地主当

D. 甲丙都不抢地主当，结束游戏

答案：

甲当地主时，最先出完牌的概率为$\frac{1}{2}$，即甲当地主获胜的概率为

$\frac{15}{30}$；由于乙只有500欢乐豆，此时甲可获得1500欢乐豆；而一旦输则损失2000欢乐豆，故甲当地主赢取欢乐豆的期望为：$\frac{1}{2}\times(-2000)+\frac{1}{2}\times1500=-250$。

甲当农民时，甲乙无论谁先出完均能获胜，故甲当农民获胜的概率为$\frac{7}{30}+\frac{1}{6}=\frac{12}{30}$，故甲当农民赢取欢乐豆的期望为：$\frac{12}{30}\times1000+\frac{18}{30}\times(-1000)=-200$。

由于甲当农民时的数学期望大于当地主时的数学期望，故甲不抢地主当。

丙当地主时，获胜的概率为$\frac{18}{30}$，由于乙只有500欢乐豆，此时丙可获得1500欢乐豆；而一旦输则损失2000欢乐豆，故丙当地主赢取欢乐豆的期望为：$\frac{12}{30}\times(-2000)+\frac{18}{30}\times1500=100$。

丙当农民时，丙乙无论谁先出完均能获胜，故丙当农民获胜的概率为$\frac{1}{2}$，故丙当农民赢取欢乐豆的期望为：$\frac{1}{2}\times1000+\frac{1}{2}\times(-1000)=0$。

由于丙当农民时的数学期望小于当地主时的数学期望，故丙抢地主当,因此选A。

例5：国民投票审查

某国对最高法院审判员的国民投票审查，采取的是从印着一大排人名的投票纸上，在你认为不合适的人选上画×的方式。然而看了过去投票结果的统计表就可得知：名字排得越前被画×的概率越高，这可以说是排名顺序造成的不公，怎样才能消除这种不公平呢？

答案：

你灵活柔软的脑子里一定涌现出很多种办法吧。例如：将被审查的审判员的名字顺序变动，在每一张选票上任意印刷；将名字分成几排等，可以有很多种可能性。不过，希望你想到的是下面的办法：

将选票用纸改成圆形；或者现行的四边形不变，只将姓名排成圆形。

将直线排列的姓名，改为圆形排列——听起来是否很简单？实际上像这样的脑筋转弯，不仅不简单而且可以说困难至极。

如果把“消除直线排列的顺序差别”这个要求反复推敲的话，一定能从“没有终点的线”这个想法上撞上这个圆。关键在于能不能坚持不懈地反复思考，不断求索、钻研、求解下去。

专题训练

锄禾为什么要在正午

“锄禾日当午，汗滴禾下土。谁知盘中餐，粒粒皆辛苦。”这首唐诗读来朗朗上口，是妇孺皆知的传世佳句。请问，锄禾为什么一定要选在正午时分、气温最高、天气最热的时候呢？清晨或傍晚，天气凉爽的时候劳作，不是更加舒适吗？

海潮与月亮

唐代诗人张若虚的《春江花月夜》中的“春江潮水连海平，海上明月共潮生”说明了海潮与月亮之间存在着密切的关系，你知道它们之间有什么关系吗？

沉李浮瓜

三国时期曹丕的诗《朝歌令吴质书》中有这样两句：“浮甘瓜于清泉，沉朱李于寒水。”后人从这两句诗中归纳出一句成语“沉李浮瓜”，指暑天把瓜、李等放在冷水中浸凉后食用。也指暑天在冷水中浸凉后食用的瓜果。请问，为什么不说“沉瓜浮李”呢？

雾里山疑失，雷鸣雨未休

郑板桥的诗《江晴》中有这样两句：“雾里山疑失，雷鸣雨未休。”你知道写了什么自然现象吗？成因又是什么？

古诗中的自然现象

请你先读一下这三句脍炙人口的诗句：

月落乌啼霜满天，江枫渔火对愁眠。

蒹葭苍苍，白露为霜。

秋风萧瑟天气凉，草木摇落露为霜。

这三句诗分别出自唐代张继的《枫桥夜泊》、《诗经·蒹葭》、三国曹丕的《燕歌行》。你知道它们分别描写的是什么自然现象吗？抛开文学色彩，是否符合科学道理呢？

掩耳盗铃

《吕氏春秋·自知》记载了这样一个故事：有一个人想把一口钟偷回家，但那口钟太大，背不动。于是他就把那口钟砸烂，钟发出了响声，他怕别人听见，就用手把耳朵捂住。人们称此为“掩耳盗钟”。后世多说“掩耳盗铃”，比喻自欺欺人。请你从科学的角度分析一下，这个小偷为什么这样愚蠢？

夜深人静

“夜深人静”是我们耳熟能详的一句成语，意思是深夜了，人们都安静下来进入了梦乡。但是这句成语却蕴含着深刻的科学道理，你知道吗？

曲高和寡

有句成语叫“曲高和寡”，原意是乐曲的格调越高，能跟着唱的人就越少。这句成语比喻知音难觅，现多用于比喻言行卓越不凡、艺术作品等高雅深奥，以至于很少有人理解或接受。很多人都知道这句成语的比喻意义，但是如果让你从科学角度解释原意，很多人就未必知道。你知道吗？

四两拨千斤

“四两拨千斤”之说，最早见于明朝王宗岳《太极拳论》一文，原文意指太极拳技击术是一种含高度功力的技巧，不以拙力胜人的功夫；太极拳功深者，以触处成圆、引进落空、避实就虚等技法，使外力难以作用于自己身上；又以敷盖、封闭等技法使对手无法起动发力，从而体现出太极拳独特的技击特点。从上述可以看出，“四两拨千斤”是靠各种方式，改变对方力道方向的技巧。俗语所谓“四两拨千斤”是以小力胜大力之意，从科学的角度讲，你认为能够实现吗？

字母为中心对称图形

在英文单词“STRIVE”中，有多少个字母为中心对称图形？

填元音，组句子

下面两个句子中的元音被全部去掉了，你能将其补充上并翻译出来吗？

（1）NHST S TH BST PLC.

（2）BRDS F FTHR FLCK TGTHR.

巧添元音字母A

下面两行不容易弄清楚的字母，乍一看，是很难下手的，其实只要在适当的地方添加元音字母A，就会清晰地看到一个有意义的长句子。你能做到吗？

T LST JCK SPRT CN CTCH LL BD GRY CTS LNKYRT S BLCK BTS ND RTY NTS T HRRY’S RNCH.

巧添元音字母E

下面有一行挤在一起的字母要求你在需要的地方添加元音字母E，并分开单词，使句子通顺、畅达。你能做到吗？

VN NORMOUS LPHANTS ND XIRMLY XPNSIV DIBLS.

添辅音，组句子

下面句子中的同一辅音字母被通通去掉了，请你添补上，并将句子译出。

IE ME FAED I IE IIGS.

26个字母全用上

你能造一个句子，要用到字母表上的26个字母吗？动动脑筋吧！

高难度的造句游戏

对英语程度很高的人来说，可以玩这类高难度的造句游戏：不仅要按字母表顺序造句，还要求各句的每一个词都是用同一个字母开始的，此外还要：第一人造的句子每个词的首字母全用A，第二人造的句子全用B……你能用A和B完成这样的造句游戏吗？

电脑键盘上的英文字母

下图是电脑键盘上有英文字母的一部分，一个英文单词的第一个字母对应如图中的有序数对（6，2），则这个英文单词的第一个字母是什么？

3	Q	W	E	R	T	Y	U	I	O	P
2	A	S	D	F	G	H	J	K	L	: ;
1	Z	X	C	V	B	N	M	< ,	> .	? /
	1	2	3	4	5	6	7	8	9	10

慧眼挑单词

有一个英文单词的字母顺序对应如图中的有序数对分别为（6，2），（1，1），（6，3），（1，2），（5，3），请你把这个英文单词写出来并翻译成中文。

4	V	W	X	Y	Z		
3	O	P	Q	R	S	T	U
2	H	I	J	K	L	M	N
1	A	B	C	D	E	F	G
	1	2	3	4	5	6	7

字母方阵猜单词

若干个英语字母打乱顺序后排成了如下图所示的方阵，若字母L表示为（1，4），则按（3，4），（2，2），（1，3），（4，1）的顺序排列成的英语单词是什么？

4	L	X	P	C
3	R	F	Y	N
2	E	A	S	B
1	I	J	G	E
	1	2	3	4

五线谱中的英文单词

在五线谱中给出了五条平行直线与一个不完整的英文单词，为了补充这个单词，小明在直线n上取点B，在直线k上取点A、C，并连接线段AB、BC，请根据要求作图并回答以下问题：

（要求：尺规作图，保留作图痕迹，不写已知、求作、作法及结论）

（1）在直线n上要求找一点D，使点D到B、C两点的距离相等，并连接CD；

（2）过点D作线段DE//BC，交直线k于点E；

（3）由线段AB、BC、CD、DE组成的图形与另外的字母将图中不完整的英文单词补全并翻译成中文。

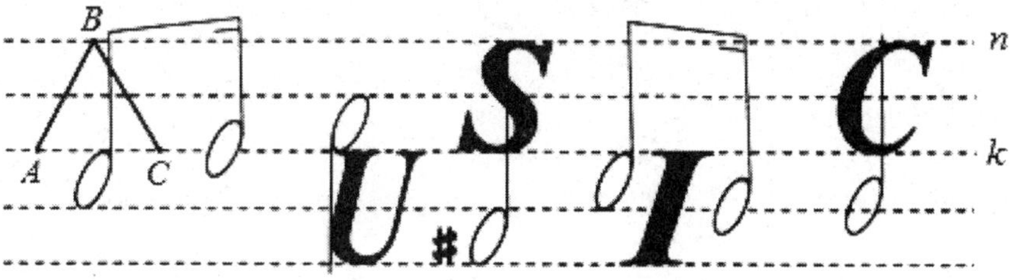

多则思维训练小故事

1. 同时说相同的英语

根据调查，发现我国各地在同一时间，竟然有许多人说着相同英语的奇怪现象，这究竟是怎么一回事呢？

2. 犯错误

田先生犯了一个大错误。当他在太太面前掏口袋的一刹那，一些袋内的酒吧火柴盒、未中奖的马票，以及旧情人的照片等，均散落于地。他在慌张之余，为了避免吵架，双手各遮起一件东西。试问，他所遮起最有效的东西是什么？

3. 地震危机

Z国发生8级大地震，造成灾情惨重。收音机中不断报道受灾情况以及寻人启事。清水也一直注意收听收音机报道。旁人问清水："你孙子的讯息是否会透过收音机播放？"他回答："没有。"接着又说："但我的孙子平安无事。"他何以能够得知孙子平安的消息？

4. 记号竞赛

小明从小刚那里拿了测验卷来做。卷中的1~5题中，小刚曾以铅笔做成圆圈记号，使得小明在答题时深受困扰，便以橡皮擦拭，但却无法去除残迹，请问，可以用何种方法减轻他的烦恼？

诗歌《寒鸦》

有一首诗歌写的是：

飞来几只寒鸦，落在树上停歇；
要是每根树枝上落一只，
就有一只寒鸦缺少一根树枝；
如果每根树枝落两只，
那么就有一根树枝落不上寒鸦。
你说共有几只寒鸦？
共有几根树枝？

上下左右

上左×下右=左下上右

上右×下左=上左下右

算式中上、下、左、右各代表四个不同的数字，你能猜出它们各代表几吗？

沈括算酒

沈括是宋朝的大科学家。有一次，他来到一家酒店，酒店的主人对他说："听说您是天下少见的奇才，我就出一道题来考考您。您能一下子算出我这里储存了多少坛酒吗？"沈括一看，在墙角处堆着整整齐齐的酒坛，一共有7层，最上层是4×8坛，第二层是5×9坛，每下一层，长和宽两边各多出一个坛子。沈括微微一笑，就说出了答案。你知道沈括的答案是什么吗？

文献考察年龄

亚当·斯密是英国著名的经济学家，他以一部剖析资本主义经济体制的《国富论》而名扬天下。一天，亚当·斯密翻阅一本古代文献时看到一个记载，他无意中就把这个记载变成了一道有趣的题目：一个人在公元前10年出生，在公元10年的生日前死去。你能够判断出这个人的年龄是多大吗？

鸡和鸭

有一次，陆路问小明："你们家里有多少只鸡，多少只鸭？"小明回答："鸡数乘鸭数，把这个积数在镜子里面一照，在镜子上看到的恰巧是我们家养的鸡和鸭的总数。"陆路一下子愣住了，这可该怎么算呢？你会算吗？

千年古刹的台阶

南京东郊有一座古寺，是千年的古刹。寺内的松风阁后面，有一座宝塔，塔高60多米，九层八面，顶上是琉璃瓦，中间设有螺旋的扶梯，扶梯而上，登塔四望，就可以看见群山苍茫，好像进入了仙境。宝塔的扶梯其实有个奥妙，每上一层，就少了一定的级数，从第四层到第六层，共有28级。第一层楼梯的级数，是最后一层的3倍。请问，你知道宝塔的楼梯一共有多少级？每层相差几级吗？

点头多少次

一座以传统教育著称的小学实施小班制的精英教育，校规非常严格。学校里只有10名男生，10名女生和一位老师。每天早上，每位学生必须一一向其他的男女同学及老师点头敬礼一次。请问，这所学校的全部师生每天早上总计需要点几次头？

左脚还是右脚

有一位皮鞋店老板将三双同款式的高档皮鞋弄散，分别装进三个箱子里，并在每个箱子外面写上："左左""右右""左右"的标签。但是，这些标签和箱子里面的鞋子完全不符合。请你打开任意一个箱子，取出一只皮鞋，看看是左脚的还是右脚的，并猜出全部箱子内的鞋子是左脚的还是右脚的？

红黑牌相同的次数

将一副拿掉王牌的52张扑克牌充分洗好后，分成A、B两堆，每堆26张牌，在这种情形下，A堆中黑色牌的张数和B堆中红色牌的张数，洗牌1000次中会有几次相同？

不拿到一元硬币

妈妈叫小华和小明去买东西，两个人都不愿意去。妈妈想了一个办法，拿了一个一元的硬币和15个一角的硬币，要两个人分别去拿，最后拿到一元硬币的人就得去帮妈妈买东西。但是一次不能拿超过三个硬币。要用什么方法才能不拿到一元硬币呢？

有多少人被释放

在某个国家，有十个犯人被带到国王面前。这十个犯人全都戴着有颜色的帽子，他们看不到自己的帽子，但是能看到别人的帽子。国王对这些犯人说："你们每个人都可以看看周围的犯人！如果你能看到三个以上戴黄帽子的犯人，就把你当场释放。"然后，国王命令其中x个犯人戴上黄帽子，结果十个犯人之中有x个犯人未被释放。请问，究竟有多少人被释放？

表白的方式

从教10年的数学老师威廉一直没有结婚。这一次，他终于得到了爱之女神的眷顾，就在他调去另一个学校工作的时候，他很幸运地同时得到了当地两个女老师朱莉和艾伦的青睐。威廉满脑袋数字，在无法从两者之中选择的情况下，他只好对这两位女教师说：“希望你们用数字或者数学公式，来表示你们对我的爱的程度。”朱莉说：“与艾伦比起来，我是一百倍地爱你。”艾伦说：“朱莉对你的感情当然没有我对你的感情深，与朱莉相比，我是一千倍地爱你。”听了她们爱的告白，不知为什么威廉反而神情沮丧地说：“这不就等于说，你们两个都完全不爱我吗？”你知道这究竟是怎么回事吗？

海市蜃楼

平静的海面、大江江面、湖面、雪原、沙漠或戈壁等地方，偶尔会在空中或“地下”出现高大楼台、城郭、树木等幻景，称为海市蜃楼。我国山东蓬莱海面上常出现这种幻景，古人归因于蛟龙之属的蜃，吐气而成楼台城郭，因而又称“蜃景”。

自古以来，蜃景就为世人所关注。在西方神话中，蜃景被描绘成魔鬼的化身，是死亡和不幸的凶兆。我国古代则把蜃景看成仙境，秦始皇、汉武帝曾率人前往蓬莱寻访仙境，还屡次派人去蓬莱寻求灵丹妙药。现代科学已经对大多数蜃景做出了正确解释，你知道其中的奥秘吗？

不往下长的根

将玉米种子放在湿沙土层上，保持适宜的温度和湿润的条件。待种子长出1~2厘米的根时，选出两株，将它们的根沿水平方向放置，并把其中一株玉米根的尖端切去。几天后会发现，没有切除根尖的根自动向下弯曲生长，而切去根尖的根似乎迷失了方向，径直沿水平方向生长。你知道这是为什么吗？

受骗的植物

物体很快旋转的时候，所产生的离心作用力可以达到极大的数值，这个数值竟能够超过重力的作用。下面就是一个有趣的实验，可以使你认识一只普通车轮旋转时候所产生的“甩开力”究竟有多大。我们都知道，一株新生植物的茎总是向重力作用的相反方向生出的，换句话说，总是向上生长的。但是，假如让种子在很快旋转的车轮上生长发芽的话，那么你就可以看见非常奇怪的现象：根会生向轮外，而茎却顺着半径方向朝轮子的中心生出。你知道为什么吗？

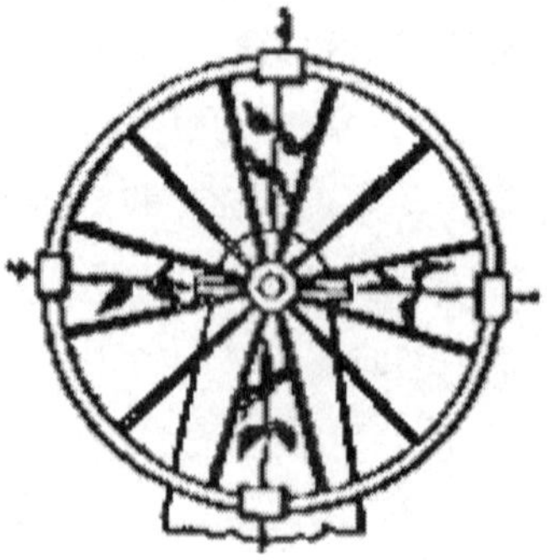

华佗治病

东汉末年，有个太守得了不能进食的重病，就请华佗来治病。华佗给太守切脉之后，既没有开药方，又没有用针灸，就不声不响地走了。太守以为招待不周，赶忙送去财礼，请吃酒席。华佗见礼就收，见酒就吃，但就是不开药方。一晃十多天过去了，太守让儿子去问华佗。而华佗却带着钱财走了，留下了一封信。信中骂道：“无耻太守，枉活人间！”可是当太守看了这封信以后，他的病却好了。这是什么道理呢？

本章专题训练答案

锄禾为什么要在正午

因为只有在中午，田地里的野草才会被晒死。

海潮与月亮

地球对地面上海水的引力，比月亮和太阳大几百万倍。所以海水留在地球上，而不会被月亮和太阳吸走。但是，月亮和太阳虽然与海洋相隔甚远，却像巨大的磁铁吸引铁板一样吸引着海洋，它能把靠近它们一面的海水吸得鼓胀起来，引起潮汐。

沉李浮瓜

因为这种说法违背了客观规律。一般瓜类如东瓜、南瓜等内部都有空心部分，正因如此，其重比同体积的水要轻，全部浸没在水中时，$F_{浮}>G_{瓜}$，即瓜类均要上浮。而李子、桃子等果实内均有核仁，因此把它们放入水中时$F_{浮}<G_{李}$，会下沉于水底。因此古人说 “沉李浮瓜”，而不说“沉瓜浮李”。

雾里山疑失，雷鸣雨未休

写的是一段雨后风景，雨雾缭绕群山，雷声伴着最后的细雨，谈到了雾和雨，在晚上，低空中的水蒸气遇冷降温液化成小水珠，停留在空中就形成了雾。当水蒸气上升到高空时，遇冷温度下降液化成小水珠，降下即为雨。

古诗中的自然现象

霜是由地表上的水蒸气在较低温度下放热凝华形成的，落在草、树枝等近地表的位置。在晚上，低空中的水蒸气遇冷降温液化成小水珠，停留在空中就形成了雾，弥漫在空中的。地面上草、木、石块等固体由于辐射热量，它们的温度下降速度快于空气温度的下降。当草、木、石块等降到某一温度而使附近的空气达到露点时，则有水珠凝结在这些物体上液化形成露。所以诗文中的“霜满天”是指雾弥漫在空中。后两句中均提到“露为霜”，由以上分析可知霜为水蒸气凝华所得，而非露凝固所得。显然这三句诗均为夸张，违背了自然界物态变化的规律。

掩耳盗铃

减少噪声的途径有三条：一是从声源处减弱；二是在传播途径中减弱；三是在人耳处减弱。这个偷钟的人只注意到了在人耳处，且是在自己耳朵处减弱。这样做，别人照样可以听到钟声。很显然，是自欺欺人。

夜深人静

深夜，工厂没有机器的轰隆声，农村没有鸡、狗、猫、鸭等各种动物的鸣叫声，也听不到人们大声的喧哗声。此时处在30分贝至40分贝的较理想休息和睡眠的安静环境中，真可谓万籁俱寂。

曲高和寡

频率越大，所发声音的音调越高，当然能跟着唱的人就越少。

四两拨千斤

能。根据杠杆原理，动力臂是阻力臂的几倍，动力就是阻力的几分之一。当动力臂很长而阻力臂很短时，就可以“四两拨千斤”了。这和阿基米德的“给我一个支点和一根足够长的棍，我就能撬动地球”的原理是相同的。

字母为中心对称图形

2个，S和I。

填元音，组句子

这两句都是熟悉的谚语：

Honesty is the best policy.

诚实才是上策。

Brids of a feather flock together.

物以类聚，人以群分。

巧添元音字母A

把元音字母A添加上去后，可形成一个长长的句子：

At last Jack Sprat can catch all bad gray cats, lanky rats, black bats, and arty ants at Harry’s ranch.

最后，矮子（Jack Sprat）也能在哈里农场上全部捉住那些讨厌的灰猫、干瘦的耗子、黑色的蝙蝠和自命不凡的蚂蚁。

巧添元音字母E

加了一些元音字母E以后，就揭示了这行乱七八糟字母的秘密，变成：

Even enormous elephants need extremely expensiveedibles.

甚至那些大象也需要极其昂贵的食品。

添辅音，组句子

省掉的是N，填写后就成为一个句子：

Nine men fanned in nine innings.

九个人连续打了九盘。

26个字母全用上

这里有一句可参考：

“‘Why X-ray more injured pavement? ’ She asked quizzi-cally, ‘ Baffling! ’”

“‘为什么X 光更有损于路面呢? ’ 她作弄地问，‘很难回答的吧！’”

高难度的造句游戏

举两个例子供参考：

甲：Alice always ate apples.

艾丽丝经常吃苹果。

乙：Brown blew blue bubbles but became bored by Barby.

布朗大放厥词，惹巴比厌烦。

电脑键盘上的英文字母

根据图像可得出：（6，2）即横坐标为6，纵坐标为2，即可得出对应字母为H。

慧眼挑单词

根据图示得（6，2），（1，1），（6，3），（1，2），（5，3），分别对应字母为MATHS，中文为数学。

字母方阵猜单词

（3，4）表示P，（2，2）表示A，（1，3）表示R，（4，1）表示E，所以对应的英语单词为PARE。

五线谱中的英文单词

先做BC的垂直平分线即可，然后作∠D=∠C，DE即为所求，便可发现英文单词。

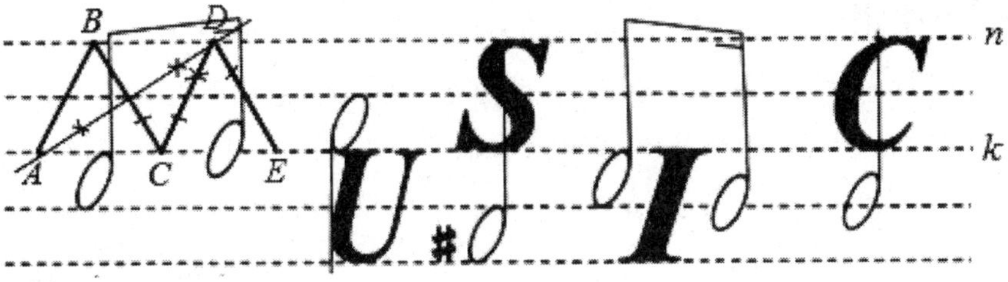

答案为：MUSIC，音乐。

多则思维训练小故事

1. 原来他们均同时收听英语广播讲座节目中的发音练习。在地球上住着大约75亿的人口，请加以想象除了自己之外的有趣之事。

2. 遮起太太的右眼及左眼。本题关键在于"双手各遮起一件东西"，而我们的眼睛左右各一只。当然，你不必过于同情问题中的男主角。

3. 原来播音员正是清水的孙子。若你曾有过一直在寻找钱包，最后却发觉它一直握在自己右手的经验，你便能很快了解此问题的玄奥之处。其盲点在于"但我的孙子平安无事"。一旦识破此玄机，便能冲破盲点。

4. 集中所有的选择题，均用铅笔做上同样记号即可。"试着推推看，若不行则用拉的方式"，这是一种古老的构想转换术。要将问题倒过来看，便能找出它的解决对策了。

诗歌《寒鸦》

共有4只寒鸦，3根树枝。

上下左右

上=2；下=8；左=1；右=7。

沈括算酒

共有567个酒坛子。其实计算的方法很简单，只要计算当中7×11=77个即可，再把这个数乘以7，再加上一个常数28就是答案。

文献考察年龄

这个人去世时的年龄是18岁。因为年号里没有称为0年的年，而且生日前一天与后一天之差，在年龄上就差一岁。

鸡和鸭

在镜子中照出来的物体都是左右相反的，数字中除了0外，只有1和8在镜子中照出来依旧是1和8，于是知道鸡和鸭的积一定是81，因为81在镜子中照出来的是18，正好是9+9，由此可知，小明家里的鸡和鸭各是9只。

千年古刹的台阶

楼梯的总级数是$\frac{1}{2}\times 28\times 8=112$（级），每层相差两级。

点头多少次

共计400次。男同学之间共点头90次，女同学之间也共计点头90次，男同学和女同学之间相互点头200次，学生向老师点头20次，所以总计400次。注意：题目只说学生点头致敬，并没说老师也要点头，稍不留意，就很容易忽略掉这一点。

左脚还是右脚

我们可以以拿出标着“左右”的箱子里的皮鞋为例。因为，题目说标签所写的和箱内完全不符合，那么，这箱装的该是“右右”或“左左”。所以，如果拿出的那只鞋子为右脚，可见这箱是“右右”；如果是左脚，则此箱便为“左左”。要是此箱为“右右”的话，“左左”又是哪个箱子呢？由于剩下的箱子，一个写着“右右”，一个写着“左左”，题目说标签和内容不符，因此，“左左”应装在写着“右右”的箱内。最后剩下的“左右”理所当然是在写着“左左”的箱子里。若最初拿出的是“左左”的箱子，也仍是同一个思考方式。

红黑牌相同的次数

洗牌1000次会有1000次相同，也就是说，每次的张数都一样。原因是红色牌和黑色牌各有26张，A堆的红色牌因为还要加进黑色牌，所以一定不到26张，而少掉的张数一定是在B堆，所以，A堆的黑色牌和B堆的红色牌张数肯定是一样的。

不拿到一元硬币

不管拿几个，剩下的数目一定要是13个、9个、5个。比如说，如果由我先开始拿的话，首先拿三个，接下来不管对方拿几个，你都要想办法让剩下的数目变成9个，接下来再以同样的方法留下5个硬币给对方，这样进行下去，最后一定只剩下一个一元硬币。

有多少人被释放

七个犯人。这个时候，被释放的犯人数只有以下三种情况：（1）戴黄帽子的犯人有四个人以上→全部被释放；（2）戴黄帽子的犯人有三个→七个人被释放；（3）戴黄帽子的犯人在两个人以下→没有人被释放。因此，若问“十个人之中有几个人”被释放，那应该是七个人。

表白的方式

如果两个老师说的都是真话，那么朱莉的爱有多少用a表示，艾伦的爱用b表示。就有：a=100b，b=1000a，只能是a=b=0。

海市蜃楼

射向远处地面的太阳光，被反射到空中时，由于空气密度不均匀而发生折射，看到的是远处的景物所成的虚像。

不往下长的根

植物的根有向地性，就是说它能“感觉”到重力的刺激，所以水平放置的根会自动向下弯曲。感受和控制根的这种特性的“司令部”在根冠，是根冠根据重力的方向变化而分泌生长素来控制根的弯曲方向的。因此，根冠一旦被切除，根就不再向下弯曲了。

受骗的植物

我们把植物欺骗了：把影响它的重力作用，用另外一个从轮心向外作用的力量来代替了。因为茎总是向重力相反方向生长的，因此，在这个情形下它就沿着从轮缘到轮轴的方向向轮心生长。我们的人造重力比自然重力更大，因此，这株幼苗就在它的作用下生长了。

华佗治病

太守看了信后，怒不可遏，连声呼喊：“抓住他！杀了他！”太守的人马分头追了两个小时，没有抓到华佗。太守又急又怒，气喘吁吁，大声咳嗽，吐了一大摊黑血。吐过之后，太守反而觉得轻松多了。第二天，华佗回来，将财礼退还给太守，并告诉他：“你的病已经根除了。”原来，这是华佗为了让太守吐出瘀血而采用的一种方法。

推荐阅读

拆掉思维的墙，开启管理的智慧！

书名： 脑洞大开：
成就管理精英的烧脑思维题
作者： 张祥斌
ISBN： 978-7-5454-4400-1
定价： 42元
出版日期： 2016年3月
出版社： 广东经济出版社

马云叱咤商界的11条人生哲学！

书名： 马云：
我的11个生存哲学
作者： 申草泥
ISBN： 978-7-5454-4936-5
定价： 45元
出版日期： 2017年1月
出版社： 广东经济出版社

系统解读任正非和华为之谜的实力之作！

书名： 任正非的真实世界：
中国第一民企华为成长内幕
作者： 魏昕　饶威祥
ISBN： 978-7-5454-3580-1
定价： 45元
出版日期： 2014年11月
出版社： 广东经济出版社

系统解读董明珠和格力之谜的经典之作！

书名： 霸气女皇董明珠：
全球最大空调企业格力成长内幕
作者： 魏昕　刘云菲
ISBN： 978-7-5454-4588-6
定价： 48元
出版日期： 2017年10月
出版社： 广东经济出版社

推荐阅读

中国最牛上市创业合伙人的解读手册！

书名： 这才叫创业合伙人：
从携程、如家到汉庭的启示

作者： 高慕

ISBN： 978-7-5454-4761-3

定价： 45元

出版日期： 2016年10月

出版社： 广东经济出版社

一本书把高情商表达的细节解读到位！

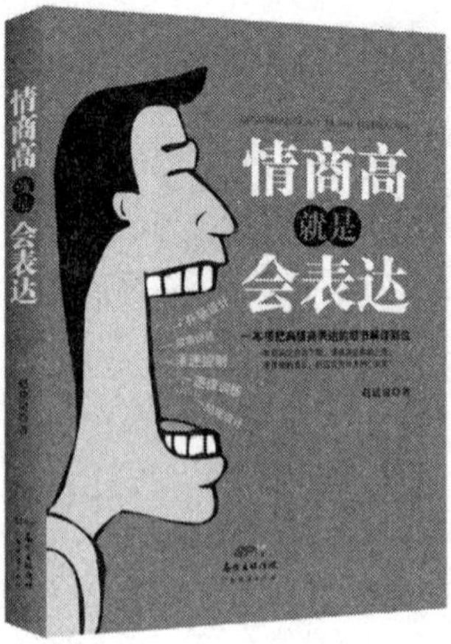

书名： 情商高就是会表达

作者： 赵建房

ISBN： 978-7-5454-6113-8

定价： 42元

出版日期： 2018年4月

出版社： 广东经济出版社

实战派培训师手把手教会你当众演讲！

书名： 演讲是个技术活：
15招搞定当众演讲

作者： 陈权

ISBN： 978-7-5454-4446-9

定价： 38元

出版日期： 2016年4月

出版社： 广东经济出版社

实战派培训师手把手教会你当众演讲！

书名： 演讲是个技术活：
这8招“狠”管用

作者： 陈权

ISBN： 978-7-5454-6433-7

定价： 48元

出版日期： 2018年11月

出版社： 广东经济出版社